Marte Brill   *Der Schmelztiegel*

Marte Brill

Der Schmelztiegel

Mit einem Nachwort von Reinhard Andress

EDITION BÜCHERGILDE

»Life must carry on.
Why should we surrender life
to the brutes and fools?«
H. G. WELLS, »THINGS TO COME«

Danksagung

An dieser Stelle möchte ich dem Deutschen Exilarchiv (1933–1945) der Deutschen Bibliothek danken, das den Nachlaß meiner Mutter seit ihrem Tode betreut hat. Im Zusammenhang mit seinen Forschungen über deutschsprachige Schriftsteller auf Mallorca machte das Exilarchiv, insbesondere Frau Marie-Luise Hahn, den Germanisten Reinhard Andress auf die Schriften meiner Mutter aufmerksam und war ihm bei seinen Erkundigungen hilfreich. Reinhard Andress danke ich für seine kompetenten und erfolgreichen Bemühungen, für den Text einen Verlag zu finden, der Deutschen Bibliothek für die Genehmigung zum Abdruck und der Büchergilde, daß der Wunsch meiner Mutter nach so langer Zeit nun doch noch in Erfüllung geht.

Alice Brill
São Paulo, 2002

Inhalt

Deutschland, 1933 11
Spanien 26
Die Insel......................... 35
Zwischenspiel 58
Italien 59
Auswanderer 87
Über den Äquator 109
Traumstadt 120
Der Schmelztiegel 162
In der Gartensiedlung 184
Das Tal, wo der Teufel Wasser trank 210
Leben oder Tod 241
»Ich schwimme...«.................. 283
»Kriege, Katastrophen...
   und Südamerika...« 319

Nachwort
Marte Brill: ihr Leben, ihr Roman 337

Deutschland, 1933

Hamburg, 5. März 1933

Sylvia sitzt an ihrem Schreibtisch und arbeitet an einem Vortrag über die Friedensbewegung, obgleich ihr bewußt ist, daß es in diesem Lande sehr bald Hochverrat sein wird, über den Frieden zu sprechen.

In der Gartensiedlung, nahe dem großen Stadtpark, den Sylvia von ihrem Arbeitsplatz aus überblickt, ist es in dieser Morgenfrühe noch ganz still. Aber die Hakenkreuzfahnen – Hunderte von Fahnen in allen Fenstern – bauschen sich im Wind. Es gibt auch noch rote Fahnen in einigen Fenstern und in der Straßenmitte, gerade unter Sylvias Balkon ist mit roter Farbe eine Schrift in den Asphalt geätzt: »Rotfront lebt!« Das ist noch eine Spur vom letzten Wahlkampf, und sie wird nicht so bald vom Regen verwischt sein.

Der politische Kampf ist in diesem Außenbezirk besonders stark gewesen: Arbeiter, Angestellte, Beamte, Kleinbürger wohnen in der Siedlung, und auch intellektuelle Arbeiter, wie Sylvia, die als freie Journalistin arbeitet und für sich und ihr Kind ihr Brot verdient. Oder wie Maria von Dernburg, die mit ihrer Tochter Ingeborg drüben im Gartenhaus wohnt. Auch Maria hat hart zu kämpfen. Sie ist Journalistin wie Sylvia, aber sie ist jetzt im Kontor einer großen Ölgesellschaft beschäftigt. Marias Mann war als revolutionärer Nationalsozialist in die Rebellion des Landvolks verwickelt und mußte flüchten; er ist seit Jahren verschollen.

Sylvia ist Sozialistin und Jüdin. Aber oft lächeln sich die beiden Frauen zu, wenn sie vom Fenster aus dem Spiel ihrer Kinder zuschauen, und ihre Blicke treffen sich über Ingeborgs blondem Scheitel und Miriams dunklem Pagenkopf. »Ich will Deutschlands Aufstieg«, sagt Maria von Dernburg. »Aber ich bin keine Antisemitin. Die Barmats und die Sklareks machen euch keine Ehre, aber die Lahusens uns ebensowenig.«

Sylvia mochte diese Siedlung, in der sie seit einem Jahr ihre Heimat gefunden hatte. Vier Straßen formten einen mächtigen Block aus Stein und Glas, mit breiten Fenstern, die Sonne hereinließen, und mit luftigen Terrassen. Das Viereck, das diese Straßenfronten schlossen, bildete nach innen einen riesigen grünen Gartenplatz, auf dem immer Kinderjubel und Lachen klang. Auf die Terrassen flatterten frühmorgens die Möwen von den nahen Kanälen herüber; sie holten sich ihr Futter vom Frühstückstisch und aus Miriams ausgestreckter Kinderhand.

An den Abenden glitten Boote über die Kanäle, mit jungen Menschen, Burschen und Mädchen in weißen Blusen und Trainingsanzügen, die nach der Arbeit des Tages in Fabriken und Kontoren dem Abendwind und den Sternen entgegenruderten. Die Wasserstraßen führten alle in ein weites Tal, mit baumbestandenen grünen Wiesen, auf denen sich an den Sonntagen Hunderte von Zelten ausbreiteten. Sylvia liebte es, am Bahndamm drüben entlangzugehen und das donnernde Geratter der Hochbahnen zu hören. Unterhalb des Bahndamms lagen Schrebergärten, in denen in den späten Nachmittagsstunden Männer, die den ganzen Tag hart gearbeitet hatten, die Erde umbrachen. Aber dies war ihre Erholung und ihre Freude nach der Arbeit. Frauen und blonde Kinder brachten Blumen und geerntete Früchte und Gemüse in Körben und kleinen Handwagen nach Hause.

Vom Bahndamm aus schien die Siedlung wie eine Burg – eine mächtige Burg des 20. Jahrhunderts, die dem Frieden diente. Die Sonne spiegelte sich gleißend in ihren aberhundert Fenstern. Hier, fand Sylvia, hatte Deutschland Neues geschaffen: die ersten Ansätze zu einem Sozialismus freier Menschen.

An all dies dachte die junge Frau, während ihr Blick über das fast vollendete Manuskript hinweg schweifte und an den grünen Wipfeln des Parks haftenblieb. Dieses letzte Jahr war ein Jahr harter Arbeit gewesen, ein gutes Jahr, und es kam nicht wieder.

Nie in ihrem Leben wird Sylvia später diesen Sonntagmorgen vergessen, an dem die Vorfrühlingssonne so sanft die Hyazinthen auf dem Fensterbrett und die Rücken der Bücher auf den Regalen in ihrem Studierzimmer vergoldete. Es war für sie der letzte Tag des Friedens. Aber das konnte sie nicht wissen.

Die Glocken läuteten. Von den angrenzenden Straßen begann jetzt ferner Lärm herüberzudringen, das taktmäßige Dröhnen marschierender Füße und Fetzen eines Liedes: »Die Straße frei den braunen Bataillonen ...« Der Aufmarsch begann.

Über dem Haus klang das Surren von Motoren, Flugzeuge kreisten und Flugzettel regneten auf die Hölderlingasse herab. Sylvia lief über den Vorplatz und rief vom Fenster des Kinderzimmers ihr kleines Mädchen aus dem Garten herauf. Es war an diesem Sonntag keine Zeit zum Spielen.

Hamburg war die Aristokratin unter den Städten Deutschlands, eine königliche Stadt, von einer gelassenen und verhaltenen Schönheit, die nicht leicht faßbar ist. Sylvia liebte vor allem den Hafen, das mächtige Tor zur Welt. Viele Male war sie von hier ausgefahren, vorbei an den grünen Hügeln von Blankenese, an den Lichtern der Feuerschiffe vor der breiten Elbmündung, und hinaus ins offene freie Weltmeer, den weißen Küsten südlicher Meere entgegen. Sie kannte den Süden und den Osten Europas und die bunten Städte des Orients, den Glanz der Moscheen und Minarette und das wimmelnde märchenhaft fremde Leben der Bazare von Tetuan bis Damaskus und Jerusalem. Sie hatte die Kenntnis ferner Länder und Kulturen in die Heimat mitgebracht und über Märchen und Legenden, Sitte und Religion, Leben und Arbeit jener Völker berichtet; denn sie glaubte, daß nichts so sehr den Frieden in der Welt fördere wie das Wissen um das Wesen fremder Menschen. Sylvia liebte ihren Beruf. Es war schön, mit Menschen zu sprechen. Nie in all den Jahren hatte sie den Schauer überwunden, der sie erfaßte und ihre Stimme zittern ließ, wenn sie vor der silbernen Scheibe des Mikrophons stand, der tönenden Stimme der Welt, und fühlte, daß sie zu Hunderttausenden sprach.

Da unten im Hafen lag ihr Schiff, mit dem sie in wenigen Tagen nach Spanien fahren würde. Es war ein gutes Schiff, sie war darauf zu Hause, sie kannte von vielen Fahrten die Mannschaft vom Kapitän bis zum letzten Matrosen. Wenn sie jetzt die Augen schloß, erschien vor ihr die weiße Stadt Cádiz, wie sie sie das letzte Mal gesehen hatte: die schmale schimmernde Landzunge, die zum Festland führt, und in der Ferne die hohen grünen Ufer des Guadalquivir ...

In einem kleinen Buchladen der Hamburger Altstadt

kaufte sie Washington Irvings »Geschichten von der Alhambra«; ihr schien, daß dieser Amerikaner, der vor mehr als hundert Jahren dort nach verschütteten Quellen maurischen Volkstums gesucht hatte, ein besserer Führer sein würde als jene, die in Granada heute auf amerikanische Touristen warten.

Der Rathausmarkt, im Herzen der Stadt, glich an diesem Vormittag nach Hitlers Wahlsieg einem Heerlager, ein Bild, das Sylvias Generation noch aus den Kriegsjahren kannte. Braune Uniformen, das Hakenkreuz auf den Armbinden, auf allen Gesichtern der harte Wille zur Macht. Kommandorufe ertönten, alle Zugangsstraßen waren besetzt. Ein fremder Wille schien über Nacht die friedliche Stadt erobert zu haben. Die wenigen Zivilpersonen, die an diesem Tag auf den Straßen waren, standen zögernd, mit betretenen Mienen, und zerstreuten sich schnell.

Als Sylvia nach Hause kam, rief die Redaktion an, von der sie für ihre Spanienreise bis zum Herbst Aufträge erhalten hatte. Die Stimme des Sprechenden zitterte: »Wir müssen alle Aufträge zurücknehmen. Ja, alle! Wir sind hier genauso machtlos wie die im Rathaus, seit gestern abend. Es ist gut, daß Sie es noch vor Ihrer Abreise erfahren. Sie bleiben am besten ein Jahr lang da draußen ... Hören Sie? Und Glück auf den Weg!« Die Stimme brach ab.

Miriam wird nie diesen Augenblick vergessen, als die Mutter, die sie schon immer leise bemitleidete, weil sie so leicht war und so zart, in den Armsessel vor dem Schreibtisch glitt und nur das eine Wort »Aus!« herausbrachte. Natürlich hatte man dies voraussehen können, und jeder anständige Mensch hätte ohnedies die Konsequenzen ziehen und freiwillig gehen müssen. So wenigstens dachte damals Sylvia. Aber daß die Parteimaschine so blitzschnell und sicher funktionieren, daß sie das kleinste und, wie Sylvia glaubte, das unwichtigste Rad sogleich erfassen würde, dies auszudenken war ihre Phantasie nicht kühn genug gewesen.

Am Nachmittag brach Clara Holthusen, aufgewühlt und erregend wie ein Orkan, in Sylvias Arbeitszimmer ein. »Immer war bei dir eine Oase für mich«, klagte sie erschüttert. »Und grade du mußt gehen!« Sylvia stand etwas hilflos diesem Ausbruch verzweifelter Liebe gegenüber. Sie hatte nicht einmal geahnt, wie tief die scheue Freundschaft dieses alternden Mädchens war.

»Man muß sich schämen, daß man Deutscher ist!« sagte Clara voll Ingrimm und küßte Sylvia. »Wenn du willst ... wenn ich dir helfen darf ... du könntest unter meinem Namen schreiben ...« Sylvia schüttelte nur verneinend den Kopf und streichelte den geneigten Scheitel. Hier litt ein Mensch um seine Heimat, tiefer vielleicht als sie selbst.

Miriam sang. Sylvia hörte den taktmäßigen Rhythmus des Liedes hinter der geschlossenen Tür des Kinderzimmers aufsteigen, wo Miriam mit fünfundsechzig Kakteentöpfen, einem Kanarienvogel, mehreren Salamandern und Schildkröten wohnte. Die Kinderstimme jubelte:

»*Unser die Sonne, unser die Erde,*
Unser der Weg in das blühende Land ...
Daß eine glückliche Menschheit werde,
Reiche der Bruder dem Bruder die Hand!
Rasende Räder, laute Maschinen
Schwingen und klingen gewaltiger Zeit –
Bruder, wir wollen der Zukunft dienen
Treu in unserem einfachen Kleid,

Wollen uns regen, wollen uns rühren,
Wollen singen das hämmernde Lied,
Bis vom Amboß die Funken sprühen
Und das Eisen im Feuer glüht ...«

Es war das Lied des Arbeiters. Das hatte die Schule der Weimarer Republik die Kinder gelehrt, trotz aller Widerstände. Miriam liebte das Lied; sie wird es auch später immer singen, in fremden Ländern und auf vielen Wegen – im Takt marschierender Füße und im ratternden Lärm der Maschinen, auf Schiffen und in sausenden Eisenbahnzügen.

Miriam war froh. Zum erstenmal durfte sie mit der Mutter reisen, weit weg, auf einem großen Schiff, in ferne Länder, dem unbekannten Ziel und dem Abenteuer entgegen. Welches Kind war glücklich wie sie? Sie wußte noch nicht, daß sie ihre Heimat für immer verloren hatte.

Sylvia suchte Miriams Lehrerin auf, um ihr Kind von der Schule zu beurlauben. Fräulein Beckmann, eine alte Dame mit weißen Haaren, begriff ohne Worte Sylvias Sorge. Sie war eine warmherzige Pädagogin und glühend überzeugte Wissenschaftlerin, die mit den Kindern in die freie Natur hinausging, um Tiere und Pflanzen zu studieren, Erdformationen zu untersuchen und noch dem toten Stein Leben zu verleihen. Sie nahm die Hand der Mutter: »Sie werden Ihr Kind ganz allein zu einem Menschen erziehen können«, sagte sie tröstend. Und zögernd, gepreßt fügte sie hinzu: »Vielleicht werde auch ich hier bald überflüssig sein.« Sylvia sah erstaunt auf. Überall begegnete ihr fremdes Leid.

Sylvia lief in ihren blauen Seemannshosen zwischen halb gepackten Koffern herum, als Harald Terstegen auftauchte. Seine große Gestalt, seine warme Stimme schienen den Raum zu füllen, in dem noch Minuten zuvor Unruhe und Wirrnis schwangen. Er nahm Sylvias kleine Faust in seine beiden Hände und schüttelte sie ein wenig zu kräftig. »Sie wollen also wirklich endgültig gehen und uns hier dem Nebel und der Trübsal überlassen?«

Der blonde Riese mit den ausdrucksvollen Zügen und den lebendigen Augen in dem gebräunten Gesicht war mit vierzig Jahren gelenkig und unbekümmert wie ein Schuljunge. Wer ihn nicht genau kannte, ahnte hinter seiner lachenden Sorglosigkeit nicht den verbissenen Ernst, die zähe Ausdauer und die Kühnheit des Forschers, der zugleich ein passionierter Reisender und ein Abenteurer war.

Sylvia hatte Schulter an Schulter mit Terstegen gearbeitet, sie hatte in den Nächten arabisch gelernt und heimlich brennend gewünscht, ein einziges Mal den Riesen auf seinen Zügen durch die Wüste, mit Kamel und Zelt, begleiten zu dürfen. Aber sie hatte gelernt, ihre innersten Wünsche zu verschweigen.

»Und wann wird man Sie aus dem Amt jagen?« fragte sie und sah dem Mann offen, mit forschendem Ernst in die Augen. Sie wußte genau, daß Harald Terstegens Weltanschauung der herrschenden Auffassung durchaus entgegengesetzt war. »Mich brauchen sie noch«, meinte Terstegen gleichmütig. Er glaubt das selbst, dachte Sylvia bitter erstaunt. Dieser Mann ist in politischen Dingen ein Kind. »Ich kann Ihnen vielleicht helfen«, sagte Terstegen nachdenklich, tastend. »Sie könnten Ihre Arbeiten unter meinem Namen veröffentlichen. Sie müßten dann freilich so schreiben, wie ich es tun würde.« Sylvia mußte sehr zur Unzeit und wider Willen lachen. Das war schon der Zweite! Da wollte dieser Mann die eigene Sicherheit aufs Spiel setzen, um ihr zu helfen, und erkannte doch nicht den hoffnungslosen Wahnsinn und die Unredlichkeit eines solchen Versuchs.

»Danke«, erklärte sie entschieden. »Ich will in diesem Land nicht mehr arbeiten. Und ich kann auch nur so schreiben, wie ich selbst es tun muß!« Das tat weh, es schmerzte jedenfalls sehr viel mehr, als die harte Maske ihres kleinen Gesichts ahnen ließ. Aber was schmerzte, war nur noch das Unausgesprochene hinter der Armseligkeit ungeschickter Worte.

Terstegen ging, zögernd. Er kam noch einmal zurück: »Wenn Sie mich brauchen – ich werde jeden Abend zu Hause sein.«

Sylvia überließ die Sorge um ihren Besitz der alten Barbara, die den Haushalt auflösen sollte. Barbara hatte nach dem frühen Tod der Mutter Sylvia und ihren Bruder Bob großgezogen – »wilde schwierige Rangen«, wie sie zu sagen pflegte –, und später hatte sie sich um Sylvias Tochter Miriam gekümmert, die nach Barbaras Ansicht ein Engel war. Als Sylvias kurze Ehe sich als ein Irrtum erwies, begleitete Barbara die junge Frau und ihr dreijähriges kleines Mädchen in ein ungewisses Schicksal. Sie teilte Not und Kampf, ohne je Dank oder Lohn zu fordern. »Ich muß doch für meine beiden Kinder sorgen«, sagte sie.

Lange redete Barbara, was mit Miriams Klavier geschehen solle, mit Sylvias Sekretär, der durch die Arbeit von Jahren historischen Wert bekommen hatte, mit den Biedermeiermöbeln und dem englischen Service. Sylvia fand alle diese Dinge schon nicht mehr wichtig. Sie hing nicht an Besitz. »Ich schenke sie dir«, sagte sie ungeduldig. Aber Barbara wollte alles nur aufbewahren. »Bis ihr wiederkommt«, beharrte sie zuversichtlich. Sie konnte nicht begreifen, warum Sylvia wieder ins Ungewisse ging. »Euch tut hier keiner etwas!« sagte sie. Und als Sylvia ihr die zwingenden Gründe ihres Handelns zu deuten suchte, blieb sie hartnäckig bei ihrer Meinung: »Der Führer will das nicht!« Barbara war nur eine alte Frau, die nichts wußte und mit dem Herzen dachte. Aber wie sie dachten weite Kreise jenes Kleinbürgertums, die nicht wußten, was gespielt wurde. Wie ist es möglich, daß ein ganzes Volk ohne Willen und Instinkt ist, fragte sich Sylvia verzweifelt. Sie hatten jahrelang die gleiche Zeitung gelesen, in die der Gemüsekrämer an der Ecke seine Waren einzuwickeln pflegte. Sie hatten sich nie um ihre Freiheiten gekümmert.

Sylvias Bücher und Manuskripte übernahm nach kurzem Kampf – weil niemand sonst sie haben wollte – und nach endlosen Schwierigkeiten Beatrix. Auch Dr. Beatrix Reichenberg war Jüdin, sie stammte in gerader Linie von den berühmtesten Rabbinern und Gelehrten der alten Stadt Prag ab. Sie gebärdete sich, nach Sylvias respektloser Meinung, als enthielten die Kisten Dynamit, und verlangte eine ausdrückliche Vollmacht, gefährliche Dinge zu verbrennen. »Was willst du?« fragte Sylvia unvernünftig, »wir waren nach dem Krieg an den Universitäten alle Sozialisten!« Sie konnte sich damals nicht vorstellen, daß es einmal Hochverrat sein würde, sich mit Karl Marx auseinanderzusetzen. Später jedoch folgten diese Bücher Sylvia in andere Länder, wo sie dann auch Konterbande wurden.

Daß Beatrix nur allzu recht hatte, sollten freilich sehr bald die Bücher-Autodafés beweisen, die man nur mit mittelalterlichen Hexenverbrennungen vergleichen konnte. Und darauf verstand sich Beatrix besser als Sylvia, hatte sie sich doch sehr in den Geist mittelalterlich-christlicher Mystik vertieft.

Als Sylvia heute ein letztes Mal zurückblickte und Beatrix am Gartengitter winken sah, dachte sie, sie glaubt an Gott, sie wird sich kein Leid antun.

Am letzten Abend ging Sylvia zu Harald Terstegen. Sie hatte in diesen Tagen mit jedem Nerv gefühlt, daß sie es tun würde, aber sie hätte nicht erklären können, warum sie es tun mußte. Terstegen war der einzige Mensch, vor dem sie sich unsicher fühlte. Sie kämpfte gegen diese Neigung in einem Wirbel von Anziehung und Widerstand, sie, die den geraden Weg und die Klarheit des Gefühls suchte.

Terstegens Arbeitsraum war nüchtern, fast kahl. Aber durch die hohen unverhüllten Fenster, die ihn im Halbkreis schlossen, sah Sylvia das kalte klare Licht der Sterne. Fast körperhaft empfand sie es, in einem langen Schweigen, als zöge sie unter dem endlosen funkelnden Sternenhimmel der Wüste dahin.

Terstegen war an diesem Abend unsicher und gequält. Er sprach von seiner Unruhe, von dem Kampf zwischen Traum und Pflicht. Unvermittelt schlug er den Flügel auf und hämmerte ein paar Takte der »Appassionata«. Das Spiel brach jäh ab, und Sylvia hörte einen unbeherrschten Fluch. Sie sah einen gebeugten Rücken. Der Mann sagte, ohne sich umzuwenden: »Ich habe bemerkt, daß Sie wunderschöne Knie haben, Sylvia.« Die Frau im Halbdunkel kämpfte mit Tränen. »Ich habe geglaubt«, sagte sie, »wir müßten in dieser letzten Stunde über wesentlichere Dinge sprechen.«

Terstegen wanderte ruhelos durch den Raum. »Ich will

Ihnen etwas erzählen«, begann er mit veränderter Stimme. »Ein Märchen, wenn Sie wollen. Einmal werde ich mir in der schönsten Wüstenstadt Arabiens einen Palast kaufen. Wollen Sie dann mit mir kommen, um immer da unten zu leben?« Sylvia dachte an Spanien, an die Arbeit, an ihr Kind, an alles, was wirklich, festgegründet, abseits aller Romantik war. »Das möchte ich wohl«, sagte sie, wider Willen.

Terstegen nahm seine Wanderung wieder auf. »... Es dauert noch ein paar Jahre«, vollendete er seinen Gedanken. »Aber dann sind wir immer noch jung.«

Sylvia wollte gehen, dem Traum entfliehen. Aber der Mann wickelte sie in einen Burnus und nahm die federleichte Last auf seine Arme.

Um acht Uhr früh rief Erich Schönberg an: »Mutter schrieb mir, daß ihr heute abreist. Ich war im Riesengebirge zum Skilaufen und bin die ganze Nacht durchgefahren, um euch noch zu treffen. Darf ich euch aufs Schiff bringen?« – »Komm«, sagte Sylvia kurz. »Du kannst helfen, Koffer packen. Unser Schiff geht um zwölf Uhr mittags.«

Erich Schönberg war Miriams Vater. Sylvia war an dieser Ehe fast zerbrochen, bevor sie den Mut zur Trennung fand und die Kraft, ihren eigenen Weg zu suchen. Fast alle Frauen aus ihrem Kreis, dachte Sylvia, waren geschieden. Aber Sylvia konnte nicht hassen, wie viele Frauen, die sie kannte. Sie glaubte, wenn sie sich ehrlich prüfte, daß sie ihr Kind so stark liebte, weil es so und nicht anders war. Hätte sie sich ein Kind ihrer Liebe erträumt, so wäre es immer wie Miriam gewesen. Und wenn sie, um diese tiefste und reinste Zärtlichkeit zu finden, durch Leid hatte gehen müssen, so bejahte sie dieses Leid.

Erich war ein »homme à femmes«, und ein großer Künstler, eine der stärksten malerischen Begabungen seiner Generation. Er malte aus Leidenschaft und im Rausch. Alle Dinge fielen ihm zu. Die Mäzene verwöhnten ihn, und die Frauen vergötterten ihn. Schon wurden seine Bilder in den glänzendsten Galerien Europas bewundert.

Er liebte die Frau und das Kind. »Seine Frau«, wie er Sylvia immer noch nannte – er verlernte es nie –, war vielleicht der einzige Mensch, vor dem er Achtung hatte. Aber er ertrug keine Verantwortung. Überall tauchte er auf, wo Sylvia und ihr Kind lebten, an jeder Wende ihres Schicksals und immer an der Peripherie ihres Daseins. Sylvia fand, daß es manchmal zu weit ging, wenn er zu ihr kam, um über den Kummer zu klagen, den ihm andere Frauen bereiteten. Aber sie liebte seine Kunst, und sie hatte gelernt, mit ihm eine offene Kameradschaft zu pflegen. Es war nicht leicht gewesen.

Als Erich kam, waren schon vierzehn Koffer in der Diele aufgestapelt, daneben die Bordstühle und die Reiseschreibmaschine. Sylvia hatte wahllos alles in die Koffer geworfen, was ihr nützlich schien. Sie hatte zum Nachdenken keine Zeit gehabt. Sie fuhr in den Süden, den sie liebte, mit dem nächsten Schiff, das ihr zur Verfügung stand. Sie wußte, daß sie die Heimat verloren hatte, aber sie konnte noch nicht daran denken, daß sie eine neue aufbauen mußte, wollte sie nicht zugrunde gehen.

Erich packte gefaßt und in Eile Bücher und Manuskripte in das letzte freie Gepäckstück. Er erlebte diese Aufbruchsstimmung nicht zum ersten Mal

Als sie im Auto saßen, das zum Hafen raste, sagte Sylvia aufatmend: »Wir kommen nicht zurück.«

Es war wie immer ein festlicher Abschied an Bord. Alle Freunde waren gekommen, die Kollegen aus den Redaktionen und die treuen Mitarbeiter aus Jahren. Sie hatten in diesen Tagen noch nicht gelernt, Freundschaft zu verbergen. Sylvia mußte sich feiern lassen, Cocktails trinken und mit heiterer Miene Gläser klingen lassen. Clara Holthusen hatte besorgt warme wollene Schals für die Reisenden gebracht. Barbara, die gute, stellte Blumen in die Kabine.

Harald Terstegen fehlte. Das war gut so.

In letzter Stunde kam Ingrid Schoeller an Bord, die Gefährtin, mit der Sylvia die Einsamkeit dieser Monate teilen wollte. Sie hatten ihre Kameradschaft in Jahren erprobt. Nach einer abenteuerlichen Balkanwanderung im vergangenen Herbst hatte Sylvia die Freundin zu dieser Spanienreise eingeladen. Ingrids Gegenwart überbrückte den letzten dunklen Abschiedsschmerz. Sie bezauberte alle – eine schöne blonde Frau, ein kluger, warmherziger Mensch, eine ehrgeizige, junge Schriftstellerin, die kühl und sicher ihren Weg zum Erfolg ging.

»Ich kann nicht mehr arbeiten«, sagte Sylvia leise. »Ich dachte es mir«, gab Ingrid ebenso zurück. Mitleidig sah sie Sylvia an, die lebendig und sprühend war wie immer. Sie faßte es nicht.

Menschen kamen an Bord. Viele Menschen, die Sylvia nicht kannte. Sie stürmten fast das Schiff, besetzten Tische und Kabinen.

Der Schiffsleib erzitterte, die Maschinen liefen. Sylvia schaute zurück, sie sah ihre Freunde an den Landungsbrücken stehen und wußte nicht, ob der Schleier vor ihren Augen aus Rauchfetzen war – oder aus Tränen. Sie fand Miriam ganz allein auf Deck, Augen und Wangen glühend vor Erregung.

Ihr Finger wies in die Kielrichtung des Dampfers. Von da unten klang es in einem Chor von Kinderstimmen: »Miriam, Miriam!« Da winkten sie von Bord der Barkasse: Gerda Beckmann hatte es sich nicht nehmen lassen, mit Miriams Klassenkameradinnen zum Abschied zu kommen. Sie hatten auch ein Geschenk an Bord geschickt: ein Tagebuch für Miriams Reiseerlebnisse. Nur wenige fehlten, sagte Miriam, sie gehörten zur Hitler-Jugend.

Mit sinkender Sonne fuhr das Schiff elbabwärts. Sylvia hielt die Hand des Kindes.

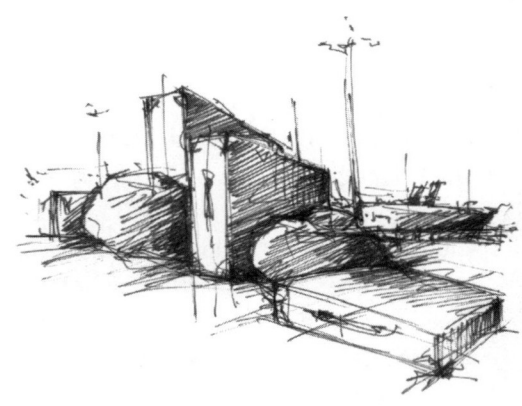

Spanien

In Málaga gingen die Reisenden an Land. Eine kleine Wagenburg aus Koffern türmte sich am Kai. Sylvia saß auf diesem Rest ihrer Habe, während Ingrid nach Trägern lief. Schon der Anfang war schwer: Die Leute ließen die Preise in schwindelerregende Höhen klettern, angesichts des phantastischen Gepäcks. Mit südlicher Lebhaftigkeit beteuerten sie, das sei die landesübliche Taxe. Ingrid beschaffte endlich mit Mühe einen Wagen, mit dem sie die einundzwanzig Gepäckstücke in ein Hotel am Hafen brachten.

Als Sylvia später noch einmal an Bord ging, sagte der Erste Offizier lachend: »Ich habe Sie da unten auf den Trümmern sitzen sehen, gnädige Frau.« Sylvia verzog keine Miene. Wenn der Mann gewußt hätte, wie sehr er die Wahrheit sprach!

Der saubere kleine Gasthof war einfach und billig, typisch spanisch. Die Zimmer hatten den Blick auf das Meer, auf den Park und die breite Allee herrlich gewachsener Königspalmen. Der vergitterte Seitenbalkon ging auf ein winziges Gäßchen hinaus, so schmal, daß man am Abend sah, wie sich hinter den erleuchteten Fenstern der gegenüberliegenden Häuser das Leben abspielte. Es roch nach Meer und Tang, nach Öl und gebratenen Fischen. Irgendwo im Dunkel schluchzte eine Mandoline. Schmerzlich süß empfand Sylvia die geliebte Atmosphäre des Südens.

Um Mitternacht drang vom Hafen herüber das langgezogene Heulen einer wohlbekannten Sirene: Die »Weserland« lichtete die Anker. Miriam fuhr aus unruhigem Traum auf und flüsterte verschlafen: »Das war sie! Das war ihre Stimme ...« Das Kind hatte gefühlt, wie das letzte Stück Heimat sie verließ. Auf den Planken des Schiffes war noch Deutschland gewesen.

Sylvia hätte am liebsten in der ersten Nacht die Eisenbahn genommen, um das nächste Reiseziel zu erreichen. Sie sehnte sich nach Ruhe, und sie mußte spartanisch mit der Reisekasse haushalten. Hinter den Erlebnissen des Tages lauerte schon die Sorge: Was soll nun aus uns werden? Aber Ingrid bestand darauf, einen der spanischen Küstendampfer zu nehmen, die tagsüber in den Häfen Ladung aufnehmen und in der Nacht weiterfahren. Sechs Tage lang bestürmten sie zu allen Stunden des Tages das kleine Schiffahrtskontor, in dem sie ihre Passagen gebucht hatten. Die Leute zuckten die Achseln: Es war Streik in Sevilla. Der Dampfer kam nicht.

Sylvia ließ Ingrid allein nach Granada fahren. In diesen letzten Tagen des März, so hörten sie, kam aus den nahen Städten Nordafrikas eine Abordnung orientalischer Juden nach Granada herüber, um in der Alhambra zu beten, an der gleichen Stelle, wo einst Isaac Abarbanel vor Isabella der Katholischen gekniet hatte. Seit mehr als fünfhundert Jahren kamen sie jedes Jahr, um über das Schicksal ihrer vertriebenen Brüder zu weinen. In diesem Jahr, dachte Sylvia, hatte die jahrhundertelange Klage einen neuen Sinn bekommen.

Am Abend des sechsten Tages endlich konnten sie über feuchte Planken und Taue an Bord der »Artza Mendi« klettern, frierend und vom Regen durchnäßt, aber glücklich.

Weil sie Frauen waren und Ausländerinnen, bekamen sie

die einzige Luxuskabine an Bord. Der Kapitän war ein Caballero, wie alle Spanier es Frauen gegenüber sind. Sie nahmen ihre Mahlzeiten in der winzigen Messe des Kapitäns ein; braune Holzbänke waren festgeschraubt um einen einzigen Tisch, über dem eine Petroleumlampe schaukelte.

Sie genossen die Ruhe langer Sonnentage auf Deck. Das Meer war leuchtend und spiegelglatt. In der Dämmerung des Abends, immer wenn die »Artza Mendi« einen Hafen verließ, durften sie auf der Kommandobrücke stehen und die schwindende Stadt grüßen, bis der Kranz der Lichter, die an schroffen Felsküsten emporkletterten, sich im Dunkel der Nacht verlor. Miriam bekam wieder glänzende Augen: Das Abenteuer lockte.

Sylvia schlief nicht in diesen Nächten. Aus dem Dunkel fühlte sie das Gespenst der Sorge auf sich zukommen, mit glühenden Augen und mit tausend Armen, die nach ihr griffen. Die Zukunft war eine undurchdringliche graue Wand. Die Schiffsmaschinen stießen, und das Meer brandete an die Bordwand. Sie atmete auf, wenn in der Morgenfrühe der Anker klirrte und die Ketten rasselten: Die »Artza Mendi« faßte Grund, und in dem Bullauge erschien im Glanz der aufgehenden Sonne das leuchtende Bild eines neuen Hafens.

Die »Artza Mendi« nahm Kurs auf Valencia. Sylvia wanderte mit Miriam noch spät um das kleine Deck. Sie konnten sich vom nächtlichen Anblick des Meeres nicht losreißen: Das Mondlicht brach sich im Kielwasser des Schiffs wie ein silberner Regen aus Sternen.

Sylvia dachte an ein Erlebnis, das sie vor Jahren, auf ihrer ersten Spanienreise, erschüttert hatte. Sie war in Las Palmas an Land gegangen und fand sich am Ostersonntag allein in der fremden Hafenstadt. Als sie über den Domplatz ging, drang aus dem angelehnten Portal der Kathedrale Santa Anna Orgelklang; seltsam angezogen, stieg sie die Stufen empor. Drinnen war Hochamt; hundert Kerzen brannten auf dem Altar. Unter dem Baldachin stand der Bischof, und hinter ihm die Priester im gleißenden Ornat. Das Kerzenlicht funkelte auf Gold und Brokat und klingelnden Monstranzen. Sylvia stand im Schatten eines mächtigen Pfeilers und sah das Gefolge der Priester unter dem Baldachin die Stufen des Altars hinabsteigen und durch den Mittelgang auf sich zuschreiten. Und wie in einem Traum sah sie, wie eine Schar von Schatten, wesenlose Gestalten, vor jenen hergetrieben wurde: Schemen mit im Entsetzen geweiteten Augen, arme Sünder im Büßerhemd der Inquisition. »Ihr habt uns aus Spanien vertrieben ...«, schrie eine Stimme in ihr.

Sylvia weinte. Nie zuvor hatte sie dies empfunden. Sie erinnerte sich noch heute genau: Ein Soldat hatte neben ihr gekniet. Alte Bauern mit gefurchten Gesichtern warfen sich mit der Stirn zur Erde nieder. Sie schämte sich der Tränen, die sie nicht zurückhalten konnte. Sie glaubte, ihr Herz müsse in Stücke brechen.

Sie wußte, daß ihre Ahnen einst aus Spanien vertrieben worden waren. Dreihundert Jahre hatte die Familie am Rhein gelebt; noch ihr Großvater hatte dort auf ausgedehnten Gütern gesessen. Wir wiederholen den ewigen Kreislauf, dachte Sylvia.

Miriam war zwölf Jahre alt, als sie Deutschland verließ. Sylvia hatte ihr Kind nicht im Dogma eines Glaubens erzogen. Sie hatte Miriam gelehrt, daß alle Menschen Brüder sind und daß vor Gott nur Güte und Hilfsbereitschaft und die Reinheit des Herzens gelten.

»Wir sind Juden«, sagte Sylvia in dieser Stunde. »Jetzt erst recht!« antwortete das Kind. Sie reichten sich die Hände: ein Glied in der Kette von Generationen.

Von Valencia fuhren sie auf der Straße nach Sagunt durch die blühende Huerta, den Fruchtgarten Spaniens. Orangenhaine, soweit das Auge reicht, ein Meer von Duft und Blüten; Mandelgärten, Mispel- und Feigenbäume breiteten die lastenden grünen Kronen über Teppiche aus Wicken und wildem Mohn.

Im Hafen von Sagunt wies ihnen ein Knabe den Weg, ein magerer Bursche, vierzehnjährig vielleicht. Er fragte, ob er für die Fremden Orangen kaufen dürfe. Sie steckten ihm eine Peseta in die braune Hand. Später vergaßen sie ihn in der Hast der Abfahrt. Als jedoch die »Artza Mendi« schon dampfte, zur Ausreise bereit, kletterte der Knabe an Bord, heiß und rot vom eiligen Lauf. Aus seinen Händen rollten die Apfelsinen, goldene Bälle, über die Schiffsplanken, er trug einen ganzen Korb voll reifer goldroter Früchte. Auch in Valencia türmten sich die Orangen in Schuppen und Lagerhäusern ...

»Können Sie keinen Diener brauchen?« fragte der Knabe. Und dringlich, flehend fügte er hinzu: »Ich kann auch kochen, ich kann alle Arbeit tun!« Er bat nur um etwas Brot, als sie kopfschüttelnd verneinten. »Wir hungern«, sagte er. »Mein Vater ist arbeitslos. Wir haben alle keine Arbeit.« Weil die Küche geschlossen war, holten sie allen Mundvorrat aus der Kabine.

Ein dunkler Schatten fiel über die blühende Huerta von Valencia, als die »Artza Mendi« den Hafen von Sagunt verließ.

In Barcelona verließen sie das Schiff. Sylvia fiel dieser Abschied schwer. Sie wäre gern immer so weiter gefahren, von Hafen zu Hafen, am liebsten auf einem Segler oder auf einem ganz kleinen Frachtschiff, wo nur die hölzernen Schiffsplanken sie von dem Meer und von der Unendlichkeit trennten, wo sie nichts hörte als die vertrauten Rufe der Matrosen. Es gibt eine Flucht in die Krankheit, die heimliche Angst ist. Sylvia war es gegeben, in die letzte Einsamkeit zu flüchten. Aber sie wußte es nicht. Sie wußte auch nicht, daß sie während dieser ganzen Reise vor einer Entscheidung Angst gehabt hatte, die fallen mußte, sobald sie festen Boden betrat.

Am Abend nahmen sie im Hafen von Barcelona das Nachtboot, das zur Insel Mallorca fuhr.

In der Morgenfrühe des nächsten Tages standen sie auf der schmalen Reede von Palma de Mallorca. Heiter wirkte die Stadt und aufgeschlossen; das Meer lockte mit glitzernden kleinen Wellen und aufgespannten Segeln. Und doch gingen sie mit suchenden Augen unsicher durch die alten Gassen, wie Erwachende, die Schlaf und Traum von den Wimpern schütteln müssen. Wochenlang waren sie auf Schiffen von Küste zu Küste gefahren, noch lag ihnen das Wiegen der See im Blut und der Gesang der Brandung in den Ohren. Sie wußten nicht, was in diesen Wochen in der Welt geschehen war. Nun standen sie fremd in fremder Umgebung, und das Leben forderte sein Recht.

Sylvia wartete mit Miriam auf der Terrasse des Cafés »Alhambra«, bis Ingrid mit den letzten Berliner und Schweizer Zeitungen kam. Und Ingrid las: »... Judenboykott in Deutschland!« ... »... nichtarische Geschäfte geschlossen ...« ... »Massenverhaftungen ...« ... »Selbstmorde« ... Die Nachrichten überstürzten sich. In Kiel hatte die Menge einen jungen jüdischen Anwalt gelyncht, der sich mit der Waffe gegen die braunen Eindringlinge zur Wehr gesetzt hatte. In Sylvias Heimatstadt hatten sie die jüdischen Anwälte im Amtstalar aus den Gerichten geholt und mit dem Kehrichtwagen abgefahren. Hunderttausende waren geächtet, verfemt, gebrandmarkt.

Sylvia griff sich in einer unbewußten Gebärde mit beiden Händen an die Stirn. Über Miriams Kindergesicht stürzten die Tränen. Ingrid stockte, hilflos und mit rotem Kopf, als dämmerte ihr jetzt erst das Ausmaß dessen, was geschehen war ... »Und alle, die noch dort sind!« sagte Sylvia endlich fassungslos, mühsam. Es war das Land, dem sie alles verdankte. Das Land, dessen Sprache ihr Musik war, in dessen Erde ihre Mutter begraben war. Eine Welt stürzte ein. Ein Glaube zerbrach. Das sichere Fundament, auf dem das Leben jedes einzelnen ruht, ward unter ihren Füßen fortgerissen. Von dieser Minute an war sie ein Fremdling auf allen Wegen.

Schweigend suchten sie das Gepäck in dem Gewölbe einer Tienda, in dem schon Bauern in dunkler Tracht und mit breitrandigen gelben Strohhüten, inmitten ihrer Tragkörbe und Kiepen, auf das Postauto warteten. In dem schwerfälligen Landomnibus fuhren sie zwei Stunden lang durch das ländliche Innere der Insel, der Nordküste zu; durch grüne Kornfelder und blühende Obstwiesen. Die Ebene war ein einziger üppiger Garten.

Bei sinkender Sonne hielten sie auf dem Marktplatz einer kleinen Stadt, die mit dicken zinnenbewehrten Mauern und altersgrauen Toren wie verloren in der Weite der Landschaft träumte. Der Wagen hielt mit einem Ruck, der Koffer und Passagiere durcheinanderwarf. Sie waren am Ziel.

Vor dem einzigen Gasthof stand ein hochgewachsener Mann in blauer Leinenjacke und mit breitem Strohhut, wie ihn die Bauern tragen. Ein Badegast, dachte Sylvia, ein Amerikaner. Aber schon kam der Fremde auf sie zu. »Sie sind Sylvia Schönberg?« fragte er. Und als er ihrem erstaunten Blick begegnete, stellte er sich mit einer leichten Verbeugung vor: »Bruckner ... aus Hamburg. Sie werden hier seit langem erwartet. Ihre Freunde haben Sie angemeldet. Seit vierzehn Tagen bin ich zu jedem Omnibus gegangen, um Sie abzuholen; gestern war ich sogar um fünf Uhr in der Frühe am Dampfer, der nach Menorca fährt. Antonia, Ihre Wirtin, ist schon ungeduldig geworden; sie hätte das Haus längst vermieten können, und ich mußte sie vertrösten«.

»Ich darf mich wohl um das Gepäck kümmern?« fügte er lächelnd hinzu. Rasch erklärte Sylvia die Verzögerung und berichtete über die abenteuerliche Reise, die sie hinter sich hatten.

Durch das nördliche Tor verließen sie die Stadt und gingen zwischen Bauerngärten und verstreuten Gehöften auf der Landstraße, die zum Hafen führt. Da lagen am weißen Sandstrand der Bucht die blau und rot gemalten Fischerboote; Netze und Reusen waren ausgebreitet.

Sie gingen zur Rechten einen stillen Weg, der zu einem einsamen Bauernhof führte. Auf einer leichten Anhöhe, im perlmuttfarbenen Licht des Abends, lag der Garten. Breitästige Feigen- und Mandelbäume warfen ihre Schatten auf das hohe Gras. In der Ferne lag dunkel das Meer, und über der scharf gezeichneten Silhouette des Berges, der am Horizont den Blick einfing, funkelte der erste Stern. Eine Insel des Friedens, dachte Sylvia aufatmend.

Bunte Bauernblumen blühten vor dem weißen Haus mit

den blauen Fensterläden und der grünen Weinpergola über der Eingangstür. Aus der Tiefe des Gartens trat ihnen die alte Bäuerin entgegen, groß und hager in ihrem groben Gewand, das gefurchte Gesicht mit den dunklen Augen vom schwarzen Kopftuch umrahmt. Mit ausgestreckten Armen empfing sie die Gäste. Auf dem Tisch in der großen Bauernstube stand ein ländliches Mahl bereit. Es war gut, nach Hause zu kommen.

Sylvia hatte sich in diesen Wochen tapfer gehalten. Ihr Geist war frisch und ihr Mut ungebrochen. Jetzt erst, am Ende des Weges, verließen sie die Kräfte. In der oberen Stube fiel sie erschöpft in das breite Bauernbett, und die Zikaden sangen in ihrem Traum.

Die Insel

Sylvia hatte sich immer gewünscht, auf einer Insel zu leben. Es sollte eine Insel im Süden sein, ein Garten über der blauen Weite des Mittelmeers, der Sonne und den Winden preisgegeben. Sie wußte wohl, daß es den Menschen ihrer Zeit verwehrt war, sich in verzauberten Gärten der Einsamkeit zu verschließen. Sie wußte, daß es ihre Pflicht war, unter vielen auf ihrem Posten zu verharren, eine Aufgabe zu erfüllen. Sie hatte um ihr Ziel wie um ihr Leben gekämpft. Jetzt aber hatte sie das Schicksal selbst wie Strandgut an diese Küste geworfen; mit der letzten Kraft hatte sie diesen stillen Hafen erreicht.

Der Garten war ein Paradies, wie sich Sylvia den Kindheitsgarten der Menschheit dachte. Er gab zu allen Zeiten des Jahres alles her, was seine Bewohner brauchten. Es gab wohl hundert Feigenbäume, blaue und grüne, vom frühen Sommer bis in den späten Herbst. Vor Tau und Tag schon kamen die Bauern, um die Früchte zu pflücken, und wenn die Gäste am Morgen aus der Tür ihres Hauses traten, stand schon ein Körbchen frischer Früchte bereit, mit grünen Blättern bedeckt, auf denen der Tau der Frühe lag. Es gab unzählige Mandel-, Kirsch- und Aprikosenbäumchen. Da war ein uralter Kakteengarten, der die stachligen Früchte trug, mit denen Sylvia ihren Durst gelöscht hatte. Da waren Gemüsebeete, Gewürz- und Heilkräuter, die Antonia, die Bäuerin, genauso gekonnt zu handhaben wußte wie alle alten Frauen ihrer Zeit. Für Miriam war der Garten voller Leben. Die Hühner hatten flaumige gelbe Küken, die zwischen den Sommerblumen ihr Futter suchten, und die Hauskatze hatte schwarz und orange gefleckte Junge, die Miriam einmal von einem Mandelbäumchen im Kornfeld bergen mußte. Es gab drollige weiße Kaninchen mit roten Augen und sogar ein schwarzes mallorquinisches Schwein, das im Kakteengarten wohnte und seine eigene Sprache sprach. Am schönsten aber war es, wenn in der Stunde des Sonnenuntergangs die Herde von den Bergen ins Tal kam. Alle Lämmer trugen kleine Glocken um den Hals, die sie schon lange vorher ankündigten. Dann rastete der alte Schäfer mit seinem großen Wachhund inmitten der wimmelnden Herde auf der Wiese vor dem Haus und rauchte zufrieden seine Pfeife, und manchmal strich er mit der runzligen Hand vorsichtig über Miriams seidigen Scheitel.

Die stille Meeresbucht, von Bergen ganz umschlossen, war durchsichtig und klar wie ein Gebirgssee. Oft saß Miriam auf der schlüpfrigen Holztreppe, die ins Wasser führte, und schaute hinunter bis auf den Grund, der mit einem Teppich von Wasserpflanzen dicht bedeckt war. Da schimmerte es geheimnisvoll wie Korallenwälder, und Tausende von winzigen Fischen, in allen Farben schillernd, schwammen dort unten.

Manchmal wanderten sie die Küste entlang, unter Steineichen und Lorbeerbäumen, und kletterten zwischen Macchiagestrüpp und blühendem Ginster auf die Klippen, auf denen der rote Leuchtturm stand. Dort donnerte die Brandung gewaltig an die Felsen, und weiter als das Auge reichte, glitzerte die offene See. Sie konnten einsam und ungesehen baden und still auf den Klippen träumen, bis der Feuerball der Sonne glutrot ins Meer sank.

Sylvia aber konnte sich von ihrem Leid nicht erholen. Sie wanderte in den Nächten ruhelos über die knarrenden Dielen, bis Ingrid, die in der unteren Stube wohnte, erzürnt an die Decke klopfte, weil Sylvias Unrast ihr den Schlaf raubte. Sie erwachte am Morgen, wenn die erste Sonne durch die Fensterläden drang, und weinte, schwach und hilflos wie nie in ihrem Leben, weil ein neuer Tag anbrach.

Ingrid behandelte die Freundin wie eine Kranke. Sie stand in der Küche, wo blinkende Kupfergefäße an den Wänden aufgereiht hingen, an dem großen gekachelten Herd und fachte das Holzkohlenfeuer zur Glut an. Sie sorgte lautlos für alle kleinen Dinge des Tages. Sie wies Miriam an, auf Fußspitzen durch das Haus zu gehen.

Sylvia lag unter dem großen Feigenbaum und las. Sie erhielten in dieser Zeit viele Zeitungen, ganze Berge von Nachrichten. Da erfuhr sie, daß ihre Freunde in Deutschland geschlagen, bespien, mit Stiefelabsätzen getreten wurden, daß sie in den Konzentrationslagern litten oder mit zerschlagenen Knochen in den Hospitälern landeten, daß gute Kameraden Selbstmord begangen hatten, weil sie ihren Beruf nicht mehr ausüben konnten, oder weil sie an der Welt verzweifelten. Schweigend und ohnmächtig biß sie die Zähne zusammen, zur Untätigkeit verdammt.

Oft kam Ingrid zitternd vor Empörung mit den letzten Zeitungen in den Garten. »Sie reden eine andere Sprache«, sagte sie. »Sie können nicht mehr Deutsch schreiben. Sie erfinden lauter neue Worte ... ›Gleichschaltung‹ schreiben sie – sie nennen das Gleichschaltung, wenn sie in die Redaktionen einbrechen, die Redakteure verhaften, die Nachrichten fälschen ...«

Jeden Abend, wenn sie vom Strand zurückkehrten, wanderten sie zu dem kleinen Posthaus, das zwischen den Fischerhütten im Hafen lag. Der Postmeister saß mit seiner großen Familie behaglich bei der Abendmahlzeit und ließ sich nicht stören. Er schüttelte den Fremden die Hände, fragte, wie es ginge und wie das Obst reife, und ließ sie allein in die Poststube eintreten. Dort suchten sie unter den ausgebreiteten Briefen und Wertsendungen selbst ihre Post heraus. Es gab keinen Argwohn unter diesen einfachen Menschen.

Sie saßen in der kleinen Fischerkneipe am Strand, wo man für geringe Kupfermünze einen starken schwarzen Kaffee bekam, und lasen gespannt die Nachrichten aus der Heimat. Dann schauten sie versonnen den Fischern zu, die um diese Stunde ihre Netze einzogen. Rosig und silbern schimmerten die Fische im Netz; das Wasser tropfte langsam auf den Grund zurück, der sich im Widerschein der untergehenden Sonne opal färbte. Sie grübelten in schweren Gedanken.

Sylvia wußte damals noch nicht, daß in den kommenden Jahren Tausende von Verbannten in allen Ländern der Welt, zu allen Zeiten des Tages vor den Postämtern auf Briefe warten würden, sehnsüchtig und angstvoll von einer Nachricht zur anderen lebend.

Maria von Dernburg schrieb: »... ich habe überall nach Ihrer Adresse gefragt. Ich war so sehr in Sorge, was aus Ihnen geworden sein könnte ... Wollen Sie nicht Berichte für die Zeitungen schicken? Ich bin bereit, die Korrespondenz in meinem Namen zu führen ... Ich grüße Sie sehr herzlich ...«

Sylvia schämte sich. Sie hatte sich von Maria von Dernburg nicht verabschiedet, weil sie fürchtete, die Frau zu gefährden. Sie hatte sich geirrt. Maria war nicht feige.

Tagsüber lag die kleine Stadt verschlafen und öde hinter Wall und Graben. Die Bauern waren draußen in den Gärten und Feldern, und die Handwerker arbeiteten hinter geschlossenen Fensterläden. Erst am Abend wurde alles lebendig; die Häuser und die Gewölbe der Händler waren hell erleuchtet.

In der Hauptstraße lag Antonias Stadthaus, das patrizische Haus reicher Grundbesitzer. Sylvia rührte mit dem metallenen Klopfer an das starke Eichentor. Das runzlige Gesicht der alten Bäuerin legte sich in tausend freundliche Falten, als sie öffnete. »Mein Haus ist Ihr Haus«, sagte sie schlicht. Und wirklich hätte Antonia am liebsten gesehen, wenn ihre Gäste in dieser Nacht unter ihrem Dach gerastet hätten, statt zur Finca zurückzukehren. Ihr schien es seltsam genug, daß feine Stadtleute, Frauen mit zarten Gliedern und weißen Händen, das primitivste Landleben liebten.

Die große dunkelgebälkte Halle, in der sich nach patriarchalischer Sitte das Leben der Familien abspielte, war in allen mallorquinischen Häusern die gleiche. Hochlehnige Bauernstühle waren um einen derben Holztisch gereiht; auf dem Kamin standen schöne alte Tongefäße. Auf der breiten Holztreppe, die von der oberen Galerie ins Erdgeschoß führte, kam ihnen eine junge Dame entgegen, ein anmutiges Geschöpf in städtischer Kleidung, mit rosigen Fingernägeln und blonden, gewellten Haaren. »Das ist meine Tochter Catalina«, sagte Antonia stolz. Sylvia erstarrte vor Staunen. Zwei Generationen waren hier zwei Welten.

Catalina zeigte den Gästen ihr eigenes Zimmer, das mit französischen Stilmöbeln angefüllt war. Auf der Marmorplatte des Toilettentischs fand Sylvia unzählige Flaschen und Dosen, alles Dinge, die eine verwöhnte Frau braucht ...

Immer sah man Catalina sitzen und mit den feinen Fingern

hauchzarte Dinge sticken. Müde klagte sie: »... Es ist so öde hier, so trostlos eintönig ...« Ihre Schwestern waren in Argentinien verheiratet; ihr einziger Bruder diente im Heer. »Es ist so schön hier«, sagte Sylvia tröstend, »so friedlich und wunderbar. Aber warum gehen Sie nicht auch nach Buenos Aires, wenn Sie hier nicht leben können?« Catalina war die jüngste Tochter des Hauses. Sie fühlte sich verurteilt, weil sie ihre alten Eltern nicht allein lassen durfte.

»Ja, früher ...«, sagte Catalina, und ihre Augen leuchteten auf. »Früher war es anders bei uns. Da gab es Kirchenfeste und Prozessionen das ganze Jahr hindurch. Die Regierung hat alles verboten ...«

Sylvia hatte die größten Sympathien für die Regierung in Madrid, die Freiheit und Rechte für alle Spanier wollte. Man hat diesen einfachen Menschen alles genommen, woran ihr Herz hing, grübelte sie. Warum? Es wird nicht gut enden.

Später einmal stand Sylvia neben Antonia am Feuerherd, als sie in der Mittagspause auf der Finca ihre mallorquinische Suppe aus Fischen, Knoblauch und Brot kochte. Für Antonia hatte die Welt ein einfaches Gesicht. Alles wäre gut, wenn alle Menschen katholisch würden. »Es kommen jetzt im Sommer viele Engländer zu uns«, sagte Antonia. »Früher waren alle Engländer katholisch. Aber da war ein König, der wollte seine Liebste heiraten. Und weil ihn der Papst nicht scheiden wollte, brachte er das Volk vom rechten Glauben ab. Vielleicht werden ja die Engländer wieder katholisch, wenn sie zu uns kommen.« Antonia erzählte das wie ein Märchen. »Wir sind Juden«, sagte Sylvia. »Darum haben wir unser Land verlassen müssen.« – »Warum?« fragte Antonia ungläubig, verständnislos. »Alle sind doch Menschen.« Wenn Antonia regiert hätte, wäre auf der ganzen Welt Friede gewesen, unter Christen und Heiden.

Eines Tages erschien Antonia strahlend vor Freude. »Morgen kommt Jeronimo auf Urlaub«, sagte sie, »Jeronimo, unser Junge!«

Jeronimo war ein fröhlicher Bursche. Seine gute Laune war unwiderstehlich. Er nahm alle schwere Arbeit auf seine Schultern, um Francisco, den Alten, zu entlasten, und immer hatte er ein Lied auf den Lippen, ein gutes Wort oder einen Scherz bereit. Er wurde Miriams Freund. Jeronimo kletterte behend auf die schwerbeladenen Obstbäume und füllte Miriams Korb mit Früchten. Er nahm die Niña mit ins Boot, wenn er mit seinen Kameraden zum Rudern und Schwimmen oder zum Fischfang hinausfuhr. Miriam wurde braun und kräftig; sie sprach Spanisch und den mallorquinischen Dialekt der Bauern.

Oft kam Dr. Bruckner auf die Finca. Er hatte sich erboten, Sylvias Spanischkenntnissen nachzuhelfen. Bruckner war vor Jahren auf die Insel gekommen, um Sprache und Sitte des Landes zu studieren. Er hatte nie den Weg zurück gefunden. Er fühlte sich zu Hause unter Bauern und Fischern; er nahm ihre Sprache und ihre Gewohnheiten an. Vor Sonnenaufgang stand er in seinem Garten, um die Früchte von seinem Aprikosenbaum zu pflücken. Er teilte mit seinen Hausleuten die mallorquinische Suppe und das dunkle Brot. Er verbrachte die Abende mit den Männern im Club, der in keiner spanischen Stadt fehlt. Da saßen der Alkalde, der Arzt und der Apotheker zusammen mit den Großbauern und Händlern, und Bruckner war stolz, daß sie ihn als einen der Ihren betrachteten. Sie lasen die Tageszeitungen, debattierten über

Politik und hörten Radio. »Sind auch Frauen im Club?« fragte Sylvia. »Nein«, sagte Bruckner achselzuckend. »Der Club ist nur für Männer zugänglich. Aber vielleicht machen sie für Ausländerinnen eine Ausnahme...« Sylvia dankte. »Meine Hauswirte sind Chuetas«, erzählte Bruckner. »So nennt das Volk auch heute noch die Nachkommen der Marannen, der heimlichen Juden, die mit barbarischer Strenge auf der Insel ausgerottet wurden. Sie sind gute Katholiken, fromme einfache Menschen; ihre Häuser sind voll von Heiligenbildern. Aber die Familien heiraten nur untereinander; sie sind durch tausend Bande eng verknüpft, und jedes Kind kennt ihre Namen.«

Am Ostersonntag wanderten sie zum Kloster Victoria, wo ein Volksfest gefeiert wurde. Seltsam allein stand vor dem Kloster, mitten im lauten Volksgetriebe, Joaquin Valls, der Barbier. Er verkaufte heute Erdnüsse und Süßigkeiten. Sein rundes Gesicht unter dem großen gelben Strohhut lächelte einfältig und zufrieden. Und doch war Joaquin Valls ein Chueta, der Nachkomme von Märtyrern.

Bevor Ingrids Zeit ablief, wollte sie die Insel kennenlernen. Darum verließen sie das Haus an einem Frühsommertag, mit so viel Gepäck, wie jeder in einem Körbchen am Arm tragen konnte, und mit ein wenig Mundvorrat. Zehn Tage lang wanderten sie zu Fuß um die Insel, vom Sonnenaufgang bis zum späten Abend, und manchmal suchten sie auch in den Mondnächten ihren Weg. Sie kamen in einsame Fischerdörfer, die in Bergen und Klippen ganz vergraben lagen und die noch nie der Fuß eines Fremden betreten hatte. Quer über Hänge und Orangenterrassen kletterten sie hinunter zum Hafen Sóller. Der erste Mann, dem sie dort begegneten, erschien ihnen zu ihrer Verwunderung in der Tracht eines kriegerischen Mauren: in Wams und Pluderhosen, mit geschwärztem Gesicht und blumengeschmücktem Gewehr. Auf dem Weg in die Stadt sahen sie Scharen von ähnlich Vermummten; nur teilte sich die Menge in Mauren und Christen. Sóller feierte, wie sie erfuhren, in diesen Tagen ein Siegesfest zur Erinnerung an die Vertreibung der Mauren von der Insel. Wie einst der Maurenkönig und der König der Christen, hoch zu Roß und im altertümlichen Prunk, ritten sie mit ihren Truppen einander entgegen, um das Schauspiel der Schlacht zu wiederholen.

Vor Tau und Tag verließen sie Sóller. Sie wollten die Paßhöhe überqueren, um auf der anderen Seite des Gebirges das Tal von Lluch zu erreichen. Sie wanderten den ganzen Tag zwischen den Bergen in einer Schlucht. Der Nebel zog über die Bergspitzen; um die Felsennester kreisten Adler, die Gefährten der Einsamkeit. Spät begann der Abstieg; bei Sonnenuntergang sahen sie zu ihren Füßen das Kloster Lluch. Es lag in einer Talmulde, mächtig und ausgebreitet um den Kern der alten Klosterkirche, mit den palastartigen Flügeln der Gasträume und Wirtschaftsgebäude. Dahinter glänzte, eine neue Verheißung, wieder das Meer.

In der Halle empfing sie der Bruder Pförtner. »Schade«, sagte er, »daß Sie nicht früher kamen. Am Pfingstsonntag kam hier eine Pilgergemeinde von zehntausend Seelen zusammen; der Klosterhof konnte das Volk nicht fassen. Wir hielten einen Bittgottesdienst ab, daß Spanien wieder werden möge wie früher ...«

»Daß Spanien wieder katholisch werde ...«, fügte er hinzu, als er Sylvias fragendem Blick begegnete.

Der Mönch wies ihnen die Zellen an, in denen sie übernachten durften. Im Schutz der Klostermauern fielen sie in tiefen traumlosen Schlaf.

Das letzte Stück Weges legten sie mit müden Gliedern zurück. Ihre Füße schmerzten in groben Hanfschuhen, wie sie die Bauern dieser Gegend tragen. Die Landschaft wurde wieder lieblich. Reizende Dörfer lagen am Weg; in den Gärten blühten die Sommerblumen. Auf der staubigen Landstraße kamen Bauern auf ihren zweirädrigen Eselwagen von der Tagesarbeit in den Feldern heim. Ein freundlicher Kutscher lud sie ein, auf seinen Wagen zu steigen. So kam es, daß sie in der Abenddämmerung, als der Himmel sich türkisblau und mattgrün färbte, abermals auf dem Marktplatz der kleinen Stadt hielten. Als sie das steinerne Säulenkreuz erblickten, an dem der Weg nach der Finca abzweigt, jubelten sie.

Heimgekehrt fand Sylvia einen Brief von Harald Terstegen vor. Er schrieb: »... Im Institut hat sich vieles geändert. Professor Weigand ist mit Handschellen gefesselt abgeführt worden und hat sechs Wochen im Konzentrationslager gesessen. Direktor Tenbrinken ist unter dramatischen Umständen gegangen. Ich arbeite noch ...
   Ich habe kürzlich noch Ihre Gardinen an den Fenstern Ihrer Wohnung gesehen und die Blumen dahinter. Es schien mir, daß Sie uns noch nicht ganz verlassen hätten ...«
   Sylvia antwortete nicht.

Ende Mai legte die »Weserland«, aus dem östlichen Mittelmeer heimkehrend, in Palma de Mallorca an. Sylvia fuhr mit Miriam nach Palma, um Ingrid an Bord zu bringen.

»Fahren Sie nicht mit uns zurück?« fragte der junge wachhabende Offizier, als sie das Fallreep hinaufkletterten.
»Warum fahren Sie nicht mit uns nach Hause?« fragte die Mannschaft, einer nach dem andern, als sie Sylvia im Gartenhut und ohne Gepäck sahen.
Hinter der Glaswand seines Kontors strahlte der dicke freundliche Zahlmeister väterlich und wohlwollend: »Ich habe von Genua ab für Sie und Ihr Töchterchen Passagen reserviert«, sagte er.
»Sie hätten mich also nicht zurückgelassen?« fragte Sylvia seltsam erschüttert. »In keinem Hafen der Welt!« antwortete der Mann.
Im Speisesaal trafen sie den Schiffsarzt, den Sylvia seit Jahren von vielen gemeinsamen Fahrten her kannte. Auch er bedrängte sie mit Fragen: »Warum fahren Sie nicht mit uns nach Hause? Was wollen Sie, God damned, allein in diesem gottverlassenen Nest anfangen?«
»So quälen Sie sie doch nicht!« brach Ingrid endlich aus. »Sie kann doch nicht zurückfahren!« – »Warum?« fragte der Arzt verständnislos.
Sylvia bewahrte nur mit Mühe ihre Fassung. Es war »ihr Schiff«, und es war im Augenblick etwas viel für sie. »Weil sie Jüdin ist ...«, antwortete statt ihrer Ingrid.
Der Arzt begriff noch immer nicht. »Ja, und was weiter?« fragte er hartnäckig. »Was soll das heißen?« Er kreuzte seit vier Monaten mit einem Schiff im Mittelmeer und hatte während dieser ganzen Zeit keine einzige Zeitung gelesen.
»Aber sie kann doch nicht mehr arbeiten«, erklärte Ingrid. »Viele können nicht mehr arbeiten. Auch die Anwälte nicht und die Ärzte ...« – »Wie ist das möglich?« sagte der Mann fassungslos. »Zahlt ihnen der Staat etwa eine Rente?«

Sylvia fand endlich die Sprache wieder. »Leben Sie auf dem Mond?« fragte sie heftig. »Sind Sie taub und blind? Sie werden sich wundern, wenn Sie nach Hamburg zurückkommen ...«

»Ich?« stammelte der Arzt schreckensbleich. »Ich bin kein Jude. Mein Großvater war Jude. Aber meine Großmutter war eine geborene Gräfin Hohenlohe ...«

»Dann sind Sie Nicht-Arier«, sagte Sylvia unbarmherzig.

Ingrid versprach, bald und oft zu schreiben. Sie küßte Miriam auf beide Wangen und umarmte Sylvia, als wolle sie sie nie wieder loslassen. Es fiel ihr schwer, sie zurückzulassen. »Du wirst es nicht aushalten«, sagte sie. »Nicht acht Tage wirst du es allein in dieser Einöde aushalten.«

Ob Sylvia es aushielt? Sie atmete auf, als sie am Abend auf der Finca zurück war. Sie schüttelte den Staub der Landstraße von ihren Füßen und genoß in tiefen Zügen die balsamisch reine Luft und den Duft der frischgemähten Wiesen.

Antonia hatte die Wäsche gewaschen und am Brunnen zum Trocknen aufgehängt. Sie hatte das Herdfeuer entzündet und die Abendmahlzeit bereitet. Sie hatte einen Tonkrug mit Blumen auf den Tisch gestellt und ein Körbchen frischgepflückter Früchte. Durch tausend kleine Dienste wollte sie Sylvia ohne Worte zeigen, daß sie nicht allein war, daß sie hier Liebe fand, Freunde und ein Haus. Und Sylvia fühlte, wie die Ruhe und Weite der Landschaft, Güte und Wärme aller Kreatur von ihrer Seele Besitz nahm.

Sylvia nahm ihr Leben wieder selbst in die Hand. Sie war allein mit ihrem Kind, allein wie nie in ihrem Leben, in einer fremden Umwelt. Mit dem Gefühl der Verantwortung kehrten ihre Kräfte zurück. Immer hatten bisher Kämpfe, Gefahren, Schwierigkeiten ihre Nerven gestählt, ihr Lebensgefühl bis zum Rausch gesteigert.

Sylvia kümmerte sich um das Haus, um die Früchte und Gemüsebeete des Gartens, um die Tiere. Sie nahm Miriams unterbrochenen Unterricht wieder auf, damit das Kind in der Einsamkeit des Landlebens nicht verwildere. Es war schön und neu, diese junge Seele zu formen, die ihr ganz gehörte und die sich ihr bisher nur zum Teil erschlossen hatte. Oft saßen sie an den Abenden bei Kerzenlicht in der offenen Halle über den Büchern, wenn der Wind vom Meer her durch den dunklen Garten wehte.

Sylvia hatte nach Hamburg geschrieben, an Miriams Schule, und mitgeteilt, daß das Kind nicht zurückkommen würde: »Ich habe immer den Willen gehabt, mein Kind zu einem stolzen und aufrechten Menschen zu erziehen. Das ist mir heute in Deutschland nicht mehr möglich.«

Gerda Beckmann antwortete in einem Brief an Miriam: »Wir haben dich alle lieb gehabt«, schrieb sie. »Bleib, wie du bist. Nur ganz starke Charaktere können den Haß überwinden. Gott, der über allen Rassen und Religionen gleich ist, schütze dich und deine liebe Mutter.«

Gleichzeitig teilte Miriams geliebte Lehrerin mit, daß sie ohne Anspruch entlassen sei. Es war für die alte Dame schwer, fast unmöglich, eine neue Existenz aufzubauen – und ganz unmöglich, das Land zu verlassen, in dem sie mit allen Kräften des Geistes und der Seele, mit ihrem ganzen Leben verwurzelt war. »Was soll ich tun?« fragte sie verzweifelt. »Juden lassen in diesen Zeiten der Not ihre Kinder von jüdischen Lehrern erziehen. Ich darf nur Kinder getaufter Juden unterrichten oder ›Mischlinge‹. Ich kann mich nicht an die jüdische Gemeinschaft um Hilfe wenden, weil ich nicht Jüdin bin ...«

Sylvia begriff das Schicksal der Nicht-Arier, dieser Kaste von Parias, die die Hitler-Regierung erst geschaffen hatte, in seiner ganzen Tragik. Sie hatten nicht, wie die Juden, eine Abstammung, eine Geschichte, einen Glauben – Ideen, um derentwillen sie Verfolgungen mit Stolz ertragen konnten. Sie gehörten nirgendwo hin. »Ich glaube doch«, antwortete sie, »daß Sie sich an die jüdische Gemeinschaft wenden können. Es genügt wohl, daß Sie verfolgt werden, weil Sie jüdisches Blut haben. Und gibt es einen Unterschied zwischen leidenden Menschen?«

Der Sommer wurde unbarmherzig heiß. Schon um acht Uhr früh brannte die Sonne unerträglich. Miriam wurde matt und still. Immer drückender wurden die Tage, immer dringender die Frage, was nun geschehen solle. Sylvia hatte bisher auf der Insel leben können, weil die Finca mit ihren Erträgen sie fast ernährte. Sie hatte nicht die Mittel gehabt, um nach Barcelona oder Madrid zu fahren und Arbeit zu suchen. Sie hatte Empfehlungen an Mitglieder der Regierung in Madrid, und sie wandte sich schriftlich um Rat und Hilfe dorthin. Sie wollte nur arbeiten, und sie wußte, daß sie Arbeit leisten konnte.

Eine einzige Antwort kam spät, aus San Sebastián. Wer konnte, war vor der höllischen Sommerhitze aus Madrid nach San Sebastián geflüchtet. Von dort teilte der Briefschreiber Sylvia mit, daß er jetzt nichts für sie tun könne.

Ingrid hatte versprochen zu schreiben. In Gedanken hatte Sylvia ihre Reise von Hafen zu Hafen verfolgt. Ingrid war längst in Deutschland. Sie hatte nicht Wort gehalten.

Spät kam ein Brief von ihr. Sie fragte besorgt nach Sylvias Leben auf der Insel. Und sie berichtete über neue Dinge in Deutschland: über die erwachende Freude an Volkssitte, Trachten, Tänzen, über Schönheit und Rausch der Jugend. »Ich bemühe mich, den Dingen zuzuwachsen«, schrieb sie. Sylvia saß fassungslos über diesem Brief. Sie verstand ihn nicht. Sie zog Dr. Bruckner zu Rate. Der schüttelte den Kopf und zog die Brauen in die Höhe. »Was heißt das?« fragte er, »den Dingen zuwachsen? Ist das noch Deutsch? Sie prägen, scheint mir, eine neue Sprache ...«

Nie mehr hörte Sylvia von Ingrid. Sie war die erste, die auf der Strecke blieb.

Damals schrieb Sylvias Bruder aus New York. Bob lebte seit Jahren in den Staaten, und Sylvia hatte ihn seitdem nicht wiedergesehen. Sie liebte diesen einzigen Bruder zärtlich. Beide hatten früh die Mutter verloren, und Bob war für Sylvia fast wie ihr Kind, obwohl er nur wenige Jahre jünger war als sie. »Geh nach Paris«, schrieb Bob. »In Paris kommt alles zusammen. Kable mir, was du brauchst. Ich werde das Geld für deine Übersiedlung beschaffen ...«

Sylvia grübelte lange, nachdenklich. Sie liebte Frankreich. Sie wußte, daß es für sie das menschlichste Asyl sein würde, daß sie dort Freunde wiederfinden würde, Kameraden, einen geistigen Rückhalt. Aber sie wußte auch, daß fünfundzwanzigtausend Flüchtlinge in diesen Monaten in Paris zusammengeströmt waren, daß die Verzweiflung, die Not, die Ratlosigkeit ungeheuer war, daß es dort wie überall Sorgen gab, Krise, Arbeitslosigkeit. Die Literaten würden in den Caféhäusern der Boulevards sitzen und debattieren, wie früher, wie immer. Viele Intellektuelle waren nach Paris gegangen ...

Sylvia wußte noch nicht, was ihr zu tun übrigblieb. Sie war zu bescheiden, um sich für wichtig zu halten. Es kommt nicht auf einen Literaten mehr an, der in den Caféhäusern herumsitzt, dachte sie. So wählte sie, ohne es zu wissen, den schweren Weg der Einsamkeit.

Dr. Bruckner brachte Sylvia eine Schrift über die Geschichte der Marannen auf der Insel. Da war zu lesen, wie diese Parias jahrhundertelang gehetzt, gefoltert, erdrosselt und verbrannt worden waren, wie noch in jenem Jahrhundert, in dem im Westen Europas das Licht der Aufklärung zu leuchten begann, um eine Welt der Finsternis und des Aberglaubens zu erhellen, in der Stadt Palma die Scheiterhaufen flammten, auf denen die letzten heimlichen Bekenner des Judentums auf spanischem Boden starben. Damals verfinsterte der Rauch der Autodafés die heitere Stadt, und die Asche der Märtyrer wurde in den Wind gestreut ... Das war im Jahre 1691, fast zweihundert Jahre, nachdem auf Geheiß der Könige Ferdinand und Isabella die letzten Juden Spanien verlassen hatten. Die Führer der Marannen, den Rabbiner Rafael Valls, den jungen Rafael Benito Tarongi und eine Frau, Catalina Tarongi, hatte man lebend den Flammen überliefert, weil sie hartnäckig in ihrem Glauben verharrten. Nie hatte dieses Geschlecht sich seinen Unterdrückern gebeugt. So stand es in den Chroniken der Inquisition verzeichnet.

Sylvia verließ das Paradies ihres Gartens und fuhr nach Palma, um in den Archiven der Stadt dem Schicksal der Chuetas nachzuspüren. Erschüttert und aufgewühlt saß sie über den vergilbten Seiten der Folianten, aus denen mit dem Geruch des Moders die bittere Klage der Jahrhunderte aufstieg. Und angesichts der sinnlosen Grausamkeit der Geschichte erfüllte brennende Empörung ihre Seele. Vielleicht wird dieser rebellische Zorn, das Erbteil einer stolzen Rasse, sie einst befähigen, der Wiederkehr dieses Schicksals die Stirn zu bieten.

Mit stockendem Schritt ging Sylvia durch die düsteren Gassen des einstigen Ghettos, die Straße El Call, die Calatrava, die Calle de Montession. Hier hatte, so schien es ihr, die Zeit stillgestanden wie verbrauchter Atem und verpestete Luft. In Winkeln und Mauernischen wohnte das Grauen. Es roch nach Unrat und nach den Ausdünstungen der Lohgerbereien ... Wenige Schritte von hier, an der Puerta del Mar, brandete das Meer, blies eine kühlende Brise den Atem der Freiheit herein. Es war das Meer, das einst die Chuetas, Gefangene in ihren finsteren Mauern, mit sehnsüchtigen Augen geschaut hatten.

Sylvia fuhr nach El Terreno. Am Fuß des Castillo de Bellver stand sie in dem dunklen Pinienwald, an der gleichen Stelle vielleicht, wo einst die Scheiterhaufen errichtet worden waren, und suchte mit dem Blick den Ozean, auf dem – wie die Chronik berichtet – der winzige Segler der flüchtigen Marannen Schiffbruch erlitten hatte, den freien Horizont, den jene nie erreicht hatten. »Man wählte für diesen Zweck ein ödes Feld, das sich auf weitem Raum in der Nähe des Pesthauses hinzieht, über der Meeresküste am Abhang des Hügels, auf dem das Castillo de Bellver liegt. Sowohl wegen der Weite des Platzes wie wegen der Entfernung von der Stadt, damit die Bürger nicht durch den Rauch belästigt würden ...« Schritt für Schritt ging sie so den Weg, auf dem das Schicksal ihrer Brüder sie erwartet hatte.

Vor ihrem inneren Auge sah Sylvia die von Kugeln durchlöcherten Mauern der Kathedralen, vor denen sie auf ihrer Reise durch die Städte Spaniens gestanden hatte. Sie dachte an Kirchenfeste und Prozessionen, die die Regierung der freien Spanier verboten hatte. Besser verstand sie nun den Riß, der dieses stolze Volk spaltete, die Empörung, die sich gegen eine finstere Überlieferung auflehnte.

Don Salvador, der Archivar, berichtete Sylvia, daß nach der letzten Revolution die Sozialisten ein Denkmal für Catalina Tarongi beantragt hatten, da sie eine Märtyrerin sei, so gut wie die Blutzeugen der katholischen Kirche. Aber die Chuetas lehnten dieses Denkmal ab. Sie wollten nicht an die Vergangenheit erinnert werden, deren Brandmale nie ganz vernarbt waren. So scheuen auf der ganzen Welt die Gebrannten die Erinnerung an das Feuer.

Heimgekehrt schloß Sylvia sich in ihrem Zimmer ein. Sie schrieb die Geschichte der Chuetas von Mallorca. Sie schrieb sie in ihrer Sprache, für ihre eigene Zeit; denn es drängte sie, das Andenken dieser Opfer eines finsteren Wahns der Vergessenheit zu entreißen. Man sollte von ihnen wissen, in einer Zeit, die die Verfolgung Unschuldiger erneuerte.

Unten in der blinkenden Küche, am heißen Herdfeuer, hantierte unterdessen Miriam allein mit Pfannen und Töpfen, zum erstenmal in ihrem jungen Leben. »Meine Mutter arbeitet«, sagte sie. Antonia machte ein sorgenvolles Gesicht. Tagelang betrat Sylvia den Garten nicht mehr.

Schön waren die Abende in der Pergola, die um den Luxus einer Stallaterne mit bleigefaßten Scheiben bereichert war. Menschen, Tiere und Pflanzen genossen die Kühle und den Frieden der Nacht. Tausende von Sternschnuppen regneten in diesen Nächten vom türkisblauen Himmel hernieder und sausten in leuchtenden Bogen in das dunkle Meer.

Für Sylvia aber war die Harmonie der Landschaft zerstört.

Im Pinienwald schienen ihr die Schatten der Verdammten zu geistern, und der Nachtwind trug die Klagen der Gemarterten in seinem Flüstern ...

Bei Joaquin Valls, dem Chueta, fielen Sylvias dichte Locken unter der Schere. Das war allmählich eine nachbarliche Gewohnheit geworden, so daß sich der Barbier veranlaßt sah, den fremden Gast seiner alten Mutter vorzustellen. In der halbdunklen Halle saß die Greisin in einem Armsessel; die runzligen Hände mit dem blauen Adernetz ruhten im Schoß. Das faltige Gesicht, die strengen Züge, die lebhaften Augen erinnerten Sylvia an ihre Urgroßmutter in einer kleinen Stadt am Rhein, die sie zuletzt als ganz kleines Mädchen gesehen hatte. Seit Jahrzehnten hatte sie an dieses Gesicht nicht gedacht; nun stand es plötzlich lebendig vor ihr.

Auch Jaime Cortes, der Krämer, war ein Chueta; er und seine Frau entstammten Familien, deren Namen in den Chroniken der Inquisition immer wiederkehrten. Sylvia pflegte in seinem Laden Olivenöl, Gewürze und Traubenrosinen zu kaufen. Als sie heute das Gewölbe betrat, konnte sie gerade noch sehen, wie der Mann erregt mit der Faust auf den Ladentisch hieb, auf dem die Zeitung des Tages aufgeschlagen lag: »Mexiko boykottiert deutsche Waren«, sagte er. »Amerika will mit der Hitler-Regierung nicht verhandeln ...« Er verstummte, als die Fremden eintraten.

»Wir sind Juden«, sagte Sylvia ruhig. »Wir haben Deutschland verlassen.«

»Sollen die deutschen Juden verhungern?« fragte der Mann mit funkelnden Augen. »Sollen sie hilflos wie Tiere zugrunde gehen?«

Vorsichtig, zögernd sprach Sylvia von den Verfolgungen

der Inquisition auf Mallorca. Sie fürchtete mit gutem Recht, an Wunden zu rühren. »Welche Chronik haben Sie gelesen?« fragte Jaime Cortes. »Die des Paters Garau, des Inquisitors.« Das Gesicht des Spaniers verschloß sich, wurde hart. Es war die Chronik, die die Opfer seines Hauses verzeichnete.

»Das war vor mehr als zweihundert Jahren«, sagte er endlich. »Nirgendwo in Spanien hat die Inquisition so grausam gewütet wie hier auf Mallorca. Es waren der Fanatismus der Priester und die Unwissenheit des Volkes. Je tiefer die Kultur eines Volkes steht, um so größer ist seine Unduldsamkeit.«

In diesem Herbst erkrankten Sylvia und Miriam an einem typhösen Fieber. Matt und hilflos lagen sie in den primitiven Stuben, die als Krankenzimmer so gar nicht geeignet waren. Antonia wollte keinen Arzt dulden. Besorgt und umsichtig pflegte sie ihre Kranken. Sie fütterte sie mit Krankensuppen und lauer Milch. Sie braute endlich, als beide schon wieder, schwach und elend, aber genesend, auf den Füßen stehen konnten, einen Trank, dessen Herstellung Sylvia gespannt verfolgte: Die Bäuerin röstete Reiskörner über dem Feuer, goss den Absud in ein Gefäß, gab Heilkräuter aus dem Garten dazu, mischte alles, hängte die Flasche an einem Seil in den Brunnenschacht, damit das Getränk kühl bliebe. Sylvia konnte die Heilkraft dieser geheimnisvollen Medizin nicht prüfen, aber sie setzte blindes Vertrauen in die Güte und Klugheit der alten Frau. Sie und das Kind genasen.

Miriam blieb blaß und traurig. Sie litt an einer Krankheit, der kein Kraut gewachsen war: an schwerem Heimweh. Das Kind hatte alles verloren, mehr als die Erwachsenen, mehr als ein reifer Mensch begreifen konnte: das Haus ihrer Kindheit,

Kameraden, die wache Zusammenarbeit in einer geliebten Schule, die Sicherheit einer vertrauten Umgebung. »Laß uns abreisen«, bat Miriam. »Ich halte es nicht aus, ohne Freunde, ohne Aufgaben, ohne ein Ziel.«

Zum erstenmal sprach Sylvia zu der alten Bäuerin von Abreise. Antonia bat, flehte endlich: »Bleiben Sie noch ... Sie haben ein Haus, Sie haben eine Zuflucht. Wir haben Sie und das Kind lieb. Bleiben Sie nur diesen Herbst! Die Mandeln reifen und die Spätfeigen. Wir werden sie ernten. Wir feiern ein großes Erntefest: Wir backen süßes Mandelbrot; das Haus wird ganz bekränzt sein und der Garten am Abend voller Lampions ...«

Sie hatten die Krankheit fast vergessen. Aber jetzt, auf die Nachricht von der überwundenen Gefahr, rührten sich plötzlich die Freunde. Aus Holland schickte Erich Schönberg Geld, was er freiwillig seit Jahren nicht getan hatte, und bat Sylvia dringend, sich und das Kind zu schonen.

»Kommt nach Hause!« schrieb die alte Barbara. »Niemand wird euch kränken ...«

Clara Holthusen aber schickte Sylvia kurzerhand eine Passage nach Genua. »Fahr' nach Italien«, riet sie. »Du kennst das Land, du sprichst seine Sprache. Du wirst dich durchschlagen, und du findest, wenn du dort nicht bleiben kannst, in jedem Hafen ein Schiff.«

Sylvia schwankte. Sie gingen am Abend den vertrauten Weg: die lange dunkle Straße zum Hafen, und Miriam starrte sehnsüchtig den Lichtern der Dampfer am Horizont nach.

»Wollen wir nicht bleiben?« fragte Sylvia. »nur eine kurze Zeit, nur diesen Herbst noch? Es ist schön, es ist friedlich hier. Ich werde mein Buch beenden ...«

»Ich halte es nicht aus«, sagte das Kind verzweifelt, mit

versagender Stimme. »Ich kann nicht mehr«. So riß plötzlich der Bogen, der lange straff gespannt war.

»Wir fahren«, entschied Sylvia.

Drei Tage lang weinte Antonia, als sie es erfahren hatte. Mit rotgeweinten Augen ging sie ihrer Arbeit nach. »Das ist so mit den Fremden«, klagte sie. »Immer, wenn wir uns an sie gewöhnt haben, gehen sie ... Frank, der kleine blonde Junge, der im vergangenen Sommer hier war und der im Garten jubelte und auf die Bäume kletterte, war uns lieb wie ein eigenes Kind. Er kommt nicht wieder. Jetzt haben wir Sie und die Niña liebgewonnen, und auch Sie gehen.«

Sylvia kam endlich auf den Gedanken, der alten Frau zu erzählen, daß sie jahrelang auf Reisen gelebt hatte, daß sie auf Schiffen, auf Meeren und Inseln zu Hause sei. Da trocknete die Bäuerin ihre Tränen; ihr Gesicht erhellte sich. »Sie kommen wieder«, sagte sie zuversichtlich. »Im nächsten Frühjahr kommen Sie zurück! Sie werden bei uns immer ein Haus finden. Wenn die Finca bewohnt ist, bringe ich Sie in meinem Stadthaus unter. Oder wir bauen im Garten eine Stube und eine Küche für Sie.« Sie tröstete sich selbst mit blendenden Zukunftsplänen.

Sylvia ließ die kleinen Habseligkeiten zurück, die sich im Lauf dieser Monate bei ihr angesammelt hatten: die Liegestühle, den Spirituskocher, die Kaffeemaschine und die Stalllaterne, ein paar primitive Kästen und Möbel, die sie aus Kisten gezimmert und mit buntem Kattun bespannt hatten. Im Weggehen hatte so jeder Gast die Finca um ein wenig Komfort bereichert. Aber Antonia weigerte sich, das Geschenk anzunehmen. »Ich werde alles für Sie aufbewahren«, erklärte sie bestimmt, »bis zum nächsten Frühjahr ...«

Körbe voller Trauben und Melonen fand Sylvia am Abend vor der Abreise auf dem Gartentisch der Pergola, mehr als sie in Wochen hätte brauchen können, als letzte Liebesgabe der Bauern.

Sie verließen das Haus im Morgengrauen. Sylvias Herz zuckte, als sie, zum erstenmal seit Monaten, den schweren eisernen Schlüssel in dem verrosteten Schloß umdrehte. Sie fühlte, wie sich ein Abschnitt ihres Lebens vor ihr schloß.

Die Wagenburg der Koffer wurde abermals auf den alten schaukelnden Überlandbus geladen. Antonia stand daneben im steifen schwarzen Kleid, die Spitzenmantille über der strengen Stirn, eine Zuckertüte für die Niña in Händen. Weinend küßte sie die Scheidenden auf beide Wangen.

Miriam war wach und lebendig wie seit langem nicht. Sie hatte noch nicht verlernt, kindlich nach Neuem zu dürsten.

Die Luft war schwül und drückend, als sie in Palma an Bord gingen, der Himmel trüb verhängt; kein Windhauch regte sich. Miriam stürzte sich sofort in das kleine Schwimmbassin des Dampfers, in das laue ölige Wasser, und schenkte der Stadt keinen Blick mehr.

Sylvia aber stand am Heck und schaute zurück, bis ihre Augen schmerzten. Da war die noble Silhouette der Kathedrale, der goldene Engel auf dem Dach des Bischofspalastes – dort drüben auf dem Hügel, finster und mächtig, das alte Castillo de Bellver im Kranz grüner Pinienwälder. Dort unten hatten die brennenden Holzstöße weithin über das Meer geleuchtet ...

Ich brauche nicht verbrannt zu werden, dachte Sylvia aufatmend. Der Seewind kühlte ihre heiße Stirn.

Zwischenspiel

Es war sehr heiß in diesen Augustnächten auf See. Die Luft in den stickigen Kabinen war unerträglich. Sylvia ging auf Deck und verbrachte die Nacht unter dem Sternenhimmel. Einst hatte sie diese Nächte zwischen Meer und Himmel sehr geliebt. Jetzt zitterte ihr Herz in der Erwartung kommenden Schicksals.

Irgendwo in einem Winkel lagen Matrosen schlaflos auf Matratzen ausgestreckt. Gläser kreisten, und sehnsüchtige Heimatlieder klangen herüber.

In dem Schiffsstuhl neben Sylvia wachte ein Fremder. Sie hatte ihn nie vorher gesehen und würde ihn nie wiedersehen.

»Die Geschichte dieser Zeit«, sagte der Fremde und blickte zum Nachthimmel auf, »ist ein Duell zwischen Rußland und Amerika. Es gibt nur noch das Problem der arbeitenden Klassen. Rußland will es kommunistisch lösen; Amerika versucht den Sozialismus ›von oben‹ durchzusetzen, indem es den Lebensstandard der Massen verbessert.«

Der Fremde vergaß den Faschismus. Oder er wollte ihn nicht in Rechnung stellen. Vielleicht hatte er recht. Denn was war der Faschismus anderes als der Versuch der beharrenden Kräfte, die Entwicklung aufzuhalten?

Mit dieser Erkenntnis verließ Sylvia Spanien.

Italien

Am Morgen lag das Schiff vor der hellen Mole von Genua. In Licht gebadet erwachte die Stadt: eingebettet in die dunkle Kette der Apenninen, die sie wie ein grüner Rahmen umfing, und blendend weiß emporgebaut in das Gebirge mit Treppen und Gassen über Hafen und Meer. Überall am Rücken der Berge, zwischen marmornen Loggien und Balustraden der Villen, waren Gärten in die Terrassen eingesprengt, mit schlanken Zypressen, Palmen und blühenden Oleanderbüschen.

Sylvia legte den Arm um Miriams kindliche Schultern: »Das ist Italien!« sagte sie hingerissen. Nirgendwo war das Licht so golden, so durchsichtig klar, nirgendwo die Konturen so rein, so edel und zum Greifen plastisch wie unter diesem Himmel.

Hier hatte Sylvia die schönsten und kühnsten Jahre ihrer Jugend verbracht. Immer hatte sie sich danach gesehnt, an diesen Strand zurückzukehren.

Sylvia wußte noch nicht, daß es etwas anderes ist, ob man als Reisender, als Lernender und Schönheitssucher kommt – oder als Heimatloser mit leeren Händen. Sie besaß eine Empfehlung an einen jüdischen Anwalt der Stadt, den dringenden und besorgten Brief einer Hamburger Jugendfreundin, die jenem Genueser Hause nahe verwandt war. Sie hatte sich angemeldet und war ganz leise erstaunt, daß niemand sie empfing, daß sich keine Hand ihr zum Gruß entgegenstreckte. So faßte sie Miriams Kinderhand und ging mit ihr in den Dunstkreis der Altstadt, einem unbekannten Ziel entgegen.

Sie schritten durch prächtige elegante Straßen und schmale enge Gassen, unter Fahnen und flatternder Wäsche. Sie schauten in Kneipen und Bars, in Barbierstuben und kleine Cafés, manchmal auch in den Hof eines Palastes, in dem Marmorstatuen unter Lorbeer und Orangenbäumen träumten. Es roch nach Blüten, nach den Parfüms der Frauen, nach Öl und gebratenem Fisch, nach dem Volksgericht »Spaghetti al Sugo« – vertraute Düfte, die Sylvia die Tränen in die Augen trieben. Aus den Kirchen klang der Gesang der Frühmesse. Sie hielten endlich an dem Portal eines Palastes.

Lange warteten sie in einem riesigen rotgoldenen Empfangssaal, in dessen seidenen Sesseln sie versanken. Schwere Vorhänge aus purpurfarbenem Brokat ließen keinen Strahl der Mittagssonne von Genua in diese eiskalte Pracht fallen. In den Kristallüstern brannten alle elektrischen Lampen. Die schwere Luft machte müde; Sylvia fühlte sich einsam und bedrückt.

Endlich trat der Hausherr hastig ein – schmal und zierlich, mit brauner Haut und reinem Profil, ein sephardischer Jude. Flüchtig fragte er nach dem Befinden der Hamburger Cousine, nach dem Woher und Wohin. Sein Blick flammte auf, als Sylvia von ihrer Spanienreise sprach: Gab es dort noch Juden? Sylvia berichtete von der Chronik, die sie auf Mallorca gefunden hatte, von den letzten Autodafés in Palma. »Hunderttausende sind verbrannt worden«, sagte der Sepharde gleichmütig, mit schmalen Lippen.

Eine Frage stand zwischen ihnen im Raum: Was wollte Sylvia in Italien?

»Es gibt in Italien keinen Antisemitismus«, sagte der Genueser. »Wir sind wenige ... Aber wenn noch viele von euch kommen, werden wir es bald spüren. Schon jetzt fragt das Volk: Was haben die deutschen Juden verbrochen, daß man sie so verfolgt? Es muß einen Grund haben ...«
Sylvia wollte noch heute nach Florenz fahren. »Ich werde Ihnen zwei Empfehlungsschreiben mitgeben«, entschied der Gastfreund, »Briefe an Freunde in Florenz. Der eine ist ein glühender Idealist, der andere ein eiskalter Skeptiker.« Er diktierte die Briefe. »Kann ich Ihnen sonst noch mit etwas dienen?« Sylvia dankte, stand auf, um sich zu verabschieden.

Auf der Schwelle drückte der Genueser Miriam ein Kupferstück in die Hand. »Gib das dem ersten Bettler, dem du begegnen wirst«, sagte er zu dem Kind. »Es wird dir Glück bringen.« Hatte er dem Schicksal etwas abzubitten?

In der Mittagsglut stand Sylvia verloren auf der Straße, das Kind an der Hand. Einst hatte sie selbst ein Haus besessen: Hilfesuchende hatten bei ihr ein Obdach gefunden, Hungrige einen gedeckten Tisch. Seit elf Uhr in der Frühe war sie in Genua unterwegs, um drei Uhr nachmittags ging ihr Zug nach Florenz. Man hatte ihr kein Glas Wasser angeboten.

Sie holten das Gepäck vom Schiff, fuhren zum Bahnhof. Sylvia richtete sich auf den Holzbänken der dritten Klasse ein und kaufte bei einem fliegenden Händler ein Mittagessen.

Nachts kamen sie in Florenz an, und Sylvia fuhr sogleich zu dem Haus, das ihr Clara Holthusen bezeichnet hatte. Maler, Kunsthistoriker, Gelehrte ihres Kreises hatten dort gewohnt; sie würden gut aufgehoben sein. Dumpf rollte der Wagen über den Ponte Vecchio, die Alte Brücke, die sich mit hundert Lichtern still im gelben Fluß spiegelte. Paläste und Hütten warfen ihr dunkles Abbild in die trüben Fluten des Arno, und Sylvia fühlte eine wehmütige Freude, so zurückzukehren.

Der Wagen hielt vor einem alten goldbraunen Haus. Sylvia zog die Glocke, die in der lautlosen Stille schrill nachklang. Verschlafen und halb angekleidet erschien nach einer Weile die Signorina Salvatini auf der Schwelle. Sie schüttelte bedauernd den Kopf; ein Zimmer würde erst in einer Woche frei sein. Aber sie kehrte nach wenigen Minuten zurück und geleitete die Gäste ein paar Schritte weit zu einem alten Palast, in dem sie sich in dieser Nacht endlich geborgen fühlten.

Miriam jauchzte, als die Sonne des nächsten Tages in den weiten Raum fiel. Die hohen lichten Fenster gingen auf den stillen Platz mit Säulen und Arkaden. Die alten nußbraunen Möbel ihres Zimmers zeigten edle Konturen. Es gab riesige Korridore und herrliche Baderäume. Sie speisten auf einer Säulenterrasse hoch über der Stadt, die den Blick freigab auf den Hügel von San Miniato, auf den Uffizienpalast jenseits des Flusses und bis zur Marmorkuppel des Doms. Weißes Damastlinnen glänzte auf den Tischen, in geschliffenen Gläsern dufteten Blumen, und in den Karaffen leuchtete edler toskanischer Wein. Miriam war auf ihrer Insel ein Landkind geworden; sie genoß die Entspannung dieser Tage und die alte Kultur dieser Stadt so wohlig wie ein laues Bad.

Sylvia kannte jede Brücke, jeden Palast, jeden Hügel und jeden Stein in der Umgebung von Florenz. Es war für sie ein seltenes Fest, der wachen Seele ihres Kindes diese Welt zu erschließen. Jeder Schritt führte Sylvia zurück in eine geliebte Vergangenheit.

Da etwas geschehen mußte, ging Sylvia an einem der nächsten Tage zu dem »glühenden Idealisten«. Dr. Toledano war einer der bedeutendsten Juristen Italiens. Auch er war Jude spanischer Abstammung, ein schlanker Mann mit einem blassen Gelehrtenkopf, das seltsam nackte Gesicht von einem dünnen Bart umrahmt. Das Studierzimmer, in dem er Sylvia empfing, war bis zur Decke mit Büchern angefüllt: italienische, spanische, hebräische Literatur, allgemeines Wissen, jüdisches Wissen.

Sylvia saß dem Anwalt gegenüber und berichtete sachlich, was sie in Deutschland getan hatte, was sie konnte. Dr. Toledano strich nachdenklich seinen schütteren Bart.

»Gehen Sie zum Sekretär der Faschistischen Partei«, sagte er endlich bedächtig, jedes Wort abwägend. »Sagen Sie ihm, wer Sie sind und was Sie können, und bieten Sie Ihre Dienste an. Aber sagen Sie nicht, daß Sie von uns kommen. Das ist alles, was ich Ihnen raten kann.«

Sylvia dankte. Sie war entlassen. Sie fror auf dem Rückweg in der warmen Septembersonne. Hatte sie darum Deutschland verlassen, um ihre Dienste einer faschistischen Regierung anzubieten? Sie wußte, daß sie diesen Weg niemals gehen würde. Jetzt erst begriff sie, was sie getan hatte, als sie nach Italien kam. Zum ersten Mal sah sie die Wirklichkeit nackt: ohne Romantik.

Auch das Haus der Signorina Salvatini, in das Sylvia bald übersiedelte, war aus dem adligen Geschlecht der Florentiner Paläste, aber es war verwahrlost und vom Alter gezeichnet. Die Jahre, die Witterungen und die Menschen hatten ihm ihre Spuren aufgeprägt, und so sprach es von Schicksal wie ein Greisengesicht. Familien, Zimmervermieterinnen, kleine Leute nisteten in den gotischen Gewölben wie Schwalben in einem alten Turm. Das winzige Zimmer, das Sylvia mit Miriam bewohnte, blickte auf einen Hinterhof, die Möbel waren brüchig, der Tisch mit einer zerschlissenen Brokatdecke bedeckt, und der alte zugige Kamin, der den einzigen Luxus dieser Behausung bildete, konnte im September seine Tücke noch nicht voll entfalten.

Das einzige Geschöpf, das die Salvatini wahrhaft liebte, war der zwölfjährige Mario, ein Kind eines Bruders, das von ihr erzogen wurde. Der Vater des Jungen, der irgendwo in der Provinz lebte, konnte seine vielköpfige Familie nicht ernähren, weil er seit Jahren arbeitslos, krank und hilflos war. Im Gedanken an die notleidende Familie daheim wurde der Knabe Mario mit ganz besonderer Sorgfalt gefüttert. Er verstand es hingegen, aus der Zärtlichkeit der Tante auf liebenswürdige Art Kapital zu schlagen.

Der tiefgehende Familienzwist, der die Salvatinis trennte und den Frieden des Hauses störte, hatte, wie Sylvia bald herausfand, politische Ursachen. Mario war, wie es nicht anders sein konnte, ein glühender Faschist, und die erbitterte Kritik der Tante konnte ihn bis zu Tränen und Wutausbrüchen reizen. Die Signorina Salvatini setzte die Brille auf die Nase und studierte seine Schulbücher. »Was lernst du?« fragte sie empört. »Der Duce und immer wieder der Duce! Und ich darbe, um aus dir einen Studenten zu machen!«

»Ich kaufe dir die Uniform nicht!« schrie sie eines Abends so laut, daß es durch den Korridor hallte. »Die Regierung soll die Uniform selbst bezahlen, wenn sie dich zum Faschisten erziehen will! Ich dulde keinen Faschisten in meinem Haus!« Sylvia spürte, daß der Riß, der die Generationen trennte, tragisch und unüberbrückbar war, und daß er sich mit den Jahren immer schärfer ausprägen mußte.

Es gab auch in diesem Haus einen Prunksaal, dessen breite Front den Platz mit den Arkaden beherrschte und dessen Schränke und Kommoden mit Elfenbeinintarsien verziert waren. Diesen Raum bewohnte ein amerikanischer Journalist, ein lang aufgeschossener jüngerer Mann mit einem offenen Knabengesicht. Er war der bevorzugte Gast der Salvatini, die seine wollenen Golfstrümpfe kunstvoll stopfte und seine Wäsche ausbesserte. In der Küche wurde er mit gebratenen Singvögeln und anderen Leckerbissen gefüttert. Seit ihr Bräutigam, ein hübscher Offizier, dessen Bildnis zwischen Fächern und Filmstars über ihrem Bett hing, in Albanien aus dem Hinterhalt erschossen worden war, mußte die Signorina Salvatini ihre mütterliche Sorge an ihre wechselnden Mieter verschwenden.

Außerdem wohnte im Haus noch eine schattenhafte schwarzgekleidete Contessa, eine stille alte Dame, die dem vornehmsten römischen Adel entstammte, aber aus unbekannten Gründen nicht minder bescheiden lebte als Sylvia. Sie störte niemanden, wenn sie mit ihrer Handarbeit im Salon saß und der Musik lauschte. Nur hatte sie von Anfang an hartnäckig versucht, Sylvia zum Katholizismus zu bekehren. Sylvia würde sich und ihr Kind jeder Verfolgung entziehen, meinte die Contessa, wenn sie nur katholisch würde ... Die alte Dame begriff nicht, daß es in Deutschland nicht um religiöse Fragen, sondern um Rassentheorien und Machtprobleme ging, ja sie kannte nicht einmal den Begriff der Rasse.

Die Debatte fand im Zimmer des Amerikaners statt, das zu Sylvias Erstaunen den Hausbewohnern ganz allgemein zur Verfügung stand. »Treten Sie nur ein«, sagte die Salvatini mit einer einladenden Handbewegung. Der junge Amerikaner saß vor seiner Schreibmaschine und schrieb ruhig seinen Artikel weiter, ohne sich stören zu lassen, während die Salvatini seine zerrissenen Golfhosen in Angriff nahm und die Contessa sich über ihre Stickerei beugte. Im Kamin brannte ein Feuer; denn es war kühl geworden.

»Ich kenne Deutschland«, sagte der Amerikaner nach einer Weile stirnrunzelnd, blickte auf und sah den neuen Gast prüfend an. »Es war vor 1933 das freieste Land der Welt. Heute ist es in die Barbarei des Mittelalters zurückgesunken.«

Sylvia zuckte hilflos die Schultern. Ihre Wunden waren noch frisch und schmerzten; sie konnte nicht kühl urteilen. »Das deutsche Volk hat sein Schicksal selbst besiegelt«, sagte sie, heiß vor innerer Bewegung. »Es hat sich mit einer erdrückenden Mehrheit hinter die Hitler-Regierung gestellt, und es wird vor der Geschichte die Konsequenzen tragen müssen.«

»Ich bewundere nur die Todesverachtung derer, die mit ›Nein‹ gestimmt haben«, bemerkte der Journalist.

Sylvia glaubte, daß sich in Italien der Faschismus weniger brutal durchgesetzt habe als in Deutschland.

»O – nein«, sagte die Signorina Salvatini schaudernd, »es war schrecklich in diesen ersten Wochen und Monaten! Man hat alle Gegner geschlagen, verschleppt, getötet ... Ich ging in Florenz durch eine Straße und sah, daß Blut und Hirn an einer Hausmauer klebten. Die Passanten gingen still und bedrückt vorbei, ohne aufzublicken und ohne zu fragen. Aber ich fragte – und ich erfuhr die Wahrheit: Im obersten Stockwerk dieses Hauses hatte ein alter Sozialist mit seiner Tochter gewohnt; man hat beide aus dem Fenster gestürzt ...«

»Mein armer Bruder«, fuhr die Salvatini fort, »er war sozialistischer Stadtrat in der Provinz. Eines Tages kam ein ihm bekannter Faschist zu ihm und beschwor ihn zu fliehen; man wolle ihn in dieser Nacht umbringen. Es gelang meinem Bruder zu flüchten. Er kehrte später zurück. Dreimal versuchte er, sein Geschäft wieder aufzubauen. Dreimal hat man seine Waren verbrannt.«

Sylvia entschloß sich, zu dem »eiskalten Skeptiker« zu gehen. Sie wusste jetzt, daß er als ein Mann großen Formats, als glänzender Pädagoge und tiefer Kenner jüdischer Geschichte und rabbinischer Gelehrsamkeit galt. Professor Romano war jedoch, wie er Sylvia unvermittelt erklärte, kein geborener Italiener, sondern ein rumänischer Jude, der eine Italienerin geheiratet und in Florenz Heimatrecht erworben hatte. Während Sylvia mit ihm sprach, in einem Gartensaal des Instituts, das unter seiner Leitung stand, lärmten draußen, hinter der hellen Glasveranda, die Kinder des Professors und seine Schüler.

Sylvia sah in diese klugen, tiefen, ein wenig traurigen Augen – und plötzlich fühlte sie Vertrauen in sich aufsteigen, ein Vertrauen, das sie fast schmerzhaft erschütterte. Es war so lange her, daß sie mit einem Menschen offen gesprochen hatte, über die Dinge, die sie bewegten. Es war lange her, daß sie menschliche Güte gespürt hatte. Sie sprach nicht von ihren wirtschaftlichen Schwierigkeiten, nicht von der Ungewißheit einer dunklen Zukunft, nicht von der beruflichen Ausweglosigkeit. Die Worte quollen aus ihrem Innern. Sie sprach von der Not der Heimatlosen, von dem Kampf des Menschen, der nicht gegen sein Gewissen handeln kann. Sie sprach von ihrer Sorge um die Erziehung ihres Kindes.

Professor Romano legte die Hand auf Miriams dunkle Locken. »Sie wird es nicht leicht haben«, sagte er. »In die deutsche Schule können Sie sie nicht schicken. In das italienische Gymnasium kann sie nicht aufgenommen werden, bevor sie die Landessprache vollkommen beherrscht und die vorgeschriebenen Prüfungen ablegen kann. Die jüdische Elementarschule schließt mit dem elften Lebensjahr ab. Versuchen Sie, Ihr Kind selbst zu fördern. Kommen Sie zu mir, wenn Sie Hilfe brauchen.«

»Auch für Sie wird es schwer sein«, fuhr er fort. »Es ist schwer für jeden Italiener, der keiner faschistischen Organisation angehört. Sie werden das Mißtrauen überwinden müssen, das man jedem Fremden entgegenbringt. Verlieren Sie den Mut nicht! Ich werde mich um Arbeit für Sie bemühen.«

Professor Romano hielt Wort. Wann immer Sylvia Rat und Hilfe brauchte, fand sie ihn an ihrem Wege, behutsam, klug und ein wenig traurig. Er war der einzige Freund, den sie in Florenz gewann.

Wieder saß Sylvia mit Miriam über den Büchern. Sie lehrte sie die italienische Sprache, die sie liebte. Sie las mit ihr Gregorovius' »Wanderjahre in Italien«; sie wollte ihr in diesem Deutschen einen Führer durch die italienische Landschaft, Geschichte und Kultur geben. Viele Tage verbrachten sie in den glänzenden Galerien des Uffizienpalasts, in den überfüllten Sälen des Palazzo Pitti. Sie standen in San Marco vor den Tafeln des Fra Angelico, im Bargello und in der Kapelle der Medicaeer vor den Bildwerken Michelangelos, Donatellos und Verocchios. Sie sahen in diesem Herbst im Giardino Boboli die braunen und roten Blätter auf weiße Marmorstatuen und rauschende Fontänen niederregnen.

Sylvia fühlte, wie in der Seele ihres Kindes ein neues Schönheitsgefühl wach wurde, das nie mehr verlöschen würde. Miriam war das Kind von Künstlern.

Aus Hamburg kam ein trauriger Brief von Beate Reichenberg. Sie schrieb: »Es gibt auch in unserer stillen Straße jetzt Tafeln, die den Ewigen Juden als Widersacher und Antichrist brandmarken. Neben meinem alten Elternhaus wehen die Fahnen der Hitler-Jugend ... Ich finde Trost in meinen Büchern und in der Musik.«

»Tante Beate schreibt ...« begann Sylvia, als sie am Abend mit Miriam über den Ponte Vecchio ging. Sie vollendete den Satz nicht. Eine junge Dame, die vor ihnen die Straße überquerte, wandte sich bei diesen Worten um und fragte lächelnd: »Sind Sie Sylvia Schönberg? Beatrix Reichenberg hat mir geschrieben, daß Sie hier sind. Ich hätte Sie morgen aufgesucht, wenn ich Sie hier nicht zufällig getroffen hätte. Wollen Sie Sonntag abend zu mir kommen?«

Durch die Schwestern Langenbach lernte Sylvia einen ganzen Kreis junger Emigranten kennen, die sich in Florenz zusammengefunden hatten: Intellektuelle, Studenten, junge Mediziner, denen in Deutschland alle Wege versperrt waren und die noch hofften, nach vollendetem Studium in den italienischen Kolonien arbeiten zu dürfen. Sie lebten in möblierten Zimmern und versteckten Ateliers; sie aßen in billigen Trattorien. Manche von ihnen verdienten ihr Brot durch Unterricht oder durch gelegentliche Arbeit als Fremdenführer. Sie schlugen sich durch, sie halfen einander. Viele darbten.

Nur eine junge Schauspielerin hatte Erfolg gehabt: Sie war auf den Gedanken gekommen, Gymnastikkurse für Frauen und Kinder einzurichten, und die verwöhnten Damen der Florentiner Gesellschaft, die an körperliche Tätigkeit nicht gewöhnt waren, strömten zu ihr. Es wurde Mode, an ihren Kursen teilzunehmen.

So fanden diese jungen Menschen winzige Lücken, die sie ausfüllen konnten und die ihnen ermöglichten, ihr Leben zu fristen.

Durch Professor Romano fand Sylvia Eingang in das Haus der Signora Sarfati. Diese alte Dame war die Witwe eines berühmten Gelehrten; seit dem Tode ihres Gatten lebte sie dem Ruhm und dem Andenken des Verstorbenen, und noch immer bildete sie den Mittelpunkt eines Kreises. Wer von bedeutenden Fremden nach Florenz kam, ging durch ihren Salon. Sylvia fand auch dort eine Anzahl deutscher Emigranten zum Tee versammelt. Man sprach von Deutschland, und ein nicht-arischer Arzt, der vor kurzem aus einer norddeutschen Stadt gekommen war, warf die Frage auf, ob man zuerst Deutscher oder Jude sei.

Es war die Frage eines zerrissenen Menschen. Mein Gott, dachte Sylvia, Deutsche, Italiener – Juden, Nicht-Arier, auch hier, auch heute? Sind wir nicht alle Menschen? Ist nicht jeder Kämpfende mein Bruder? Und wenn wir Juden sind – sind wir es nicht darum, um in der großen Symphonie der Menschheit eine ganz bestimmte Note anzuschlagen, einen unverlierbaren Grundton, den gerade wir kennen? Wir sind geschaffen, um zu binden, und nicht, um zu lösen ...«

»Wir haben allen geholfen«, sagte die Signora Sarfati, »ohne Unterschied der Rasse und Religion. Erst in diesen Tagen hatten wir hier einen politischen Flüchtling, einen Deutschen, der ohne Paß und Rock über die Grenze ging. Wir haben ihn eingekleidet und als Portier in einem Hotel untergebracht.«

Sylvia sah Miriam an, die neben ihr saß. Zuerst hatte sie sich bei der Unterhaltung der Erwachsenen gelangweilt; dann hatte sie Papier und Bleistift aus ihrer Tasche gezogen und das Profil der Signora Sarfati gezeichnet. Sylvia sah erschrocken, wie markant ähnlich es war: die fleischige Nase, das weiche Doppelkinn, die Warze am Kinn und die widerborstigen Härchen darauf. Sie nahm Miriam das Blatt aus der Hand. Zum ersten Mal sah sie, daß ihr Kind doppelt belastet war: Von der Mutter hatte Miriam die Unfähigkeit geerbt, sich in die Gesellschaft einzufügen, vom Vater die Leidenschaft, Dingen und Menschen ihr Geheimnis abzulauschen und mit rücksichtslosem Stift festzuhalten.

Zum Rosch Haschanah, dem jüdischen Neujahrsfest, führte Sylvia Miriam in diesem Herbst in die Hauptsynagoge von Florenz. Sie glaubte, ihrer Tochter die Gefühlswelt jenes Judentums erschließen zu müssen, um dessentwillen sie litt und das sie doch nicht kannte, dessen Sprache sie nicht verstand.

Im Vorhof des Tempels standen sie vor einem Granitblock. »Ihren für das Vaterland gefallenen Söhnen die Gemeinde von Florenz«, war in den Stein gemeißelt. Sylvia schloß für einen Augenblick die Augen. Viele solche Denkmäler hatte sie gesehen, in vielen Städten und in vielen Ländern. Der Stein war der gleiche, die Worte waren die gleichen, nur die Sprache wechselte. Die Klage blieb. Viele Söhne waren für viele Vaterländer gefallen – für welches Ziel?

Auf den Stufen zum Tempel trafen sie Dr. Toledano. Heute war der »Idealist« heiter und aufgeschlossen; es war ein Festtag für alle, die daran teilnehmen wollten. »Wollen Sie heute abend zu mir zu Tisch kommen?« fragte er. »Wir werden eine kleine Feier haben.« Sylvia nahm die Einladung mit Dank an.

Sie saßen auf der oberen Galerie des Tempels, die zu Miriams Erstaunen den Frauen vorbehalten war, und sahen, wie der ebenerdige Saal sich mit Betern füllte. Da waren Juden im weißen Gebetsmantel, junge Juden in Uniform, und viele italienische Juden im schwarzen Faschistenhemd. Sylvia dachte, wenigstens davor hat Hitler die deutschen Juden bewahrt: Faschisten zu werden. Sie konnte nicht anders denken.

Sie verstanden die Gebete in hebräischer Sprache nicht. Trotzdem war Miriam erschüttert, als der Posaunenton des Widderhorns zum Gericht rief. Und als die Menschen in der Runde schluchzend ihr Antlitz verhüllten, weinte sie.

Am Abend fuhren sie zum Haus von Dr. Toledano. Das Studierzimmer, das Sylvia kannte, schien heute verwandelt. Alle Lampen brannten. Und auch Dr. Toledano schien ein anderer; er war nicht mehr der kalte Anwalt, dem Sylvia in einer schlimmen Stunde gegenübergesessen hatte. Seine Augen leuchteten; um seinen Mund zuckte Ergriffenheit. Er saß, umringt von seinen kindlichen Töchtern, seinen Knaben auf den Knien, und während er die überlieferten hebräischen Gebete las, sprach der Vierjährige mit heller Kinderstimme mit; er kannte alle Texte auswendig, noch bevor er lesen konnte. Das Licht sammelte sich auf den Gesichtern des Vaters und der Kinder, tief und warm, wie der Widerschein eines inneren Feuers.

Im Speisezimmer war der Tisch blendend weiß gedeckt. Aber alle Schüsseln waren verhüllt, so wie das kommende Jahr das Schicksal in seinem Schoß barg. Das Fest wurde nach dem uralten spanischen Ritus gefeiert, und auch die große Öllampe, die die Tafel beleuchtete, war ererbter Familienbesitz, seit Jahrhunderten gehütet. Der Hausherr sprach den Segen über Brot, Wein und Früchte, und erst dann enthüllte er sie. Da waren Symbole, die Sylvia nicht kannte: Eine Hand, aus Brotteig gebacken, mochte die Hand des Schicksals deuten; je besser die Form gelang, um so besser wurde das Jahr. Süße Datteln in einer Schüssel, Früchte, die den Wanderer in der Wüste erquicken, »auf daß wir ein süßes Jahr haben mögen ...« Zum Beginn aßen alle gebackenen Fisch: »Auf daß ihr euch vermehret und gedeihet wie die Fische im Wasser ...«

Der Sepharde segnete die Seinen; er beglückwünschte die Gäste.

Den ganzen Tag hatte der Himmel schwül und gewitterschwer gedroht. Als Sylvia mit Miriam nach Hause fuhr, prasselte der Regen endlich nieder. In rasendem Blitz und Donner begann dieses Jahr der Juden.

Die Juden von Florenz gaben einen Empfang für die Flüchtlinge aus Deutschland. Es wurde Tee und Gebäck gereicht. Begrüßungen und Ansprachen wurden gewechselt. Auch ein italienischer Zionist nahm das Wort: »Wir fühlen euer Unglück«, begann er. »Wir hegen tiefes Mitleid mit euch. Wir möchten euch helfen. Wir kennen in unserem Land noch keinen Antisemitismus. Aber wenn noch viele von euch kommen, werden wir es bald spüren. Geht nach Palästina! Dort ist euer Platz.«

Wollte Sylvia nach Palästina? Sie sprach darüber mit Professor Romano.

Als Sylvia ein Kind war, hatte der Großvater einen Sederabend gegeben. Auf jedem Platz stand ein Becher mit Wein, und auch vor einem leeren Sessel stand ein Becher mit Wein.

»Für wen ist dieses Glas?« fragte das Kind. Und der Greis antwortete: »Es ist für den Messias bestimmt.«

Damals stand die Tür zum Korridor offen. Der Korridor war dunkel, und das Kind fühlte eine heimliche Angst.
»Warum wird die Tür nicht geschlossen?« fragte es. Der Greis antwortete: »Die Tür muß offen sein, wenn der Messias kommt.«
»Im kommenden Jahr in Jerusalem«, sagte der Greis, bevor er das Gebetbuch zuklappte. So betete dieses Volk in jedem Jahr, zur gleichen Stunde, überall in der Welt, seit zweitausend Jahren.
Nie hatte das Kind die messianische Verheißung vergessen. Moderne Verheißungen waren aufgeblüht und eine moderne Erfüllung. Sylvia fühlte die Verheißung tiefer im Blut, von Urzeiten her.
Andere Zeiten kamen und andere Probleme. Die Welt wurde freier. »Wir sind Europäer und Weltbürger«, hatte Sylvia damals geschrieben. »Wir sind Weltbürger jüdischer Abstammung. Ich bin auf diese Abstammung stolz, wie jemand auf einen Adel stolz ist. Stammen wir nicht von Königen und Priestern? Vielleicht ist es für einen Weltbürger falsch, auf eine Abstammung stolz zu sein. Aber dies ist tiefer. Und doch können wir nicht den Weg der Jahrtausende zurückgehen. Wir können nicht mehr Wanderer in der Wüste sein mit Kamelhaarzelten und Herden. Wir müssen den Weg zu Ende gehen. Wir tragen unsere Botschaft über die ganze Welt.«
Das war vor 1933.

Als Sylvia ein reifer Mensch war, fuhr sie nach Jerusalem. Nie hatte eine Stadt sie verwirrt wie diese. Da waren orientalische Juden im Burnus, Ostjuden im schwarzseidenen Kaftan – und moderne europäische, amerikanische Juden. Fromme Juden, die dem Gesetz lebten, und junge Juden, die Gott verneinten.

Sie kannten alle Probleme der Wirtschaft, und sie leisteten übermenschliche Arbeit im Land. Sie waren noch kein Volk. Aber vielleicht würden schon die Kinder ein Volk sein. Diese Kinder waren schön, gesund und frei, eine neue Verheißung. Es gab im Land auch den Haß, den Kampf zwischen Arabern und Juden. Sylvia konnte den Haß nicht begreifen. Das Land konnte nicht aufblühen, bevor es den Haß überwand. Wenn der Sturm kommt, sucht der Wanderer ein Dach. Wenn der Winter naht, baut auch der Schweifende sein Haus. Der Sturm war gekommen. Hunderttausende waren in Not, bald vielleicht Millionen. Alle Hände wurden gebraucht. Sylvia wollte wieder nach Palästina; sie glaubte, beim Aufbau des Landes mithelfen zu können. Sie schrieb an ihre Freunde in Jerusalem.

Professor Romano wollte Sylvia helfen. »Fahren Sie«, sagte er, »fahren Sie schnell!« Er wollte ihr die Überfahrt ermöglichen. Er erbot sich, Sylvia und Miriam Hebräisch zu unterrichten. Sie wurden seine besten Schüler.

Nach Wochen kam die Antwort aus Jerusalem. Sie lautete: »Sie können hier arbeiten. Aber Sie müssen hier sein. Wir können nichts für Sie tun, bevor Sie nicht hier sind.«

Da brachen die Araberunruhen aus. Das Land wurde gesperrt.

Der Winter ist bitter kalt in Florenz. Es gibt nur offene Kamine, und Holz ist teuer. Ganz arme Leute haben nur Kohlenbecken, um Hände und Füße daran zu wärmen. Wer arm ist, friert im Winter. Das ist Gesetz.

Sylvia und Miriam schliefen aus Sparsamkeit länger als gewöhnlich. Sie gingen in der Mittagsstunde am Arno spazieren, um die warme Wintersonne auszukosten. Gern verweilten sie auch in dem prächtigen Gebäude der Hauptpost, an der Piazza Vittorio Emanuele, immer wenn sie dort zu tun hatten. Es war das einzige Haus, das eine Zentralheizung hatte. Aber Stühle gab es nur im Schreibzimmer, und als Sylvia sich einmal dort niederließ, um eine Adresse zu schreiben, mußte sie eine Gebühr entrichten, für Benutzung eines Stuhls.

»Wir werden noch unsere primitivste Notdurft versteuern müssen«, sagte die Salvatini ingrimmig, als sie es erfuhr.

Sylvia lief mit Empfehlungen von Professor Romano versehen durch die Straßen der Stadt. Sie sprach mit Industriellen und Bankiers. Aber sie durfte nirgendwo arbeiten. Endlich besorgte ihr die Signora Sarfati eine Stellung als Hauslehrerin in der Familie eines reichen Fabrikanten. Sie sollte am Nachmittag mit der kleinsten Tochter des Hauses spazierengehen und deutsch sprechen. Viele Kinder in vielen Häusern lernten jetzt Deutsch.

Die achtjährige Lia war ein verzogenes Kind, eine hochmütige kleine Prinzessin. Der Vater war ein feiner alter Herr, der die spätgeborene Tochter vergötterte. Die Mutter war eine schöne junge Frau, eine spaniolische Jüdin aus Smyrna.

»Sprechen Sie Spanisch«, sagte die Signora Gentile, als Sylvia zum ersten Mal mit ihr sprach. »Wir haben zu Hause, in Smyrna, in der Familie nur Spanisch gesprochen.« Es stellte sich heraus, daß sie das alte reine Kastilianisch sprach, das ihre Vorfahren vor fünfhundert Jahren aus Spanien übernommen hatten und das sich seitdem unverändert unter den Sepharden bewahrt hatte.

Sylvia hatte nun eine Aufgabe. Sie ging mittags nach Tisch in das Haus Gentile und blieb bis zum Abend. Sie verdiente durch diese Tätigkeit gerade so viel, wie sie für ihr primitives Zimmer bezahlen mußte, und sie wußte nicht recht, wie sie ihr Leben fristen sollte. Aber sie nahm ihre Pflichten ernst. Sie mußte sich zunächst mit den Methoden einer Erziehung vertraut machen, die ihr fremd war.

Lia besaß eine kostbare Ausstattung an Kleidern, Mänteln, Hüten, Schuhen. Mäntel aus Pelz, aus Tuch, aus Seide. Sie war wie die Puppen, mit denen Sylvia als Kind gespielt hatte. Sie hatte gar keinen Trieb zu lernen. Wenn sie eine Aufgabe endlich widerstrebend mit einer guten Note bewältigt hatte, bekam sie als Belohnung neue Kleider, Süßigkeiten, Puppen. Aber die prächtigsten dieser Puppen saßen in den Winkeln und auf den Schränken des Kinderzimmers, und die kleine Lia durfte nicht mit ihnen spielen.

Als Sylvia mit ihrem Zögling zum ersten Mal in den Park ging, fand sie dort auf einer Bank schon Charlotte Langenbach vor, die ebenfalls ihre Pfleglinge spazierenführte. Alle deutschen Emigrantinnen wurden jetzt mit Kindern spazierengeschickt, berichtete Charlotte belustigt – ganz gleich, ob sie Ärztinnen, Journalistinnen oder Kunsthistorikerinnen waren. Das war alles, was man mit ihnen anfangen konnte.

Später ging sie mit Lia am Lungarno spazieren und erzählte ihr ein Märchen. Mit der Zeit mußte sie alle Märchen erzählen, die sie kannte, Märchen der Brüder Grimm, Hauffs und Bechsteins und die filigranzarten Geschichten von Hans Christian Andersen, die sie selbst als Kind so sehr geliebt hatte.

»Wollen wir das Buch lesen, das wir gestern begonnen haben?« fragte sie einmal. »Oder langweilt es dich? Soll ich dir lieber eine Geschichte erzählen?«

»Ach bitte, nicht das Buch!« bat die Kleine. »Lieber ein Märchen!« Im gleichen Augenblick empfing Lia von ihrer Mutter einen Schlag, daß ihre Wange feuerrot anlief. Weinend stürzte sie aus dem Zimmer.

»Sie sollen sie nicht fragen«, sagte die Signora Gentile streng. »Sie hat zu gehorchen.«
Sylvia war erschüttert über die Züchtigung, die sie selbst verschuldet hatte. Am Abend küßte sie Lia vor dem Einschlafen auf die Stirn. Sie hatte immer gewußt: Es gibt kein Kind, das man nicht liebgewinnen kann.

Sylvia mußte ihr eigenes Kind viele Stunden allein lassen. Sie wußte, daß Miriam oft fror, daß sie sich einsam fühlte, daß sie den glühenden Wunsch hatte zu lernen. Jeden Abend lief sie gehetzt über die alte Arnobrücke nach Hause. Sie schloß Miriam in die Arme. Menschen, die sich nahestehen, schmiedet die Not noch fester aneinander.

Die Signora Sarfati schlug Sylvia vor, Miriam in einem Kinderheim unterzubringen. Sie würde es gut haben. Sie würde unter Kameraden leben. Und sie würde wieder lernen.
Sylvia fuhr mit Miriam hinaus, um das Kinderheim zu sehen. Es lag draußen vor den Toren der Stadt am Fuß der blauen Berge: ein luftiger Pavillon in einem großen Garten. Die Kinderzimmer waren weiß, die Arbeitssäle hell und sonnig, und es gab sogar – o Wunder! – eine Zentralheizung im Heim.
Das gab den Ausschlag: Miriam würde nicht mehr frieren …
Sylvia sprach mit Frau Breitwieser, einer jungen Österreicherin, die das Heim leitete. Sie war energisch und gütig; sie hatte kluge Augen und arbeitsharte Hände.
An einem kühlen Novembermorgen brachte Sylvia Miriam mit ihrem Köfferchen hinaus und übergab sie der Obhut der jungen Frau. Sie hätte gern gesagt: »Hüten Sie sie! Sie ist alles, was mir auf der Welt geblieben ist.« Aber sie liebte keine großen Worte, und sie hatte Vertrauen.

Miriam hing am Hals der Mutter. »Iß ordentlich!« bat sie mit versagender Stimme. Das war ihre einzige Angst. Sie wußte: Sylvia kümmerte sich nicht um Mahlzeiten, wenn sie nicht für sie beide sorgen mußte. Frau Breitwieser hatte Tränen in den Augen.

Allein, ohne Miriam, erfüllte Sylvia verschlossen die Pflichten, die ihr geblieben waren. Sie schenkte der kleinen Lia alle Wärme, wie ein Einsiedler, der ein lebendiges Wesen, einen Vogel oder ein zahmes Reh, in seinem Garten hegt. Nie vergaß sie, die Tauben zu füttern, die Miriam liebte.

Manchmal ging sie am Abend in das Haus der Schwestern Langenbach. Dort saßen die Emigranten um einen schwarzen eisernen Ofen herum, der rot glühte. Sie rückten dicht zusammen. Sie aßen heiße Kastanien, die der eine oder andere von der Straße hereinbrachte, um sich zu wärmen. Und sie sprachen von Deutschland.

Miriam wurde in einen Fortbildungskurs für schulentlassene Mädchen geschickt. Dort sollte sie schneidern lernen und zuschneiden. Alle Mädchen lernten schneidern. Wenn Miriam jemals Freude an diesen Arbeiten gehabt hatte, so verlor sie jetzt die Lust daran für ihr ganzes Leben. Sie war wißbegierig; sie wollte lernen. Sie war gerade entwickelt genug, um zu wissen, was ihr fehlte. Sie empörte sich.

Als Sylvia sie besuchte, fand sie sie fiebernd im Bett. Sie war im Regen hinausgelaufen, sie hatte sich im Garten versteckt, um der Schule zu entgehen.

»Sei vernünftig«, bat Sylvia. »Hab Geduld! Alles, was du lernst, kann dir nützen ...«

»Ich will nicht!« begehrte Miriam auf. »Jedes Mädchen will

hier Schneiderin werden. Es gibt Kinder hier, die studieren sollten. Man hat sie ins Gymnasium geschickt, und sie sind im Examen durchgefallen. Sie sind zufrieden, sie wollen nichts anderes ... Ich kann anderes ... Kann es in einem Land so viele Schneiderinnen geben?«

Sylvia entschloß sich zu einem Bittgang. Sie sprach mit der Signora Veneto. Das war die Beschützerin der Kinder. Sie hatte ihnen das Haus und den Garten geschenkt. Sie hatte viele Bücher für sie geschrieben. Sie war eine kluge Frau, und sie würde Verständnis haben.

»Eine Frau muß mit der Nadel umgehen können«, sagte die Signora Veneto. »Aber alle Mädchen können doch nicht Näherinnen werden«, wandte Sylvia ein. »Unmöglich kann es in Florenz so viele Modegeschäfte geben, daß alle beschäftigt werden.«

»Es gibt Heimarbeiten«, sagte die Signora Veneto, »feine Handarbeiten, Stickereien. Die Heimarbeiterinnen können zu Hause arbeiten und ihr Haus, ihren Mann und ihre Kinder versorgen.«

»Dann arbeiten sie also dreifach«, entgegnete Sylvia. »Ich kenne diese Stickereien. Sie werden in den Auslagen zu Spottpreisen angeboten. Die Stickerinnen haben monatelang daran gearbeitet; sie haben sich in den Nächten die Augen verdorben.«

»Eine Frau darf nur weibliche Arbeit tun«, erklärte die Signora Veneto streng. »In Deutschland haben die Frauen den Männern die Arbeit weggenommen. Dadurch haben sie den Nationalsozialismus verschuldet.«

Sylvia verlor die Geduld. »Aber viele, die ich kannte, haben ihre Kinder ernähren müssen und oft ihre arbeitslosen Männer«, warf sie ein.

»Was für Berufe hatten diese Frauen?«

Sylvia dachte nach. »Eine meiner Freundinnen«, sagte sie dann, »war die Sekretärin eines bedeutenden Bankiers. Sie verwaltete seine Archive, sie begleitete ihn auf allen Reisen, sie leitete seine großzügigen Wohlfahrtsaktionen ...«

»Diese Frau«, beharrte die Signora Veneto, »nahm einem Mann das Brot.«

»Sie zog ihre Söhne auf, sie erhielt ihren Gatten, der zehn Jahre lang ohne Arbeit war, sie unterstützte ihre alten Eltern. Sie tat nur Gutes«, sagte Sylvia in heller Verzweiflung. Sie fuhr nach Hause, zum ersten Mal mutlos.

Am Samstag früh ging Sylvia in den Tempel. Sie wußte, daß die Zöglinge des Kinderheims dorthin geführt wurden. Sie fand Miriam völlig verändert, schweigsam und bedrückt. Sie trug Kleid und Mantel aus dunkler grober Wolle. Man hatte ihr ihre eigenen hellen Kleider genommen. Das wäre nicht schlimm gewesen. Aber die Anstaltskleidung war getragen, alt und fleckig. »Es ist Vorschrift«, erklärte Frau Breitwieser achselzuckend.

Sylvia sprach darüber mit der Signora Sarfati. »Es ist lächerlich, daß Sie sich beklagen«, sagte die alte Dame gekränkt. Sylvia wußte: es gab andere, dringendere Sorgen. Aber war es gut, das Lebensgefühl der Kinder ohne Sinn und Not zu verschlechtern?

An den freien Sonntagen durfte Sylvia ihr Kind nach Hause holen. Das war für beide ein Fest. Miriam lief durch die Straßen der Stadt wie ein losgelassenes Füllen. Staunend stand sie vor dem Marmorwunder des Doms, vor dem hohen Portal des Baptisteriums, auf dem Ghibertis unvergängliche Darstellungen aus dem Alten Testament glänzten. Seit Wochen kannte sie nichts als den Weg vom Heim zur Schule, von der Schule zum Heim, das Gleichmaß ungeliebter Pflichten.

In dem winzigen Zimmer im Hause Salvatini brannte ein helles Feuer im Kamin. Auf dem gedeckten Tisch fehlte keine von Miriams Lieblingsspeisen. Sie hätten dieses Überflusses nicht bedurft, um glücklich zu sein. Aber Sylvia hätte lieber die ganze Woche gehungert, ehe sie auf diese Freude verzichtet hätte. Sie mußte in glücklichen Stunden verschwenden. Wo sie beide zusammen waren, gab es von nun an Heimat für sie – eine neue Erkenntnis, die sie gelernt hatten.

»Warum behalten Sie Miriam nicht zu Hause?« fragte die Salvatini mit rauher Stimme, während ihr das Wasser in den Augen stand. »Wo Sie leben, wird das Kind nicht verhungern! Das ist eine sinnlose Quälerei ...«

Professor Romano sorgte dafür, daß Miriam am Unterricht der Unterstufe teilnehmen durfte. Sie wurde von dem Nähkursus befreit. Wenigstens würde sie Italienisch und Hebräisch lernen.

»Es ist unmenschlich, was man an Ihrem Kind getan hat«, sagte der Pädagoge kopfschüttelnd. »Es gibt psychologische Unterschiede, Unterschiede der Anlage, des Milieus, der Reife, die der Erzieher nicht übersehen darf.«

»Die Signora Veneto hat mir gesagt: Eine Frau muß mit der Nadel umgehen können«, berichtete Sylvia lachend, halb getröstet.

»Sie hat Bücher geschrieben«, bemerkte der Professor sarkastisch. »Ob sie die auch mit der Nadel schreibt?«

»Mütterchen«, sagte Miriam zärtlich, als Sylvia sie am nächsten Mittwochabend besuchte. »Es ist immer das gleiche. In der Klasse hängt links der König, rechts der Duce an der Wand. Die Kinder rufen ›Schalom‹ und heben die Hand zum

Faschistengruß. Ich habe sie gefragt, warum sie das tun, aber sie konnten es nicht erklären. Ich bitte dich: Laß uns in ein freies Land gehen!«

Eines Tages packte Sylvia entschlossen Miriams kleinen Koffer. Sie sagte Frau Breitwieser Lebewohl und küßte sie auf beide Wangen. Diese junge Frau war menschlich, schlicht und gut gewesen. Sie hatte ihr geholfen, Schweres zu ertragen.

Sie fuhren nach Hause: in den verfallenen Palast, in das Zimmer mit dem rauchenden Kamin und den Tauben am Fenster.

Schließlich verschaffte ihr Professor Romano, der ihre Notlage kannte, einige Schüler, die sie für die kommenden Prüfungen am Gymnasium vorbereiten sollte. Man würde ihr angemessene Stundenhonorare zahlen.

Täglich ging Sylvia nun zu ihren Schülern. Am Abend führte der Heimweg durch die Straßen der Altstadt, wo ein Trödlerladen neben dem anderen seine malerischen Fetzen, Strohhüte und Krüge ins Freie gehängt hatte. Die Laternen glänzten wie kleine Monde in dem silbernen Nebel.

An den Kiosken, die im Sommer Eis feilgeboten hatten, wurden jetzt heiße Krapfen gebacken. Ein süßer Dunst von Öl und prasselndem Fett lag in der Luft. Sylvia ließ sich das dampfende Gebäck für Miriam in eine Tüte füllen. Über die Alte Brücke lief sie nach Hause. Der Wind pfiff ihr um die Ohren.

Miriam saß am Kamin und spielte mit Mario Schach. Die dunklen Kinderköpfe neigten sich über Schachbrett und Figuren, und der Widerschein des Feuers lag über ihnen.

Aber immer häufiger traf Sylvia Miriam gespannt und angstvoll wartend, und einmal, als sie sich verspätet hatte, fand sie sie in einem Weinkrampf. Miriam hatte ihre natürliche Frische, die kindliche Sicherheit und Sorglosigkeit verloren, und Sylvia suchte vergeblich, sie zu beruhigen.

Im Dezember empfing Sylvia aus Hamburg einen Brief vom Direktor der Schiffahrtsgesellschaft, unter deren Flagge sie jahrelang gefahren war. Er schrieb: »Wir haben erfahren, daß es Ihnen nicht gutgeht. Wir bedauern Ihr Unglück tief, und wir möchten Ihnen helfen. Warum sind Sie nicht nach Südamerika gefahren? Sicher sind dort die Möglichkeiten besser und freier für Sie! Wenn Sie dorthin auswandern wollen, stellen wir Ihnen gern die Passage zur Verfügung.«
 In tiefer Erregung lief Sylvia zu Professor Romano, um sich Rat zu holen. »Fahren Sie!« sagte der »Skeptiker«. »Fahren Sie, so weit Sie irgend können! Wenn Sie in ein Land kommen, wo Ostjuden leben, um so besser für Sie. Die italienischen Juden sind Sepharden. Sie haben ihr Martyrium hinter sich. Sie sagen: Die deutschen Juden haben jetzt ihr Martyrium. Habeant! Mögen sie es überdauern wie wir ...«

Sylvia mußte nach Hamburg zurückfahren, um dort den Dampfer zu erreichen. Miriam verlor fast den Verstand, als sie es erfuhr. »Ich darf nach Hause fahren!« rief sie. »Ich werde alle dort noch einmal wiedersehen ...« Der lange zurückgehaltene Gram löste sich in schluchzendem Jubel.

Zu Weihnachten schickte die alte Barbara einen Tannenzweig von ihrem Weihnachtsbaum und ein wenig Silberhaar. Sylvia vergaß ihr das nie.

In der Silvesternacht richtete die Salvatini ein großes Fest aus. Die lange weißgedeckte Tafel stand im Zimmer des Amerikaners. Es gab Tauben in fetter Brühe, gefüllte Ravioli, die ein besonderes Kunstwerk der Salvatini darstellten, einen mächtigen Truthahn, Früchte und blonden Chiantiwein. Sie blieben bis spät nach Mitternacht beisammen: Menschen, die einander begegnet waren und die sich nie wiedersehen würden.

Auch der junge Amerikaner würde bald nach Hause fahren. Er hatte die Lust verloren, auf den ewig sich verzögernden Wechsel zu warten. Die Salvatini beneidete Sylvia glühend. Sie hatte lange davon geträumt, nach Südamerika auszuwandern, in die Freiheit und das Abenteuer, wie sie glaubte. Sicher gab es dort viele reiche Italiener, die ihre Kochkünste mit Gold aufwiegen würden. Aber Mario würde nie Italien verlassen. Die alte Contessa stichelte geduldig an ihrer Handarbeit. Seit Jahren wartete sie darauf, daß ihr Sohn, ein eleganter, immer verschuldeter Offizier, sie nach Rom rufen würde ...

Um Mitternacht läuteten die Glocken das neue Jahr ein, das für Millionen ein Verhängnis werden sollte.

Clara Holthusen schrieb zu Neujahr: »Harald Terstegen ist aus seiner Stellung im Institut entlassen worden. Wegen ›politischer Unzuverlässigkeit‹. Er geht nach Arabien. Er hat sich überall verzweifelt nach deiner Adresse erkundigt. ›Wir könnten uns zusammentun‹, sagte er. ›Wir sind jetzt in der gleichen Lage.‹«

In fieberhafter Eile bereitete Sylvia die Abreise vor. Sie schüttelte Professor Romano zum Abschied die Hand. Der

»Skeptiker« sah Miriam bewegt in die Augen. »Sie wird in einer neuen Welt leben«, sagte er. »Retten Sie sie für die Generation, die unser Erbe weitertragen wird.«

Noch einmal gingen sie am letzten Abend die geliebten Wege: über den lichterglänzenden Ponte Vecchio, durch die Portiken des Uffizienpalasts und die Loggien der Piazza Signoria. Ein kaltes Mondlicht glänzte auf den Säulen und den gelösten Marmorgliedern der Statuen. Es beleuchtete die Stadt, die sie vielleicht nie wiedersehen würden. Eine Stadt, für Könige gebaut, nicht für Krämer. Sie nahmen ihr Bild in der Seele mit.

Um fünf Uhr in der Frühe sagten sie der Signorina Elvira Salvatini und dem Knaben Mario für immer Lebewohl. Sie luden ihre Habseligkeiten auf eine schwarz überdachte Carozza, die sie mit einem mageren Wagenpferdchen zum Bahnhof karrte. Die Hufe klapperten auf den Steinen; es klang wie Schicksal in der Stille.

Als sie die Schweizer Grenze passiert hatten, rollten sie ihre Mäntel unter dem Kopf zusammen und schliefen traumlos, während der D-Zug durch die Nacht rollte. Das Land flog vorüber mit Bergen und Seen.

»Basel, Hauptbahnhof.« Als sie über die deutsche Grenze fuhren, sang Miriam die »Hatikwah«, die Jüdische Nationalhymne. Die hatte sie in Italien gelernt.

Auswanderer

Sylvia hatte geglaubt, daß man ihr an der Grenze Schwierigkeiten bereiten würde. Aber ein freundlicher badischer Schaffner öffnete die Tür ihres Abteils und rief hinein: »Der Speisewagen wird geöffnet! Ich werde auf Ihr Gepäck achten, damit Sie in Ruhe frühstücken können.«

Der Zug fuhr durch vertraute Landschaft: wellige Hügel, Flußtäler, Häuser mit roten Schieferdächern. Unvorstellbar, daß dieses Land ein Heerlager von Feinden geworden sein sollte. Es gab Menschen, wie überall, Menschen – und ein System.

In Heidelberg machten die Reisenden halt. Hier hatte Sylvia eine schöne, ungebundene Studienzeit verbracht. Eine alte Freundschaft verband sie mit der Familie des Redakteurs, der die maßgebende Zeitung der Stadt leitete. Sie hatte geschrieben, daß sie durchreisen würde, und die Freunde hatten mit Eilpost nach Florenz geantwortet: »Wir bitten Sie, in unserem Hause auszuruhen. Wir freuen uns unendlich, Sie wiederzusehen! Wir werden den Weihnachtsbaum stehen lassen, bis Sie kommen.«

Es war der Abend des 6. Januar, als Sylvia ankam. Die Kerzen am Weihnachtsbaum brannten noch.

Dr. Bergleitner schüttelte Sylvia die Hand, als wollte er sie zerbrechen. Während im Nebenzimmer seine Frau mit den

Tellern für das Abendbrot klapperte, klagte er sein Leid. Er war ein ernster Mann, ein überzeugter Demokrat und Pazifist, in Ehren und in makelloser Gesinnung ergraut.

»Ich habe Kinder«, sagte er. »Ich habe eine große Familie. Ich habe noch keine Konzession gemacht. Ich gehöre keinem nationalsozialistischen Verband an, nicht einmal der ›gereinigten‹ Pressekammer. Wenn ich hier einpacken muß, stehen wir alle vor dem Nichts.«

Kann denn ein ganzes Volk auswandern? fragte sich Sylvia erschüttert.

Draußen glitzerte der Schnee auf Bäumen und Laternenpfählen. Drinnen war es behaglich warm. An allen Fenstern standen Blumen. Nichts schien den Frieden dieses Hauses zu stören.

Unter dem Weihnachtsbaum spielte Wolfgang, der Achtjährige, der nachgeborene Liebling des Hauses, mit Soldaten. Er hatte ein ganzes Schlachtenaufgebot, zwei feindliche Heerlager, mit Festungstürmen, Kanonen, Panzerwagen ... und mit dem alten Feldmarschall Hindenburg in Person als Oberbefehlshaber. »Ich bin für Hitler!« rief der Junge mit glühenden Wangen. Er zielte. »Bum!« machte es, und »Krach!« Die feindliche Heerlinie purzelte durcheinander.

»Krieg soll es ja nicht geben«, sagte der Sohn des Pazifisten, in dessen Seele zwei Gewalten einander bekämpften. »Krieg soll es nicht geben. Aber schön wär' es halt doch!«

»Wie könnt ihr das dulden?« fragte Sylvia entsetzt. »Nie hättet ihr das früher zugelassen! Müssen Kinder Krieg spielen?«

»Wir können nichts dagegen tun«, antwortete die Mutter des Knaben bedrückt. »Wir sind machtlos. Sie werden das bald begreifen ...«

Sie saßen noch lange zusammen, als die Kinder sich schlafen gelegt hatten. Eine Flasche Rheinwein stand zwischen ihnen auf dem Tisch. »Auf gutes Gelingen!« sagte Dr. Bergleitner. »Und wenn Sie sehen sollten, daß es draußen in der Welt noch etwas zu tun gibt für einen alten Kerl, wie ich einer bin, dann schreiben Sie mir ...«

Viel war geschehen während Sylvias Abwesenheit. Niemand war mehr Herr seines Schicksals, niemand mehr Herr in seinem eigenen Haus, es sei denn, daß er sich für heimatlos erklärte und für vogelfrei, wie Sylvia bereit war, es zu tun. Man hatte Juden, ehrenhafte Familienväter, in der Nacht aus den Betten geholt und in die Gefangenenlager geführt, Männer, die Jahre hindurch für Deutschland im Feld gestanden hatten (ein Kriterium, das Sylvia freilich nicht anerkannte). Man hatte Existenzen vernichtet, Unschuldige in den Selbstmord getrieben. Kinder hatten in den Schulen Kinder mißhandelt, nur weil diese Kinder Juden waren.

»Bei der letzten Wahl im vergangenen Herbst«, berichtete Frau Bergleitner, »haben wir mit unserem ganzen Haus, mit erwachsenen Kindern, Schwiegertöchtern und Dienstboten, mit ›Nein‹ gestimmt. Wir waren Fünfundzwanzig. In der ganzen Stadt hat man nur neunzehn ›Nein‹-Stimmen gezählt.«

Sylvia ging am Morgen durch die Stadt, die lange Zeile der Hauptstraße entlang, vom Bahnhof bis zum Schloßberg. Nach außen hatte sich nichts verändert, nur die Hakenkreuzfahnen wehten hier und da an den Häusern. Da war die alte Römerbrücke, da stand die Schloßruine. Die Menschen gingen schweigsam ihres Weges, sie schauten nicht nach rechts und nicht nach links.

Sylvia traf eine Redakteurin, mit der sie seit ihrer Studienzeit befreundet war. Die junge Journalistin war Jüdin. Sie war aus ihrer Stellung entlassen worden.

Margot Hübner gab Auswanderern Sprachunterricht. Davon lebte sie. Sie konnte ihre »arischen« Freunde nur in den Wäldern, auf abgelegenen Wegen, treffen. Sie war sehr einsam.

Sie gingen nebeneinander auf dem weichen Waldboden. »Komm mit mir«, bat Sylvia die Freundin. »Was hält dich hier?«

»Ich liebe dieses Land«, sagte das Mädchen. »Ich bleibe.«

»Du wirst zugrunde gehen!« rief Sylvia.

Sie hatten eine Aussichtshütte in den Bergen erreicht. Margot Hübner schaute verträumt in die Runde, auf die verschneiten Rebhügel. »Ich fahre mit dem letzten Zug«, sagte sie still.

Vor ihrer Abreise suchte Sylvia einige Familien auf, die sie von früher her kannte. Friedliche Bürger fand sie am Abend bei herabgelassenen Vorhängen, im verdunkelten Zimmer. Sie saßen am Radioapparat, und sie hörten Moskau. Das war verboten; später stand sogar Todesstrafe darauf. Diese Menschen waren nie für Moskau gewesen. Sie hatten immer nur die eigene Sicherheit gewünscht. Jetzt sonnten sie sich in dem Gefühl, heimlich Verbotenes zu tun. Flüsternd erzählten sie Sarkasmen über die Machthaber von heute. Das war sinnlos; es nützte niemandem. Leider aber war dies das einzige Ventil, durch das sich die gequälte Kreatur Luft verschaffen konnte.

In der Nacht fuhr Sylvia nach Hamburg. Sie nahm Abschied von ihren Freunden. Sie sah sie nie wieder.

Sylvia fand kein gastliches Haus, in dem sie ihr Haupt zur Ruhe legen konnte. Sie stand auf der Straße, und sie war allein.

Für Miriam fand sich endlich, nach vieler Mühe, ein Diwan in Erich Schönbergs Elternhaus. Sylvia bezog für eine kurze Zeit ein kleines Zimmer in einem Mietshaus, in der stillen Straße, in der Beate Reichenberg wohnte. Sie nahm ihre Mahlzeiten hastig und allein in einem Restaurant an der Straßenecke, in dem Passanten ein und aus gingen, Einsame, wie sie selbst. Sie hatte sich das anders gedacht.

Sylvia hatte geglaubt, daß wenigstens die Verfolgten zusammenhalten würden. Sie hatte gehofft, daß ihnen aus dem Unglück Kräfte wachsen würden. Aber jeder fand, daß es gerade ihm am schlechtesten ginge. Sie stritten über die Größe ihres Unglücks.

»Wirst du noch einmal Heimweh haben?« fragte Sylvia Miriam, den tapferen Kameraden ihrer Einsamkeit, als sie mit ihr die alten Wege ging. »Nein«, sagte das Kind. »Jetzt nicht mehr.« Sie sahen einander in die Augen wie Verschworene.

Zuerst suchte Sylvia die alte Barbara auf. Sie hatte sich nicht angemeldet; sie hatte davon geträumt, eines Tages vor der Tür zu stehen ... Sie hatte es sich so schön gedacht, Barbara zu überraschen, den einzigen Menschen vielleicht, der sie und ihr Kind wirklich liebte. Nun stand sie vor dieser Tür. Sie klingelte. Ihr Herz klopfte.

Eine Pflegerin in weißer Haube öffnete. Sie legte den Finger auf die Lippen. Barbara war krank; sie war bei der Arbeit schwer gestürzt und hatte sich eine Gehirnerschütterung zugezogen. Aber es ging ihr schon besser, berichtete die Pflegerin; nur schwach sei sie noch.

Auf den Zehenspitzen betrat Sylvia das Krankenzimmer. Sie sah das weiße Gesicht in den Kissen; die Wangen waren eingefallen, die Nase spitz.

Barbara versuchte, sich aufzurichten; eine schwache Röte färbte ihre Wangen. »Du bist also doch gekommen«, flüsterte sie matt. »Ich hatte es nicht mehr geglaubt – und ich kann euch nicht aufnehmen«, fügte sie nach einer Weile traurig hinzu. »Ich bin noch ganz hilflos.«

Sylvia wehrte mit einer Handbewegung ab. Sie drückte Barbara in die Kissen zurück. Sie küßte diese feuchte Stirn. Leise verließ sie das Haus.

Die Stadt hatte ein neues Gesicht bekommen. An allen Geschäften, Straßen auf und Straßen ab, klebten neue Schilder mit der Aufschrift: »Arisches Geschäft«. Sylvia hatte nicht gewußt, daß auch Geschäfte arisch sein können.

Man sah viele Uniformen. Es gab Aufmärsche und Umzüge, Girlanden waren gespannt und Triumphbögen errichtet. Massen marschierten auf, Massen brauner Uniformen. Die Fahnen wehten.

Friedliche Menschen machten Umwege durch stille Straßen, um die Fahne nicht grüßen zu müssen. Sylvia verschmähte den Umweg. Mit steifem Nacken ging sie geradeaus. »Nehmen Sie sich in acht«, warnte ein Freund, »Sie werden sonst das Land nicht heil verlassen.«

Täglich wurde gesammelt: für die SA, für die NS-Winterhilfe, für die Hinterbliebenen der für die Bewegung Gefallenen. An allen Verkehrspunkten standen SA-Männer mit Armbinden und hielten den Vorübergehenden die Sammelbüchsen entgegen.

Sylvia verließ den Bahnhof der Untergrundbahn. Ein SA-Mann mit einer Büchse stand an der Station. Sylvia ging auf die andere Straßenseite. Der Mann folgte ihr. »Haben Sie nichts für die SA übrig?« fragte er. »Nein«, sagte Sylvia und ging weiter.

Mitten in der Stadt war ein hölzernes Standbild errichtet, eine Art Götzenbild, dem die Passanten opfern mußten. Man zahlte eine Mark und schlug einen Nagel in das Holz. Sylvia sah, wie die »Belegschaft« der Zeitung, für die sie gearbeitet hatte, durch die Stadt geschlossen zum Nageln geführt wurde. Alle waren da, mit dem Chefredakteur an der Spitze. Lauter alte Bekannte.

Alles war fremd, alles schien verzerrt.

An einem Sonntag suchte Sylvia ihr kleines Eckrestaurant auf. Ein Schild klebte an der Tür: »Eintopfsonntag«. Sylvia drehte sich auf dem Absatz um und ging zum nächsten Restaurant. An der Tür klebte das gleiche Schild. In Gaststätten und Familienhäusern gab es heute nur ein Gericht; der Ertrag dieser Sparmaßnahme war für die NS-Volksgemeinschaft bestimmt. Die Hitler-Jugend sammelte an den Türen.

Sylvia ging nach Hause und kochte sich einen schwarzen Kaffee. Der Kaffee schmeckte bitter. Ihr war es gleichgültig, ob ein Gericht auf der Karte stand oder sechs. Aber sie wollte lieber hungern, als dem Nationalsozialismus zu opfern.

Täglich sah Sylvia in dieser Zeit Beate Reichenberg. Sie fand die Gefährtin aus frühen Tagen verhängnisvoll verwandelt. Die Augen waren ekstatisch geweitet und tief umschattet, das Antlitz war noch schmaler geworden, und der scharfe Zug um den Mund hatte sich vertieft.

Jeden Morgen, wenn Sylvia kam, fand sie die Freundin am

Flügel. Beate spielte, um den Tag einzuleiten, einen geistlichen Choral:»Die Himmel rühmen des Ewigen Ehre...« Dann zog sie sich in ihr Studierzimmer zurück, um viele Stunden über die Mystik der Buchstaben zu grübeln. In diesem Raum hing seit einiger Zeit an bevorzugter Stelle ein kleines Bild, welches »das Weltenei« darstellte. Davor brannten Tag und Nacht Kerzen. Ein Freund hatte das Bild gemalt. Beate hatte sich einem Kreis von Sektierern angeschlossen, Menschen, die von Tod und Wiedergeburt träumten in einer Zeit, in der das Leben selbst in seinem Kern so drängend gefährdet war. Sie hatten herausgefunden, daß das Universum in Eierform verlaufe. Das Ei war das primitive Symbol der Fruchtbarkeit. Sylvia aber fand diese mystische Versenkung tief unfruchtbar. Sie wollte leben, und sie wollte kämpfen.

Manchmal freilich saß Beate müßig, die Hände im Schoß, und schaute mit schwermütigem Blick auf den alten Birnbaum in ihrem Garten, dessen kahles Geäst die ersten Blattknospen ansetzte. Sie liebte den alten Baum seit ihrer Kindheit; ihr Leben war mit ihm verwachsen. Wie viele Frühlinge würde sie noch in seiner Nähe verbringen?

»Willst du nicht mit mir kommen?« fragte Sylvia in zwiespältigem Gefühl. Sie wußte: Sie hätte die Verantwortung für diese Seele niemals übernehmen können. »Du könntest dein Haus verkaufen, deine Angelegenheiten ordnen...«

»Ich kann nicht«, antwortete Beate bestimmt. »Ich könnte niemals in neuen Ländern leben: ohne Bibliotheken, ohne Museen, ohne Musik. Ich will in Europa sterben.«

Der Kreis, in dem Sylvia früher gelebt hatte, hatte sich gelichtet. Manche waren schon ins Ausland versprengt worden. Das waren die Lebensfähigen, die rasch Entschlossenen, die den Mut zu neuem Anfang hatten. Andere, die in der Heimat den Kampf aufnehmen wollten, hatte man in Gefängnissen und Konzentrationslagern zum Schweigen gebracht. Sie waren lebendig begraben. Viele waren gestorben. Ein berühmter Arzt, der lange Sylvias Berater gewesen war, hatte Gift genommen in der Stunde, da man ihm den Eintritt in seine Klinik verwehrte. Ein junger Richter, den Sylvia gekannt hatte, ein stiller Mensch, der in seiner Freizeit Kammermusik spielte, hatte sich erschossen. Die Hand, die den Bogen geführt hatte, war fest genug gewesen, den Revolver zu spannen. Ehegatten waren gemeinsam in den Tod gegangen. Die Welt hatte sich gewandelt. Der Tod ging um in dieser Stadt geruhsamen Lebens.

Maria von Dernburg bestand darauf, Sylvia in dem alten Clublokal wiederzusehen, in dem sie sich früher zuweilen in ihrer Freizeit getroffen hatten. Sie saßen in den tiefen Sesseln und schauten hinaus auf die flache Schale der Binnenalster, deren Oberfläche von einem leichten Wind gekräuselt wurde. Sie hatten einander viel zu erzählen. Die kleinen Alsterdampfer kamen und gingen.

Maria empfand das Leben der Gesellschaft, der sie angehörte, als tragische Komödie. Um ihre Mundwinkel zuckte leise Ironie. Sollte man es nicht komisch finden, wenn denkende Menschen, Menschen wie du und ich, ihren Stammbaum fälschten, ihr Leben verschleierten, ihre Nächsten verrieten – nur um den verlangten Arier-Nachweis zu erbringen? Die Panik hatte um sich gegriffen. Alle Begriffe waren in ihr Gegenteil verkehrt.

Da war der Fall der Schauspielerin Renate Baum, deren Vater Jude war. Ihr war es gelungen nachzuweisen, daß sie die

Frucht einer Jugendsünde war, die ihre arische Mutter einst begangen haben sollte. Die Mutter war tot; sie konnte nicht mehr zeugen. Die Tochter erschien am Abend des Tages, da sie das ersehnte Papier endlich erhielt, strahlend und in großer Toilette auf dem Opernball und ließ sich feiern. Es war ein Einzelfall, aber er war symptomatisch. In einer Gesellschaft, die stolz gewesen war auf ihre Tradition und ihre überlieferten Freiheiten, galten nur noch die Lüge und der Verzicht auf jede persönliche Würde. Wer so glücklich war, nur ein Viertel jüdischen Bluts zu besitzen, durfte sich in den Hafen einer erlaubten Ehe retten.

Es gab auch tragische Fälle. Frauen, die den geliebten Mann freigaben, um seine Laufbahn nicht zu gefährden, und die mit ihren Kindern in freiwillige Verbannung gingen. So verwickelt waren alle Beziehungen, so tief vermischt das Erbe von Blut und Intellekt, daß das Unglück in alle Schichten eindrang, ja – manchmal sogar bis in die Familien der politischen Häupter.

Menschen wie Maria von Dernburg hatten am Tag des Judenboykotts alle Hände voll zu tun gehabt, um ihren nicht-arischen Freunden Blumen zu schicken und Protestbesuche in ihren Häusern zu machen. Sie waren mit dem Auto von Tür zu Tür gefahren ...

Maria spielte mit dem silbernen Teelöffel. »Harald Terstegen ist nach Arabien gegangen«, berichtete sie. »Er ist auch bei mir gewesen, um nach Ihnen zu fragen. Aber ich wußte nichts von Ihnen. Er schien verzweifelt wie einer, der da sagen möchte: ›... da hat man nun eine Braut und kann sie nicht finden ...‹«

Sylvia erfuhr von Clara Holthusen Terstegens Adresse. Sie jagte einen Brief hinter ihm her, der ihn irgendwo in der

Wüste erreichen würde, in einem Land, das noch kaum dem Weltpostverein angeschlossen war. Sie wäre in diesem Augenblick bereit gewesen, alles aufzugeben, um ihm zu folgen, in die Einsamkeit, in die Wüste, in Not und Verderben.

Während dieser ganzen Zeit hatte Sylvia gekämpft, um die Papiere für ihre Ausreise zusammenzubringen. Die Schwierigkeiten, die sie vorausgesehen hatte, traten jetzt ein: Sie war lange im Ausland gewesen. Wo hatte sie gelebt, was hatte sie getrieben? Konnte man ihr ein politisches Führungszeugnis bewilligen?

Sie fühlte sich von Sorgen zu Boden gedrückt. Sie würde in ein fernes Land reisen, auf einen fremden Erdteil, ohne Mittel, ohne Freunde, mit leeren Händen. Sie fürchtete sich nicht vor Not und Entbehrungen. Sie kannte das Leid. Aber sie trug die Verantwortung für Miriam. Das Kind sollte nicht leiden.

Sylvia schlief nicht mehr. Sie mußte zu schweren Schlafpulvern greifen, um ein paar Stunden bleierner Ruhe zu erzwingen. Niemand sah ihr am Morgen die Qual der durchwachten Nächte an.

In dieser Not empfing sie einen Brief von Erich Schönberg. Der Mann, den das Schicksal nie tiefer als an der Oberfläche der Seele berührt hatte, schrieb aus Amsterdam: »... es geht mir gut in dieser Stadt. Ich habe in einem Haus an der Herrengracht ausgestellt, und ich habe glänzende Erfolge. Ich habe ein Haus im schönsten und modernsten Viertel von Amsterdam ...«

»Ich bitte dich: laß mir Miriam für eine Zeit. Ich sorge für sie. Ich bringe sie dir, wohin du willst, sobald du festen Fuß gefaßt hast. Wozu willst du dich und sie quälen?«

Sylvia durchwachte noch eine Nacht. Sie erlitt die bittersten Stunden ihres Lebens. Am Morgen sprach sie mit Miriam. Sie sah in das geliebte Gesicht, und sie staunte: Miriam war nicht mehr das zarte Kind von früher. Ihre Wangen hatten die weiche Rundung verloren; die Augen waren tief und dunkel.

»Wenn es gut ist«, sagte Miriam, »will ich mich von dir trennen. Ich will tapfer sein und vernünftig. Ich komme zu dir, wenn du mich rufst, bis ans Ende der Welt. Ich setze es durch. Sei ganz ruhig.«

Miriam wollte von ihrer gütigen alten Lehrerin Abschied nehmen, und Sylvia suchte mit ihr Gerda Beckmann auf. Sie fanden das Haus am Rande der Stadt, zwischen Fluß und Wiesen. Alles darin war hell, sauber, gepflegt wie die alte Dame selbst. Die ererbten goldbraunen Nußbaummöbel glänzten; hinter den weißen Mullvorhängen stand die Sonne schon tief. Es gab viele Bücher, Pflanzen, eine Mineraliensammlung – Dinge, die Miriam früher in helles Entzücken versetzt hätten. Heute war ihr das Herz schwer.

Gerda Beckmann brachte Sherry auf silbernem Tablett. In ihren Augen stand die Freude über so seltene Gäste. Sie wollte vor allem wissen, was die Reisenden erlebt hatten; sie war ganz Anteilnahme, Wärme, Herzlichkeit, mitten in ihrem eigenen Leid.

»Du darfst nicht traurig sein, daß du die Schule verlassen mußtest«, tröstete sie Miriam. »Es ist alles nicht mehr wie früher. Es gibt Sport, Übungen, politische Feiern. Wissen ist Nebensache; der Unterricht ist gekürzt. An erster Stelle steht die Rassenlehre: Juden kommen in der Rangordnung hinter den Negern, die Menschen sind wie wir, und den Hunden. An jedem Montagmorgen wird die Hakenkreuzfahne auf dem Dach des Gymnasiums gehisst, unter Absingen des Horst Wessel-Lieds. Alle Schüler haben zu dieser Feier in Reih und Glied zu erscheinen ...«

»Von meinen früheren Schülerinnen kommt keine mehr zu mir«, fuhr die alte Dame fort. »Mit den tapferen Kolleginnen von einst, die mich nicht aufgeben wollten, habe ich selbst gebrochen. Ich versuche, mich nützlich zu machen; soviel ich irgend kann, helfe ich Menschen, die ärmer und hilfloser sind als ich selbst.«

Zum Abschied hielt Gerda Beckmann Miriams Hand fest. »Du bist jung, begabt, tapfer«, sagte sie eindringlich. »Du wirst deinen Weg gehen. Vor allem: Schau nie zurück.«

In der Dämmerung standen sie auf der Straße. Sie schien ihnen endlos wie der Weg, der vor ihnen lag.

Sie reisten die Nacht durch und waren am Morgen in Amsterdam. Am Bahnhof erwartete sie Erich Schönberg – heiter, strahlend, vergnügt, ein Mensch aus einer anderen Welt. Mit dem Auto fuhren sie zum Südende der Stadt. Der Wagen glitt durch ruhige, gepflegte Straßen. Die Stadt erwachte in dieser Morgenstunde: Die Sonne spiegelte sich in den blanken Fensterscheiben der Vorstadtsiedlung; die ersten Straßenbahnen klingelten; Heringsverkäufer in großen gelben Holzpantoffeln schoben ihre Karren durch die Straßen und boten laut ihre vielbegehrte Ware zum Frühstück an. An den Straßenecken standen derb gebaute, breit lächelnde Holländerinnen und hielten in großen Körben vielfarbige Tulpen feil. Erich Schönberg ließ den Wagen halten; sie nahmen eine große Ladung Blumen mit.

Sylvia war zumute, als ob sie träumte. Alles schien friedlich, selbstverständlich geregelt. Aber nein – dort, was war das? Sie zuckte zusammen, ihr Finger stieß vor. Vor einem Regierungsgebäude sammelten sich uniformierte Knaben. »Gibt es hier auch so etwas wie eine Faschisten-Jugend?« fragte Sylvia atemlos. »Nein«, sagte Erich Schönberg lächelnd. »Das sind Pfadfinder. Wahrscheinlich treffen sie sich hier zu einer Wanderung.«

Miriams Vater bewohnte ein nagelneues »Boven-Haus«, das so licht und modern anmutete wie ein Musterexemplar in einer Architekturausstellung. Der ganze Stadtteil war neu, weiträumig, kühn angelegt, mit gemähten Rasenflächen und Blumenbeeten zwischen den Häusern, mit Kinderspielparks und Sportplätzen. Wer ihn gebaut hatte, hatte an das Glück der Menschen gedacht, die hier wohnten.

Drinnen flog Miriam die breite Holztreppe hinauf; sie nahm immer drei Stufen auf einmal. Oben im Turm lag ihr eigenes Zimmer, ein lichter Raum mit Bücherregalen, Blumen, eingebauten Schränken und einer weiten Sonnenterrasse. Hier würde sie arbeiten, lernen, ihre Pflanzen hegen. Schon morgen sollte sie wieder zur Schule gehen ...

Während Sylvia begann, Miriams Koffer auszupacken und ihre Habseligkeiten in die Schränke einzuordnen – jeden Gegenstand berührte sie zärtlich, wie man von einem geliebten Wesen Abschied nimmt –, während sie sich bemühte, Miriam in der neuen Umgebung häuslich einzurichten, drang von draußen vielstimmiges Geschrei in die Stille, Bravorufe und der unverkennbare Lärm erregter Massen. Abermals zuckte Sylvia zusammen.

»Gibt es hier auch Versammlungen?« fragte sie entsetzt.

»Aber nein«, sagte Erich Schönberg kopfschüttelnd, »der Lärm kommt vom Stadion herüber. Dort gibt es heute ein Sportfest. Beruhige dich endlich. Holland ist ein freies Land.«

Es war schwer, sich an die Situation zu gewöhnen. Vielleicht geht es dem Gefangenen nicht anders, der plötzlich in die Freiheit entlassen wird.

In Amsterdam hatte Sylvia nur einen Tag Zeit, und Erich wollte ihr die Stadt zeigen, die sie nicht kannte. Aber in Sylvias Seele hatte nur der große Trennungsschmerz Raum, den sie selbst vor Miriam angstvoll verbarg. Wie im Traum ließ sie sich durch die alten Grachten führen, über Brücken und Stege, vorbei an dunkel schimmernden Kanälen, in denen sich die schmalen spitzgiebeligen Häuser geheimnisvoll spiegelten und die lastenden überhängenden Zweige der Bäume. Sie sah das Rembrandthaus, und dicht daneben den alten Trödelmarkt der Juden, den der Meister geliebt hatte, weil er dort Fischweiber fand, die aussahen wie die Hexe von Endor, und Bettler mit dem Haupt des Königs David.

Am Nachmittag verweilten sie eine Stunde lang in einem Café, das am Wasser lag. Die Tische waren auf den weißen Sand gestellt; sorglose Menschen saßen daran; ein Orchester spielte. Und, sonderbar: Diese eine Stunde richtigen Erlebens vergaß Sylvia später nicht. Fließendes Wasser, Gruppen sorgloser gepflegter Menschen, leichte Musik. Nicht mehr. Es war nichts. Es war der Abschied von Europa.

Sylvia verließ das Haus bei Anbruch der Nacht, als Miriam schon schlief. Sie hatte ihr versprochen, sie bald zu rufen, und sie wußte, daß sie ihr Wort halten mußte. Nun schaute sie noch einmal auf das schlafende Antlitz: die reine Kinderstirn, das feine Oval des Gesichts, von dunklen Wimpern überschattet. Miriam seufzte im Schlaf; ihr Mund zuckte unruhig. Sylvia wandte sich hastig und ging.

Am Bahnhof hielt sie die Hand des Mannes fest, wie seit

langem nicht mehr. »Hüte das Kind!« sagte sie, und ihre Stimme war dunkel vor Bewegung. Fast klang es wie Drohung. Der Zug fuhr an; Dunkelheit brach ein. Sylvia schaute nicht zurück. Sie ließ in dieser fremden Stadt das Liebste, was sie auf Erden hatte. Sie war frei. Ihre Hände waren ganz leer. Was konnte ihr noch geschehen?

In dem Abteil dritter Klasse brannte ein trübes Licht. Es flackerte bei den Stößen des Wagens. Die Reisenden versuchten zu schlafen. Sylvia konnte nicht schlafen. Ihr Geist war überwach. Manchmal fiel das Licht im Vorüberfliegen auf eine Wiese, eine Pferdekoppel, einen einsamen Baum. Da draußen war die Welt ...

Sylvia erinnerte sich: Einmal hatte ihr Blick, erwachend, aus dem Fenster eines Schlafwagenabteils eine traumhafte Landschaft gestreift, eine Hütte am Fuß himmelhoher Berge, über denen die Nebel brauten; einen Garten in der Dämmerung des Morgens; ein Hahn krähte. Vielleicht war dies das Leben? dachte Sylvia damals. Gerade dies war vielleicht mein Leben. Und wir fliegen vorüber ... Wie oft?

Oft hatte Sylvia diese Angst gespürt: an ihrem eigentlichen Leben vorüberzugehen. Ein Baum konnte das Leben sein, ein Flußübergang, ein Hügel.

Nach Stunden fiel ihr Blick auf das Gesicht eines Mannes, der ihr gegenüber in der Wagenecke lehnte und sie beobachtet hatte. Ein markanter Kopf, scharfe Züge. Der Fremde begann zu sprechen. Er war Offizier gewesen, berichtete er. Nach dem Großen Krieg hatte er Deutschland verlassen. Er hatte lange in Brasilien gelebt, war erst vor kurzem nach Europa zurückgekehrt. Aber er wollte wieder über das große Wasser ...

Sylvia horchte auf. Das Gespräch, das sie nicht gesucht hatte, begann, sie zu fesseln. Wie war das Leben in Brasilien?

»Die Menschen sind frei«, sagte der Fremde. »Sie kennen nicht die Sorgen, die uns Europa vererbt hat. Wenn Sie dort arbeiten und ein ›Conto de reis‹ verdienen, können Sie leben wie ein Fürst. Sie können ein Haus haben, einen Garten, ein Stück Land. Das Leben ist einfach.«

»Wie denken Sie über die Politik, die hier getrieben wird?« forschte der Mann nach einer Weile.

Sylvia schaute auf; sie sah dem Reisegefährten gerade in die Augen. Überall und von jedem konnte man hier belauert werden; man konnte es nie wissen.

»Sagten Sie nicht, daß Sie nach drüben zurückwollen?« fragte sie langsam.

»Das walte Gott!« sagte der Fremde. »Gott gebe, daß ich es erlebe ...«

»Dann schweigen Sie!« antwortete Sylvia und schloß die Augen.

Am Morgen fuhren sie in Hamburg ein, und Sylvia ging in den Wartesaal, weil es noch zu früh war, in ihr Haus zurückzukehren. Auch der Fremde kam und bat, an ihrem Tisch sitzen zu dürfen. Sie rauchten schweigend eine Zigarette.

Am Nebentisch saßen einige junge Burschen in Uniform. Sie hatten ein paar etwas auffallende Damen bei sich, mit denen sie vielleicht die Nacht verbracht hatten. Sie schienen sehr aufgeräumt. Sie waren die Herren des Tages.

Dem Fremden schwollen die Stirnadern an. »Das macht sich hier breit«, sagte er zähneknirschend. »Halbflügge Bürschchen in Uniform, Jungen, die noch nicht trocken hinter den Ohren sind! Und wir haben im Krieg unsere Knochen für Deutschland hingehalten! Unsere Haare sind in der Fremde von der Sonne gebleicht. Wir kommen in die Heimat und sind ein Dreck.«

Sylvia stand auf, zahlte und ging.

Als Sylvia sich in ihrem kleinen Mietzimmer wieder einrichten wollte, wurde heftig an die Tür gepocht. Herein stürmte Barbara. »Einpacken!« befahl sie. »Schnell! Nicht erst überlegen ... ich helfe dir; in zehn Minuten sind wir fertig. Du kommst zu mir. Nie hätte ich zugelassen, daß du unter fremdem Dach wohntest, wäre ich nur von Anfang an gesund gewesen!«

Barbara räumte Sylvia ihr Kinderzimmer ein. Sie wärmte für sie am Abend die Federbetten auf dem großen grünen Kachelofen. Sie brachte Sylvia zu Bett, und sie deckte sie ordentlich zu, wie einst, als sie ein kleines Mädchen war. Und Sylvia schlief gehorsam ein. Sie schlief fest und traumlos, zum ersten Mal seit langen Monaten. Sie war in treuer Hut.

Alles entwirrte sich. Sylvia erhielt endlich, nach langem Kampf, ihre Ausreisepapiere. Sie bekam ihre Schiffspassage. Der Freund, der sie ihr im Kontor der Schiffahrtsgesellschaft aushändigte, wünschte ihr Mut und Glück in der Neuen Welt. »Kommen Sie nicht zurück«, sagte er ernst, »Sie wissen, was hier gespielt wird ... Und noch eins: Schweigen Sie an Bord! Hören Sie? Versprechen Sie es: Sie schweigen ...«

Sylvia war müde gewesen und zermürbt. Sie fand langsam ihre Kraft wieder. Barbara pflegte sie gesund; sie bemächtigte sich schweigend des Gepäcks und brachte alles für die Reise in Ordnung. Die alte Frau begriff noch immer nicht, warum Sylvia gehen mußte. Aber sie sprach kein Wort mehr darüber.

Am Ostersonntag fand Sylvia auf ihrem Frühstücksplatz gelbgefärbte Ostereier und die ersten Primeln. Daran steckte ein Zettel, der in ungelenken Buchstaben die Aufschrift trug: »Unserem lieben Gast ein fröhliches Osterfest!« Sylvia brachte duftende dunkelblaue Hyazinthen, ihre Lieblingsblumen, für Barbara. Sie erfuhr noch einmal alle Liebe, die die Heimat zu vergeben hatte.

Der Führer sprach im Radio. Barbara stellte den Apparat an. Heiser, gewaltsam, mächtig brach die Stimme in den Raum. »Vierzehn Jahre Schmach und Schande ...« sagte die Stimme. Es war die Stimme eines Besessenen. Sylvia schloß die Augen. Sie hatte eine Vision. Sie sah einen Mann, grau, hager, namenlos, aus zerlöcherten Granattrichtern steigen und über ein Schlachtfeld schreiten. War dies der Unbekannte Soldat, der Mann aus den Schützengräben? Sah er so aus? Er forderte Gefolgschaft, und Millionen folgten ihm.

»Vierzehn Jahre Schmach und Schande ...« schrie die Stimme. Es waren, trotz Not und Kampf, Jahre innerer Freiheit gewesen. Deutschland war stark gewesen, als es schwach war. Die Welt war verloren, wenn sie sich der Rache überließ.

Sylvia verließ schweigend das Zimmer. Sie flüchtete.

Einen ganzen Tag blieb Sylvia, um Abschied zu nehmen, in Clara Holthusens weißem Haus an der Elbe. Sie gingen zusammen den Höhenweg und schauten hinunter auf den Strom, der hier mit Flut und Ebbe, breit und gemächlich, zum Meer wird. Inseln schwammen wie riesige Wasserrosen in der Flut; die alten Fischerdörfer glänzten am jenseitigen Ufer.

Clara Holthusen nahm Sylvias Arm. »Daß du noch einmal hier bist!« sagte sie traurig. »Es ist so schwer, daß du gehst. Mit niemandem habe ich so sprechen können wie mit dir.«

Schiffe kamen und gingen im sinkenden Abend, mit roten

und grünen Blinklichtern. Bald fährt mein Schiff stromabwärts, dachte Sylvia. Ich komme nicht mehr zurück.
»Ihr werdet alle die Konsequenzen tragen müssen«, sagte sie hart. »Alle. Auch du. Alle, die schweigen, und alle, die dulden. Die Geschichte hat einen langen Atem, aber sie ist gerecht.«

»Wohin soll ich dir Terstegens Brief schicken?« fragte Beate, als Sylvia reisefertig vor ihr stand.
Daran hatte Sylvia nicht gedacht. Sie erwartete keine Antwort.
»Er wird nicht schreiben«, antwortete sie leichthin.
»Doch«, sagte Beate. »Der Brief wird kommen, wenn du jenseits des Äquators bist.«
Sylvia zögerte. Sie gab eine Adresse in Rio de Janeiro an.

Von allen Seiten wurde Sylvia mit Aufträgen bestürmt: Es gab so viele Zurückgebliebene, die Briefe und Botschaften an geliebte Menschen nach drüben schicken wollten. Sylvia hatte gar nicht gewußt, wieviel verzweifelte Sehnsucht solch einem Schiff über den Ozean folgen kann.

Im letzten Augenblick kam eine kleine alte Dame, die Mutter eines nicht-arischen Arztes, der mit seiner Familie nach Rio ausgewandert war. Sie brachte Geschenke für ihr einziges Enkelkind. »So ein ganz Blonder ist er«, sagte die alte Dame weinend und entnahm ihrer Handtasche die Fotografie eines Fünfjährigen, der an einem fernen Strand spielte. Sylvia stopfte Spielsachen und Süßigkeiten für den kleinen Blonden zuoberst in ihren Koffer.

Es wurde diesmal ein ernster Abschied an Bord. Sylvia hätte sich am liebsten in den Maschinenraum verkrochen. Sie hatte kaum die nächsten Menschen sehen wollen. Sie war schweigsam und nachdenklich, ihre gesammelte Energie kannte nur noch ein Ziel: neue Aufgaben zu entdecken, für sich und Miriam auf einem fremden Kontinent festen Boden zu erkämpfen.

Clara Holthusen verbarg ihre Sorge nicht. »Ich habe Ilse benachrichtigt«, sagte sie behutsam. »Sie wird dich in Rio von Bord holen.«

Ilse Roselius war Claras Nichte. Sie war blutjung, unabhängig, eine glänzend begabte Zeichnerin. Sylvia hatte sie von Kind an gern gehabt; sie hatte als erste ihr Talent erkannt und gefördert. Sie hatte Ilse, ein halbes Kind noch, auf ihren Reisen mit sich genommen und helle Freude an ihren lebendigen Reiseskizzen gehabt. Sie hatte ihr vor einem Jahr den Weg nach Südamerika geebnet. Seitdem hatte sie von Ilse Roselius nur noch einen Bericht über ihren beginnenden, phantastischen Aufstieg, aber nie mehr Antwort auf Briefe und Fragen bekommen.

»Ich weiß nicht, ob Ilse von mir noch etwas wissen will«, antwortete sie zweifelnd.

»Wie kannst du das glauben?« fragte Clara Holthusen ehrlich empört. »Ilse ist mir lieb wie ein eigenes Kind. Ich kenne ihren Charakter und ihr Temperament. Du tust ihr unrecht. Es müssen Briefe verlorengegangen sein. Ilse wird dich von Bord abholen, ihr werdet zusammen wohnen und euch gegenseitig helfen ...«

Das Signal ertönte: »Alle Besucher von Bord ...« Sylvia sah, wie die alte Barbara bitterlich weinend von Clara Holthusen die Bordtreppe hinuntergeführt wurde. Sie wandte sich ab, ging in ihre Kabine und stellte Barbaras letzten Blumengruß in frisches Wasser.

Noch bevor das Schiff in die Nacht hinaus fuhr, nahm sie ein starkes Schlafpulver. Sie hatte mit allem abgeschlossen. Aber sie ließ ihr Kind auf diesem Kontinent zurück, und sie wollte diese Ausreise nicht mit wachem Bewußtsein erleben.

Als der Dampfer die hohe See erreichte, schlief sie fest.

Über den Äquator

Himmel, Meer, Sterne. Das Land war fern ...

Vor der französischen Küste hatten noch Fischerboote gekreuzt, riesige braunrote Segel vor einem blaßblauen Himmel. Schwärme von Möwen lösten sich von den weißen Kreidefelsen Englands; kreischend, hungrig, unruhig kreisend folgten sie eine Zeitlang der Bahn des Schiffs, die Bettler des Meeres.

Die Biscaya war ungebärdig wie ein wildes Rassepferd; mit großen graugrünen Schlagwellen gegen Steuerbord schaukelte sie das Schiff auf ihrem Rücken, tanzend und toll, und viele Passagiere wurden blaß.

Sylvia ging in ihren blauen Seemannshosen, ihrem wollenen Sweater, mit wiegendem Schritt, seefest und heiter, wie ein alter Matrose. Sie liebte das Meer, und sie liebte den Sturm; sie kannte keine Seekrankheit.

Die See wurde wieder glatt. Schattenhaft zog die geliebte goldbraune Felsküste Spaniens vorüber, die lachenden sonnigen Gestade Portugals. Dann kam lange nichts mehr. Nichts als Himmel und Meer.

Leuchtende klare Tage, stille mondhelle Nächte. Der Frühling kam über das Meer, mit lauen streichelnden Winden, mit tanzenden glitzernden Wellen.

Die Tage waren zu kurz, viele Nachtstunden blieb Sylvia träumend auf Deck, unter dem südlichen Sternenhimmel.

Wenn sie die Augen aufschlug, kreiste über ihr der Mast, dunkel und mächtig, vor dem flimmernden Licht der Milchstraße, in der rhythmischen stoßenden Bewegung des Schiffsleibs, und auch die Sterne schienen mitzukreisen, als zögen sie an silbernen Drähten ihre Bahn.

Sylvia war ruhig und glücklich, so glücklich, wie sie eben noch hatte werden können. Sie lebte auf dem Meer mit wachem Bewußtsein, mit allen Nerven und Sinnen. Sie war in ihrem Element. Es fiel ihr nicht schwer zu schweigen.

Aber ein schwimmender Ozeandampfer ist wie eine Insel, auf der eine Handvoll Menschen ausgesetzt wurde, wie eine belagerte Festung mitten auf dem Weltmeer. Blicke kreuzen, treffen sich; Neugier wird wach, Spannung, Unruhe. Schicksale begegnen einander auf winzigem Raum, bevor sie, Meteoren gleich, in alle Windrichtungen auseinanderstieben. Alle haben Muße, Tage, Nächte, wochenlang. Keiner kann dieser Atmosphäre ganz entrinnen, und selten bleibt einer allein.

Sylvia wohnte auf dem Bootsdeck. Da gab es Menschen, die an einem Tisch zusammenrückten, wenn sie den Salon betrat, Kabinennachbarn, die grüßten; manchmal blieb einer stehen, um ein paar Worte zu wechseln über das Wetter, den Kurs, die letzten Funknachrichten. So fängt es immer an.

Der junge Arzt in der Kabine neben Sylvia hatte eine bezaubernde Frau. Schöne, schlanke, hochgewachsene Menschen waren beide, von südlich dunklem Typus. Blicke folgten: Wie die junge Frau über das Sonnendeck ging, wie sie den breitrandigen Strohhut über dem brünetten schmalen Gesicht trug, wie ihr der seidene Strandanzug leicht über die feinen Glieder floss. Sie tanzte vollendet Tango; die jungen Herren im Smoking rissen sich um diese Partnerin, wenn am Abend die Bordkapelle zum Tanz spielte.

Dr. Frank liebte es, sich über Rassenprobleme zu unterhalten, über gute und ungünstige Blutmischungen. Vielleicht war er Biologe. Sylvias Widerspruchsgeist wurde wach.

»Schauen Sie sich den Tanzpartner Ihrer Frau an!« sagte sie lebhaft. »Die Idealgestalt eines nordischen Helden, nicht wahr? Blond, blauäugig, ebenmäßig gewachsen. Er tanzt wunderbar, er schwimmt, er segelt, er ist ein glänzender Jiu-Jitsu-Fechter. Ich kenne ihn. Seine Mutter ist Jüdin.«

»Ich dachte es mir«, antwortete der junge Arzt gleichmütig. »Ich täusche mich nie.«

Zu Sylvias Tischgesellschaft gehörte ein älterer Arzt aus Berlin, Dr. Peters, der mit Frau und drei blonden Töchtern nach Rio übersiedelte.

Helge Peters, die Fünfzehnjährige, schob ihren Arm leicht unter den Sylvias, während sie um das Promenadendeck gingen. »Vater mußte Berlin verlassen«, erzählte sie eifrig. »Es war nicht mehr zu ertragen. Sie haben ihn zum Schluß halbtot geschlagen, weil er die Fahne nicht gegrüßt hat. Wir mußten Hals über Kopf einpacken ...«

Fünf-Uhr-Tee. Die Bordkapelle spielte. Die Stewards in ihren weißen Jacken glitten lautlos zwischen den Tischen durch, gossen heiße Getränke ein. Es war schön, durch die runden Bullaugen auf den sinkenden Sonnenball zu schauen.

»In Deutschland«, sagte Dr. Frank mitten in das Schweigen, »ist das Wahrsagen aus dem Kaffeesatz jetzt verboten. Aber die Kurpfuscherei ist erlaubt. Maßgebende Persönlichkeiten der Führung sollen dazu neigen, sich Kurpfuschern anzuvertrauen.«

»Hysteriker«, sagte Sylvia. Nur das eine Wort. Nicht mehr.

»Nehmen Sie sich in acht, gnädige Frau!« antwortete der Arzt mit blitzenden Augen. Stand auf, schob seinen Stuhl zurück und ging mit langen Schritten hinaus.

»Oh …«, entfuhr es Sylvia, »ich dachte …«
»Wir haben beide italienische Großmütter, mein Mann und ich«, erklärte die junge Frau des Arztes liebenswürdig. »Wir sind keine Juden. Mein Mann ist Nationalsozialist der alten Garde, Spezialist in Rassenfragen. Er hat in Berlin eine ganze Bibliothek zusammengebracht, über diese Dinge.«

Sylvia nahm ihre Mahlzeiten in der Messe des Kapitäns ein. Sie hatte den Ersten Offizier zu ihrer Linken. Alle waren höflich, äußerst zuvorkommend. Sylvia hatte gute Kontakte zu der Besatzung. In der übrigen Zeit wurde sie jetzt gemieden. Niemand grüßte sie. Wo sie erschien, bildete sich ein leerer Raum.

Sie blieb viel auf Deck. Las, schrieb, träumte im Bordstuhl. Je m'en fiche, dachte sie. Das kann man nicht übersetzen. Ein bißchen unbehaglich war es schon. Man hatte ihr so dringend geraten zu schweigen.

Sie hatten Madeira passiert, die weißen Villen und die Blütengärten von Funchal, dann den Pik und die Felsenriffe von Teneriffa, die Kapverdischen Inseln. Der große Spaziergang über den Ozean begann. Die Tage wurden länger, die Nächte warm, dunkel leuchtend; am Himmel erschienen die Sternbilder des Südens. Das Meer strahlte auf, glühte in diesen Nächten, Delphine tauchten auf im Kielwasser des Schiffs.

Sylvia träumte. Sie war allein. Es war schön, unter diesem Himmel allein zu sein. Wäre ich nur von diesem Schiff herunter, dachte sie. Eine Sternschnuppe sauste über den Himmelsbogen. Soll ich mir etwas wünschen?

Mein kleines Mädchen ist in einer Stadt im Norden und sehnt sich nach mir. Mein Bruder lebt in der Riesenstadt New York und läßt mich allein ...
Bob schrieb ihr vor ihrer Ausreise, daß er geheiratet habe. Eine Frau, die er liebt. Eine Amerikanerin. »Helen hat deine zarte Gestalt«, schrieb Bob. »Sie hat deine Haare. Sie hat viel gelitten, wie du. Sie hat ein kleines Mädchen, wie du.«
Immer hat Bob eine Frau haben wollen, die seiner Schwester gleicht, dachte Sylvia lächelnd.
Ganz zuletzt dachte sie noch an einen einsamen Mann, irgendwo in der Wüste. Vielleicht ging er gerade mit einer Kamelkarawane durch den Sand.
»Der Brief wird kommen, wenn du jenseits des Äquators bist«, hatte Beate Reichenberg vorausgesagt. Wir sind bald am Äquator ...

Große Dinge gingen vor, als man sich dem Äquator näherte. Die Passagiere bereiteten einen Bunten Abend vor, mit Cabaretvorführungen. Frau Frank wird mit ihrem »nicht-arischen« Partner tanzen, Tango und Maxixe, ein elegantes Tanzpaar. Ein junger Jude, ein Auswanderer, hatte sich als Chansonnier gemeldet.
Ist das nötig? dachte Sylvia. Haben wir keine anderen Sorgen?
In letzter Stunde wurde das Cabaret abgesagt. Die Schiffsleitung hielt es nicht für angemessen, daß ein Jude an Bord Chansons vortrug. Statt dessen würde die Mannschaft einen Bunten Abend geben, einen richtigen Seemannsabend.
Ich gehe nicht hinunter, beschloß Sylvia. Was geht mich das alles an? Ich bleibe auf Deck. Im letzten Augenblick geht

sie doch. Die Mannschaft wird auftreten. Hamburger Jungen. Ich muß doch sehen, was die Jungens machen.
Sylvia trug ihr großes Abendkleid. Die Schultern waren nackt. Sie ging durch den Saal. Sie fror ein wenig, obwohl es heiß war. Sie setzte sich ganz allein an einen Tisch. Blicke folgten ihr. Die Blicke waren eiskalt. Vielleicht wäre ich doch besser oben geblieben.
»Ist Frau Sylvia Schönberg da?« fragte eine Stimme.
»Hier!« sagt Sylvia. Sie hob die Hand. »Ein Telegramm für Frau Sylvia Schönberg.«
Sylvia war blaß. War etwas geschehen? Wenn nur Miriam nichts passiert ist! Sie riss das Telegramm auf. Bob kabelte:
»Alles all right. Sei ganz ruhig. Ich lasse dich nicht im Stich.«
Alles andere war gleichgültig.

Ein feiner Regen näßte das Deck. Es regnete unter dem Äquator. Die Nächte waren heiß. Das Kreuz des Südens funkelte. Die Menschen waren unruhig, fieberten. Alle schliefen schlecht.

Am Abend sollte der Geburtstag des Führers in der Offiziersmesse gefeiert werden. Es lief ein Raunen unter den Passagieren um, ein Flüstern der Erwartung und Neugierde: Wer wird hinuntergehen? Wer nicht?
Dr. Frank und Dr. Peters gingen auf dem Promenadendeck vorüber, in ernstes Gespräch vertieft. »Es ist vom Reich angeordnet«, sagte der Jüngere gerade. »Man kann sich nicht ausschließen ...«
An der Abendtafel saß Sylvia eine stattliche junge Bayerin gegenüber. Sie fuhr zu ihrem Bruder nach Joinville, in eine der

deutschen Siedlungen Südbrasiliens. Sylvia hatte während der ganzen Fahrt kaum ein Wort mit ihr gewechselt.

»Machen Sie die Komödi' mit?« fragte die junge Dame plötzlich über den Tisch hinüber. »Ich nicht. Ich geh' in meine Kabine.«

Im Rauchsalon hielten die Familien Frank und Peters einen Tisch besetzt. »Warum hast du deine Uniform nicht angezogen, Helene?« fragte Frau Peters vorwurfsvoll ihre Jüngste. »Geh rasch nach oben, zieh dich um.«

Der Gong läutete. Alle verschwanden die Bordtreppe hinunter, zuletzt die stattliche Gestalt des Dr. Frank im Smoking.

In der leer gewordenen Halle blieben an einem Tisch die Katholiken, einige Priester in schwarzer Soutane und eine Reihe Barmherziger Schwestern, die nach Südbrasilien reisen, zurück. Am Nebentisch saßen jüdische Auswanderer dicht beieinander. Eine Abendbrise kam vom Meer herein; mit stampfenden Maschinen glitt das Schiff in die heiße Tropennacht.

Sylvia ging nach oben, auf Deck. Sie lehnte an der Reling und schaute in die unergründliche Tiefe. Dunkel, rauschend, unermeßlich schäumte das Meer an die Bugwand. Wenn eine Welle zurücksank, spiegelten sich die Sterne in dem Abgrund. Der Horizont war jetzt smaragdgrün, und der Abendstern leuchtete.

Wieviel Geheimnis barg ein Schiff, Kummer und Hoffnung, Haß und Gemeinheit ... Dies war ein deutsches Schiff, ein winziges Stückchen deutschen Bodens, verloren in der Unendlichkeit des Atlantik. Geborgenheit einst, Zuflucht und Heimat, beklemmende, atemraubende Haft heute. Wäre ich an Land, hätte ich nur freien Boden unter den Füßen. Sylvia fieberte der Küste entgegen, die fern, rätselhaft, verheißend irgendwo hinter den Schleiern dieser Nacht träumte.

Früh, vor Sonnenaufgang, wurde an die Kabinentür geklopft. »Die Insel Fernando de Noronha in Sicht! Sie müssen sich beeilen, wenn Sie sie sehen wollen?« Der Steward wußte aus der Erfahrung von Jahren, wann er wecken durfte. Sylvia lief im Bademantel auf Deck. Stille. Schweigen. Alle Bullaugen waren noch verhängt. Nur dort, ganz vorn am Bug, lehnten ein paar alte Herren an der Reling: Tadellos angezogen, in weißen Flanellanzügen, suchten sie mit ihren Ferngläsern den Horizont ab.

Perlgrau, silbrig zart war die Dämmerung, unendlich wie am ersten Tag; sie wurde langsam perlmuttfarben, dann rosig erhellt. Ein feuriger Schein lief über die Himmelswölbung: Strahlend, in purpurner Glorie stieg die Sonne aus dem Meer auf. In einer leuchtenden Feuerbahn glitt das Schiff auf die einsame Insel zu, die dunkel, mit scharfgezackter Silhouette, aus der Unendlichkeit des Ozeans auftauchte. Ein einzelner spitzer Felskegel wies gen Himmel, drohend wie der erhobene Finger Gottes. Ganz nahe zog jetzt der schmale weiße Schiffsleib backbord an der Insel vorüber; mit bloßem Auge waren verstreute Hütten, Kokospalmen und grüne bestellte Felder zu erkennen. Da winkten Menschen am Ufer, die ersten Menschen eines neuen Kontinents.

Ein Paradies war die Insel, das erträumte Paradies aller Robinsonphantasien.

Und dieses Paradies war eine brasilianische Strafkolonie, der äußerste vorgeschobene Posten eines Landes, das so riesenhaft war wie ein ganzer Erdteil, üppig und fruchtbar wie eine Welt. Die harten Fäuste verbannter Männer hatten diesen jungfräulichen Boden urbar gemacht, Stück um Stück gesegneter Erde dem Meer abgerungen. So seltsam spielt oft die Wirklichkeit mit unseren Träumen.

Viele Meere hatte Sylvia kennengelernt; Länder, Küsten, Inseln hatte ihr Fuß zum ersten Mal betreten. Nie hatte eine Fahrt sie so erregt wie diese. Im Innersten erschüttert, begriff sie das schicksalhafte Wort »Land« in seinem tiefen Ursinn: Erde, Zuflucht, Sicherheit, Brücke zu neuem Leben.

Entdecker, Eroberer, Abenteurer und Flüchtlinge waren diese Straße gefahren – ja, auch Flüchtlinge seit mehr als vierhundert Jahren. Und alle hatten den Silberstreifen Land heiß ersehnt.

Und seltsam: Alle Passagiere fieberten vor Erwartung, je mehr sie sich der Landung näherten; ja, das Schiff selbst schien vor Ungeduld zu zittern, wie ein edles Rennpferd dicht vor dem Ziel.

Die Frühnebel brauten über den pittoresken Felsen der Einfahrt, über dem spitzen vorgeneigten Kegel des Zuckerhuts, als der Dampfer durch die schmale Meerenge seine Straße in den Golf von Guanabara zog.

Der Nebel zerriß, und am goldfarbenen Himmel erschien die phantastische Fata Morgana der Stadt. Wie mit dem Silberstift eines Meisters waren die Schattenrisse des Gebirges und die schön geschwungenen Linien der Landzungen gezeichnet, auf denen diese Stadt in die helle Flut hineinwuchs, zart und klar, mit Palästen, Hütten und tropischen Urwäldern, bis sich ihre Konturen fern in der Unendlichkeit des offenen Atlantik verloren. Überall, auf Inseln und Landzungen, stiegen die seltsamen Dreiecke der Berge empor, die alle die bizarre Form des Zuckerhuts wiederholten, Mondkratern ähnlich, traumhaft wie Riesenspielzeuge für Götter.

Das Schiff näherte sich dem Kai; über den grünen Baumkronen des Landungsplatzes standen die hellen Häuser eng und verschwistert, in ihrer Mitte das mächtige Wolkenkratzergebäude der Zeitung, für die Ilse Roselius arbeitete. Paßkontrolle, Augenuntersuchung ... Sylvia war außer sich; sie zitterte, nun, da sie den Atem der Freiheit ganz nah spürte. Weit hinter ihr lagen Angst und Not. Laßt mich an Land, ich habe es geschafft!

Schwarz von Menschen war der Kai; sie erkannten schon die Ankommenden, winkten und riefen. Ganz vorn, vor allen anderen, stand Ilse Roselius, groß gewachsen, schlank und sehr schön. Jetzt formte sie die Hand zum Schalltrichter, rief: »Ich habe keine Besuchskarte. Aber ich komme hinauf!« Das Fallreep wurde hinuntergelassen; die Wartenden drängten sich vor hinter dem dichten Kordon der Zollwache.

Ilse Roselius lächelte den jungen Offizier, der den Zugang besetzt hielt, mit großen dunklen Augen an. Er nickte; mit einem Satz nahm sie die schwankende Treppe, flog nach oben, teilte die Menge der Passagiere, warf sich in Sylvias Arme.

»Komm«, sagte sie atemlos. »Du ziehst zu mir. Ich habe einen Diwan in mein Zimmer stellen lassen. Später, im Mai, werden wir ein Haus haben. – Ja, ich habe den ganzen Tag frei; ich habe Urlaub genommen. In der Redaktion wissen alle seit Tagen, daß du kommst. Wir holen deine Koffer aus dem Zoll, fahren nach Hause.«

Am Kai wartete ein junger Mann, einer von der Garde gutaussehender sonnenverbrannter junger Leute in weißen Leinenanzügen und Panamahüten. Er trug einen alten Hamburger Namen; seine Vorfahren hatten oft die Geschicke ihrer Vaterstadt verwaltet. Aber er war nach Rio versetzt worden, weil er eine jüdische Großmutter hatte.

»Ich soll Ihnen helfen, das Gepäck aus dem Zoll zu bringen. Übrigens sehen Sie aus, als beabsichtigten Sie eine Nordpolexpedition«, sagte er lachend.

Sylvia sah betroffen an sich hinunter. Sie trug den Pelzmantel über dem Arm, den sie nicht mehr in die Koffer hatte stopfen können.

»Vergiß den Pelz nicht«, hatte Erich Schönberg geraten. »Die Nächte sind kühl in den Tropen.«

Das Thermometer zeigte schätzungsweise fünfunddreißig Grad im Schatten.

Traumstadt

Vögel fliegen an einem fremden Himmel; jeder Himmel wird von jetzt an fremd sein. Die Sterne funkeln anders, und die Mondsichel ist anders; als goldene Barke schwimmt sie im unendlichen Blau, ein Fahrzeug für Mondsüchtige. Der Himmel ist tief, glockenrein, hyazinthenfarbig. Es ist nicht der Himmel deiner Kindheit, aber vielleicht ist es der Himmel deiner Träume ...

Vor diesem Himmel stehen die dunklen Schattendreiecke der Berge fremd und rätselhaft. Lichtreklamen zucken über die Bergwände, rote, blaue, grellgrüne Lichtbänder; sie strahlen über den ganzen Himmel, von Berggipfel zu Berggipfel. Sie werben für Luxusautomobile, für Champagner, für die Parfüms der Frauen. Um die feinen Säume der Landzungen laufen die Lichter wie Perlenschnüre.

Sylvia fühlte das Fremde schmerzlich süß, traumhaft versunken; aller Schmerz hatte seine Bitterkeit verloren. Sie ging mit Ilse am Abend, um Atem zu schöpfen, über den weißen Strand. An der Praia do Flamengo, auf der hellen Brüstung, die die Straße gegen das Meer abgrenzt, saßen die dunklen Liebespaare in zärtlicher Versunkenheit; sie hatten sich selbst, die Menschen, die Nähe und Ferne vergessen. Es ist gut zu vergessen.

Die Nacht war schwer von Duft, von Stille, vom betäubenden Gesang der Zikaden. Keine Stadt war je so magisch, so abgründig naturnah wie diese.

Am Morgen blieb Sylvia allein. Ilse umarmte sie flüchtig, gab ihr eine Menge nützlicher Ratschläge und verließ das Haus wie ein Wirbelwind. Sie fuhr in ihre Redaktion.

Eine Weile beobachtete Sylvia die Reihe abenteuerlicher Gestalten, die sich vor dem Badezimmer drängten, in buntgestreiften Pyjamas, mit Gläsern, Zahnbürsten, Rasierzeug in den Händen. Dann verließen auch diese Gäste das Haus. Sie gingen alle zur Arbeit. Das Haus war ausgestorben. Alle Läden waren geschlossen, draußen war es glühend heiß. Ab und zu klingelte das Telefon in der verdunkelten Halle.

Da bist du allein, ausgesetzt in einer fremden wunderbaren Stadt, auf einem unbekannten Erdteil, und das Leben liegt neu und funkelnd vor dir wie ein geschliffener Stein ...

Sylvia schlenderte über die Avenida Beira Mar; sie hatte das morgendliche Meer zur Rechten und die grünen Torwächter der Berge, zur Linken Villen, Gärten, Hotelpaläste. Wo der blaue Bogen des Golfs am Horizont mündete, strebten Hochhäuser zum Licht empor, sehr neu, glänzend weiß, mit schön gegliederten Balkonen. Sylvia bog ein an der Praça Paris, zwischen verschnittenen Taxushecken und Springbrunnen. Sie ging über die Avenida Rio Branco, unter grünen Laubkronen, in einer Wolke von Glück.

Kinopaläste – ein ganzes Viertel voller Kinotheater gab es in dieser Stadt! – und wieder Hochhäuser, Caféhausterrassen, elegante Läden, Kontore der Geldwechsler und Schiffahrtsgesellschaften. Sylvias Fuß stockte, ihr Blick haftete, verdüstert, auf einem Plakat in einem glänzenden Schaukasten: Helft den Leprakranken! Spendet für die Leprösenspitäler! Eine Ahnung dämmerte ihr von dem Geheimnis dieser neuen Welt, einer Welt voll leuchtender Wunder und dunkler Kämpfe, gewaltig, riesengroß in Licht und Schatten.

Sie betrat das Kontor der Schiffahrtsgesellschaft, deren Adresse sie in Hamburg hinterlassen hatte, und fragte nach Post. »Ein Brief ist da«, sagte der Angestellte am Schalter, »ein Brief mit seltenen Marken.« Der junge Mann bekam ganz begehrliche Augen.

»Behalten Sie die Marken!« warf Sylvia achtlos hin, riß den Brief ungeduldig auf, ließ den Umschlag auf den Tisch fallen. Der Brief kam aus Arabien, von Harald Terstegen.

»Ich denke an Sie«, schrieb er. »Ich tue alles, was ich kann, um Ihre Einreise zu ermöglichen. Aber ich warne Sie, die Reise ist gefährlich, das Land wild, die Menschen hart und stolz. Noch nie hat eine europäische Frau den Fuß auf diesen Boden gesetzt. Es ist vorgekommen, daß Weise hier toll wurden.«

Sylvia lächelte. Sie schüttelte den Kopf.

Die Pension, in der Sylvia mit Ilse Roselius lebt, ist ganz international. Madame Thérèse, die Wirtin, ist Französin; aber das ist schon so lange her, daß sie es fast vergessen hat. Im Haus wohnen Studenten, Literaten, Touristen und Hochzeitsreisende, ein Gutsbesitzer aus dem Innern, ein Mann, der Eisschränke verkauft – Brasilianer, Nordamerikaner, Argentinier, Franzosen, Deutsche. Untereinander aber verständigen sich alle portugiesisch. Sylvias Ohr gewöhnt sich an den Klang der Sprache, die hier weicher und voller gesprochen wird als in Portugal.

Zuletzt zieht noch ein vornehmer eleganter Mulatte ein, ein stattlicher Mann mit einem schönen offenen Gesicht, der von den Stammgästen des Hauses wie ein alter Freund begrüßt wird. Die Männer umarmen einander, indem sie sich gegenseitig minutenlang auf die Schultern klopfen, mit jener typisch brasilianischen Herzlichkeit, die eine Geste ist, aber doch nicht nur eine Geste. Mit dem Gepäck des Mulatten werden zierliche, vergoldete französische Möbel ausgeladen; Senhor dos Santos wird der einzige sein, der sein Zimmer selbst möbliert.

Alle diese Menschen begegnen einander in einer Atmosphäre der Heiterkeit, Vertrautheit und Hilfsbereitschaft, die Sylvia seit langem nicht mehr gekannt hatte. Sie scheinen voraussetzungslos zu leben, ohne die Schwere und den Druck, der das Erbe Europas nach dem Krieg war und der eine ganze Generation verdüstert hat, die in seinem Schatten aufwuchs. Krankheiten, Krisen, Revolutionen – mag sein, aber wir leben. Wer stirbt, wird schon morgen begraben. Inzwischen fragt keiner nach dem, was der andere verschweigen will, und jeder nimmt an, daß alle guten Willens sind.

Zu den Mahlzeiten erscheint Ilse angeregt, beschwingt wie ein Mensch, der mit seiner Arbeit zufrieden ist. »Ich habe vor Hitze geweint!« stöhnt sie aufatmend, in komischer Verzweiflung. »Ich hatte viel zu tun, und die Sonne brennt am Morgen unbarmherzig gerade auf meinen Arbeitstisch.«

Manchmal brach Ilse noch nach dem Abendessen hastig wieder auf, um zu einem Rennen, einem Fußballmatch, einem Schönheitswettbewerb zu fahren – Dinge, über die sie am Morgen eine Reportage liefern mußte. Eilig, zärtlich versprach sie, jede freie Minute Sylvia zu opfern, um sie mit der Stadt, den Menschen, dem charakteristischen Leben des Landes vertraut zu machen.

Sylvia beobachtete, daß Ilse sich in ihren Arbeiten fast

nur mit den Menschen auseinandersetzte, immer mit den Menschen, die sie auf eine wohlwollende, kapriziöse, hinreißend lebendige Art von der komischen Seite sah. Mit Liebe und nachsichtigem Mitleid zeichnete sie auch Tiere: Pferde, Hunde und reizende kleine Eselchen. Aber wenn sie der Landschaft Gestalt gab, hatten selbst Berge und Häuser diesen ungemein menschlichen drolligen Zug. Ihre Karikatur war ohne Schärfe, lebensbejahend.

An einem dieser wunderbar milden Tage des brasilianischen Herbstes, die durchglüht sind, leuchtender als hohe Sommerzeit an einer europäischen Riviera, fuhr Sylvia in einen jener weißen Villenvororte hinaus, weit draußen am Meeresstrand, wo der Hamburger Arzt Dr. Berg wohnte. Sie wollte ihren Auftrag an den kleinen Blonden erfüllen.

Der elegante Autobus, federnd und leicht wie ein Pullman-Wagen, flitzte um die kühn geschwungene Bucht von Botafogo, vorbei an üppigen Gärten und barocken Palästen italienischer Millionäre. Er erreichte den offenen Ozean und sauste über die marmorweiße schnurgerade Avenida Atlantica, kilometerweit hart am Meeresufer entlang, an dem die jähe, schaumgekrönte, dunkelgrüne Brandung verebbte.

Sylvia sprang auf den Sand vor einem ebenerdigen Landhaus im mexikanischen Stil, auf dessen brauner Holzveranda ihr eine weißgekleidete junge Frau mit ausgestreckten Armen entgegenkam. Sie sah in die klaren braunen Augen, das mädchenhaft zarte Gesicht und empfand die offene Herzlichkeit dieses Empfangs in einer warmen Welle von Dankbarkeit.

Am Strand jauchzte der kleine Blonde, das stämmige nackte Körperchen von Sonne und Seewind dunkel gebräunt, die großen Blauaugen strahlend in unbewußtem Kinderglück, eine straffe Mähne weißblonder Haare über der festen Kinderstirn.

»Ein richtiger Hamburger Junge!« bemerkte Sylvia staunend. Ihr erschien der winzige Nordländer in dieser tropischen Landschaft, an diesem Strand seltsam fremd.

»Er ist zu fünfundsiebzig Prozent ein Jude«, stellte die junge Mutter lächelnd fest.

In einem Schweigen atemloser Spannung packte Sylvia die Geschenke aus: das Schiff mit großen weißen Segeln, den riesigen bunten Wasserball, die Schweizer Schokolade ... Die zärtliche Liebe der einsamen alten Frau, die fern in Europa, weit hinter den Wolken und hinter dem Meer, diese Dinge für den Knaben ausgewählt hatte, hatte sie leider in ihrem Gepäck nicht verfrachten können. Trotzdem war es fast zuviel für einen kleinen Jungen. Bobby seufzte tief und selig auf: Seine Brust hob und senkte sich zum Zerspringen, dann stieß er einen hellen Schrei aus, kurz und schrill wie ein Wasservogel, und verschwand kopfüber und wortlos, um die Manövrierfähigkeit des Seglers zu erproben.

Die beiden Frauen blieben am Strand zurück. Sylvia verschränkte die Arme im Nacken: Über ihr segelten glänzende weiße Wolken an einem seidig blauen Himmel; zu ihren Füßen brandete das Meer; der tausendfache Lärm der nahen Millionenstadt sang nur noch als ein undeutliches vielstimmiges Brausen in ihren Ohren, wie das Tosen der See in dem rosigen Hohlraum einer Muschel.

So hatte sie als Kind in den Sommerwiesen ihrer Heimat gelegen, und das Summen der Bienen, das zarte surrende Orchester grünschillernder Insekten war ein einziger tiefer Orgelton, der die Stille zum Klingen brachte.

Draußen am Horizont zogen Schiffe vorbei, die graue

Rauchfahnen in die durchsichtig klare Luft stießen: Schiffe fuhren nach Buenos Aires; Schiffe kamen von Europa; sie kreisten in einer glänzenden Bahn um den Zuckerhut und zogen in den blauen Golf ein.

»Eine märchenhafte Stadt«, sagte Sylvia endlich, tief atmend. »Eine amerikanische Riesenstadt, die im Atem der Elemente lebt, wie ein Dschungel.«

»Wenn Sie die Natur in ihrer ungezähmten Gewalt lieben«, antwortete Vera Berg leise, »werden Sie in diesem Lande sehr glücklich sein. Sie werden vergessen, was Sie verloren haben, als wäre es nie gewesen.

Aber hüten Sie sich: Denn das Meer, das so blau und leuchtend ausgespannt ist, zieht den unbedachten Schwimmer jäh in die Tiefe, und die Schönheit überwältigt, gefährlich wie eine spielende Pantherkatze. Sie löscht den Willen aus und die Spannkraft der Seele.«

Später, als sie auf der Terrasse beim Tee saßen, mußte Sylvia alles berichten, was sie über Deutschland wußte. Während sie sprach, lebhaft und erschüttert, blickte ihr der Arzt forschend durch seine scharfen Brillengläser ins Gesicht, in ungeduldiger Spannung, als wolle er ihr die Worte von den Lippen reißen. Er besaß durchaus nicht jene schöne Gelassenheit, die seine junge Frau sich so tapfer erkämpft hatte. Der Mann litt schwer unter dem Schicksal, das ihm seinen geliebten Beruf genommen hatte. Ach, Tausende dürsten so ungestüm, in Zorn und ohnmächtig verwirrter Liebe, nach einer Botschaft, die ihr Leid nur vertieft.

Dr. Berg war in der alten Heimat Armenarzt gewesen. Er war kein glatter Modearzt, kein Liebling der Frauen. Sein Haus stand in einem häßlichen grauen Arbeiterviertel der Stadt, wo die Menschen dicht gedrängt, elend und unterernährt beieinander hausten – Menschen, die oft Jahre hindurch ohne Arbeit waren. Er wurde ein Helfer der Armen, der Schwachen und Verzweifelten. Selbstmörder ließen sich von ihm ihre Wunden heilen und Verbrecher, die jeder Gewalt trotzten. Er gewann ihr Vertrauen.

Die Arbeiter hatten ihn als einen der ihren betrachtet. Sie hatten ihn hartnäckig bedrängt, sich ihrer Partei anzuschließen. Es gab damals Ärzte, die ohne innere Berufung Politiker wurden, um Macht und Einfluß zu gewinnen. Dr. Berg wies alle Angebote hart und rücksichtslos zurück. Er war ein Arzt, der sein Handwerk bitterernst nahm; er war kein Politiker.

Nach dem Umsturz, als seine Sicherheit bedroht schien, stellten ihm seine Arbeiter eine Wache zur Verfügung. Sie wollten nicht dulden, daß er bei seinen nächtlichen Krankenbesuchen sein Leben aufs Spiel setzte.

Der Arzt wies jeden Schutz zurück. Als er erfuhr, daß er verhaftet werden sollte, floh er mit dem nächsten Schiff nach England. Seine Frau löste in fliegender Hast das Haus auf und folgte ihm dann über Holland.

»Wir sind jetzt hier schon ein ganzer Kreis emigrierter Ärzte«, erklärte Dr. Berg. »Wir sind hierhergekommen, weil wir hoffen, daß man uns gestatten wird, unseren Beruf auszuüben. Tag und Nacht haben wir gearbeitet und keine Stunde verloren, um uns mit der Sprache und Geschichte des Landes vertraut zu machen, in dem wir leben und uns nützlich erweisen wollen. Viele von uns haben schon das erste Examen abgelegt, das der Matura entspricht. Es sind Kollegen darunter, die nicht mehr jung sind, Männer, die schwer um die Existenz ihrer Familien ringen. Seit Monaten warten wir täglich darauf, daß man uns den Termin für die ärztlichen Nachprüfungen gibt.«

»Mit Ihrem Dampfer sind zwei deutsche Ärzte angekommen«, fuhr Dr. Berg fort. In seinem Ton lag eine Frage.
»Dr. Frank und Dr. Peters«, antwortete Sylvia. »Ich glaube, Sie sollten vorsichtig sein.«
Sie erzählte, was sie auf dem Dampfer erlebt hatte.
»Wir sind Ihnen sehr dankbar für die Aufklärung, gnädige Frau«, sagte der Arzt mit einer leichten Verneigung, und in seinen Augen zuckte zum ersten Mal an diesem Nachmittag ein lebendiger Funke. »Die Herren haben sich bei uns gemeldet.«

Ilse kam früher als gewöhnlich aus der Redaktion nach Hause.
»Wir fahren nach Nictheroy«, rief sie schon in der Tür mit heller Stimme. »Rasch, bist du fertig? Wir nehmen die Fähre, essen draußen zu Nacht ... Ich habe Zeit«, fügte sie träumerisch hinzu. »Ach, einen ganzen Abend Zeit!« Sie sang vor Freude.

Schwarz von Menschen war der Kai. Tausende, die tagsüber in der Stadt arbeiten, wohnen drüben in Nictheroy oder auf den verstreuten grünen Inseln der Bucht und kehren am Abend heim in das Paradies einer tropischen Idylle. Eine Woge von Menschen, müde von der erschöpfenden Arbeit eines heißen Tages, strömte über die Laufplanken auf das Fährboot, das zur Abfahrt nach Nictheroy bereitlag.

Es wurde kühler auf dem Wasser. Noch standen die Berge im milden Glanz der Spätsonne, von Licht umflossen. Aber hinter den Abendwolken schimmerte schon der silberne Mond. Alle Kreatur atmete auf in dieser Stunde vor Sonnenuntergang.

Nictheroy ist die Hauptstadt des Bundesstaates Rio de Janeiro, eine friedliche Provinzstadt mit schmalen weißen Häusern, mit schönen Kirchen aus der Kolonialzeit des Landes und mit stillen Plätzen, auf denen brennend rote Blumen blühen im Schatten weißverstaubter Baumkronen. Zwischen den Kopfsteinen des Pflasters wächst das Gras. Der Fremde, der aus dem glänzenden Getriebe der Großstadt Rio de Janeiro hierher verschlagen wird, durchmißt in einer Stunde den Abstand der Jahrhunderte.

Sie fuhren in einem offenen Sommerwagen aus der Stadt hinaus und kamen an einen einsamen Strand, an dem weiße Segelboote lagen. Fischer warfen geruhsam ihre Netze aus. Das Meer glänzte rosig und perlmuttfarben in der kurzen Dämmerung.

Zwischen den hohen Palmen des Ufers sahen sie das bezaubernde Panorama von Rio wie in einem Rahmen eingefangen: Jetzt flackerten dort drüben die ersten Lichter auf, während die weißen Villenvorstädte der Bucht noch im letzten fahlen Schimmer des Tageslichts lagen. Eine Schnur von Licht perlte um alle Landzungen und flammte an den Bergen empor. Rasch fiel die tropische Dunkelheit nieder wie schwerer Regen.

Wo die Schienen der Straßenbahn plötzlich zu Ende waren, begann das Land, das Sylvia nicht kannte.

Da waren Kneipen, Cafés, kleine Restaurants. An der Theke eines erleuchteten Ladengewölbes tranken müde Arbeiter schwarzen Kaffee und Pinga, starken, hellen Zuckerrohrschnaps.

Vor Lehmhütten lärmten halbnackte kleine Negerkinder. Unter grünen Fächerblättern wuchsen Bananen, das Brot der Armen in diesem Land. Im Straßenstaub wälzte sich ein schwarzes Schwein.

Sie saßen am rohen Holztisch einer Schenke, hart am Straßenrand, und aßen ein scharfgewürztes Fischgericht. Dann verständigten sie sich durch einen Blick und gingen weiter, aus der Stadt hinaus. Wo die Straße in Dunkelheit mündet, beginnt der Urwald.

Die Grillen sangen. Die Frösche quakten aus vollen Lungen. Leuchtkäfer schwirrten durch die Nacht. In den Bäumen rauschte der Wind. Das Dunkel war feierlich wie in einem Dom. Dichter schlossen sich die starken Baumschäfte zusammen wie ein magischer Kreis: Der Wanderer kann nicht aufhören zu gehen. Es raschelte im Laub, es knackte in den Zweigen, leise Füße huschten über den Weg. Die Dunkelheit bekam glühende Augen und unheimliche Stimmen: Ein Nachtvogel rief, ein Käuzchen schrie. Kletterten Affen hoch oben im Gezweig? Schliefen Schlangen im Gestrüpp? Witterte die Onça, der buntgescheckte Jaguar, im Busch? Tausendfach fremdes Leben atmete im Finstern.

Sie faßten sich an den Händen und flüchteten gehetzt aus dem Wald hinaus. Als sie im Licht der Straße standen, lachten sie befreit wie Kinder, während ihnen ein Schauer über den Rücken lief und kalte Eisperlen auf der Stirn standen.

Über der Straße, auf halber Höhe der Böschung, klebten Negerhütten, dürftiges, palmstrohgedecktes Lehmwerk, grellrot und blau getüncht. Die Fenster waren erleuchtet. Von drinnen klangen Saitenspiel und Gesang auf die dunkle Straße hinaus. Die Neger sangen in den weichen schmelzenden Lauten ihrer brasilianischen Muttersprache, sie sangen im hämmernden Takt ihrer afrikanischen Urheimat, der rasch anschwillt und sich bis zum Rausch steigert. So singen die Neger seit der Sklavenzeit: wollüstig und schmerzlich, im Rhythmus ihres Bluts. Jetzt sind sie frei: Die Nacht gehört ihnen.

Es roch nach Meer, nach Dickicht, nach Blüten, auf denen der Tau der Nacht liegt. Sylvia erkannte den Duft: es war die laue Luft der Treibhäuser, in denen tropische Blumen wachsen. Als Kind hatte sie die Victoria Regia gesehen, die königliche Blume, die in fünf Jahren nur einmal blüht; der riesige samtene weiße Blütenkelch schwamm auf dem Spiegel eines Teichs im grünen Dämmerlicht. Gierig hatte sie den feinen Duft des Gewächshauses eingesogen wie verbotene Süßigkeit.

Sie öffnete die Augen und sah in den fernen Lichterglanz von Rio, in den sie zurückkehren würde.

Wieder lief Sylvia durch die Straßen einer Stadt, um Arbeit zu suchen. Sie riß alle Energie zusammen: Es mußte gehen. Sie wollte Miriam bald nach Brasilien rufen.

Vera Berg hatte sie zu einem Juwelier geschickt, der brasilianische Andenken an die Fremden verkaufte, Halbedelsteine und Tand aus blauen Schmetterlingsflügeln. Die Schmetterlinge taten Sylvia sehr leid: Sie hatten so schimmernde weitgespannte Flügel.

»Sprechen Sie Englisch?« fragte der Kaufmann.

»Ja«, sagte Sylvia einsilbig.

»Sie müssen Aquamarine an die Amerikaner verkaufen«, sagte der Mann mit einer ausladenden Handbewegung. »Haben Sie Fachkenntnisse?«

»Nein«, sagte Sylvia ehrlich. Sie verstand durchaus nichts von Aquamarinen und sie liebte an Schmetterlingen nur den lebendigen Schmelz.

»Danke«, sagte der Juwelier. »Aber das genügt mir nicht.«

Sylvia stand wieder draußen, auf der Straße. Vera Berg hatte ihr gesagt, man müsse lügen können in diesem Land, wenn man nicht hungern wolle. Vor allem: man müsse alles können. Das war amerikanisch. Sylvia hatte es noch nicht gelernt.

Sie ging über die Avenida Rio Branco. Es war brütend heiß. Überall hatte man sie vertröstet, überall ließ man sie warten.

Da war die Terrasse des Cafés »Bellas Artes«. Aber Ilse hatte ihr verboten, allein in ein Café zu gehen; eine Frau könne das hier nicht tun. Sylvia waren solche Vorurteile fremd; sie war gewöhnt, als Europäerin frei zu leben. Aber sie paßte sich gern den Sitten eines Landes an, in dem sie fremd war. Später würde sie wissen, was sie zu tun hatte.

Sie betrat den weißen Pavillon des Touring-Clubs, dicht am Landungsplatz der Überseedampfer. Da standen in langen Reihen von Gläsern graue Kaffeebohnen, das Hauptprodukt des Landes; die Sorten waren sauber markiert. An Marmortischen wurde das dampfend heiße starke Getränk in kleinen Schalen umsonst an die Fremden ausgeschenkt. Das war Gastfreundschaft und höfliche Werbung. Der Kaffee kostete hier nichts; er lag auf der Straße. Brasilien konnte seine riesigen Kaffee-Ernten in der Welt nicht mehr verkaufen.

Es war das Land des »Cafézinho«, des »kleinen Kaffees«. Wenn Freunde sich trafen, klopften sie einander auf die Schultern und tranken zusammen einen Cafézinho; Geschäfte wurden mit einem Cafézinho besiegelt. Vielleicht ist der Brasilianer höflich, gesprächig und gesellig, weil er Kaffee trinkt, wie Menschen rasch und feurig sind in den Ländern des Weins.

»Besuchen Sie mich auf der Fazenda, wenn Sie einmal ins Innere des Landes fahren«, sagte der Farmer, der Sylvia in der Pension bei Tisch gegenübersaß. »Die Fazenda ist alt und sehr interessant. Das Herrenhaus stammt aus der Kolonialzeit; im Keller sind noch die rostigen Eisenringe zu sehen, an die rebellische Sklaven mit Ketten gefesselt wurden ... Die früheren Besitzer waren reich; das Leben war üppig in den Glanzzeiten des Kaffees. Sie ließen aus Europa Heiligenbilder kommen, um die Kapelle zu schmücken. Sie bestellten vergoldete französische Stilmöbel, Klaviere und ganze Musikkapellen aus Paris, um rauschende Feste zu feiern.«

»Was bauen Sie heute auf der Fazenda an?« fragte Sylvia.

»Wir haben Milchwirtschaft, und wir machen Käse«, sagte der Fazendeiro. »Das Geschäft geht gut.«

»Wir haben ein Haus«, verkündete Ilse strahlend, »ein wunderbares Haus in Copacabana! Freunde von mir übersiedeln für einige Zeit nach Bahia und wollen uns ihr Haus mit allem, was darin ist, überlassen. Wenn es dir gefällt, können wir schon Anfang Mai einziehen.«

Ob das Haus Sylvia gefiel? Sie fuhren noch am gleichen Abend nach Copacabana, um es zu besichtigen. Es war ein Bungalow, zwei Häuserquadrate von dem herrlichsten Badestrand der Stadt entfernt. Es hatte behagliche gepflegte Räume, einen schattigen Innenhof. Es hatte – o Seligkeit! – eine schöne Bibliothek, ein Telefon auf dem Schreibtisch, einen Radioapparat. Nichts fehlte. Eine portugiesische Köchin war vorhanden, die zum Haus gehörte, und es war Bedingung, daß das Mädchen Rosinha übernommen werden sollte.

Der emigrierte jüdische Arzt Dr. Romberg hatte sich dieses Haus – ein europäisches Haus! – erst vor wenigen Monaten eingerichtet. Jetzt war er überstürzt nach Bahia gereist, weil er hoffte, dort schneller zu den medizinischen Prüfungen zugelassen zu werden, vielleicht im letzten Augenblick noch, vor Torschluß, ehe es zu spät war. Seine Frau wartete nur auf ein Telegramm, das sie mit ihrem kleinen Jungen zu ihm rufen würde.

Sylvia fand das Haus viel zu prächtig für ihre Verhältnisse, die im Grunde noch gar nicht existierten; Ilse Roselius verbrauchte ohnehin immer mehr, als sie besaß.

Aber Eva Romberg begegnete allen Einwänden: Die Gäste sollten nur ihre Selbstkosten tragen; sie war ihnen so dankbar, wenn sie das Haus verwalteten. Das Leben sei billig, viel weniger kostspielig als in einer Pension; auf dem nahen Markt gab es Fische, Seetiere, herrliche Früchte und Gemüse in verschwenderischer Fülle, und das Mädchen Rosinha wußte gut zu wirtschaften. Und es war sogar schon ein Mieter im Haus: jener junge Hamburger, der Sylvia am Dampfer in Empfang genommen hatte; er bewohnte einen luftigen Raum im Garten.

Sylvia fügte sich; sie war kein Spielverderber, und Ilse war glücklich wie ein Kind.

Das erwartete Telegramm kam nicht. Eva Rombergs Abreise verzögerte sich, und Ilse hatte ihr Zimmer schon gekündigt. Sie standen traurig vor ihrem Gepäck, das man auf den Korridor hinausgestellt hatte, und wußten nicht, wer sie für eine kurze Wartefrist aufnehmen würde. Rio war gerade jetzt, zu Beginn der Wintersaison, überfüllt, und an eines jener traumhaften Luxushotels, die so einladend die Avenida Beira Mar zierten, durften sie nicht einmal denken.

Madame Thérèse erschöpfte ihren Vorrat an französischen und brasilianischen Höflichkeiten; sie schien untröstlich. Aber das Zimmer war vermietet; das ewige Kommen und Gehen der Fremden stockte niemals in dieser Stadt. Endlich schlug sich Madame Thérèse mit der flachen Hand an die Stirn und stieß einen Freudenschrei aus; sie verfügte ja noch über einen Raum, eine ganz bequeme kleine Kammer; nur ein wenig dunkel sei es dort.

Sie folgten der Französin über eine dunkle Hintertreppe, die sie nie zuvor bemerkt hatten, in die Tiefe. Der Raum lag im Keller. Die Wasserleitungen des Hauses liefen hindurch: Das Wasser gluckste in den Rohren, es tropfte von den Wänden. Ein Fenster gab es nicht, nur eine Tür, die sich auf einen winzigen gepflasterten Hof öffnete. Kellerschaben lebten an diesem Ort, vielleicht auch Ratten.

In der breiigen Finsternis, die durch eine Kerze undeutlich erhellt wurde, unterschieden sie zwei schneeweiß bezogene Betten und einen Toilettentisch aus Mahagoni.

Madame Thérèse wünschte ihnen eine gute Nacht und verschwand spurlos in der Finsternis. Sie sahen einander entsetzt an, und plötzlich lachten sie, hell und kindlich. Sie waren bereit, in dieser Zeit eines von Hoffnung überstrahlten Beginns jedes Mißgeschick von der komischen Seite zu nehmen. Heute schlief man im Keller – und morgen vielleicht in einem Palast. Was lag daran?

»Die Tür bleibt offen«, entschied Sylvia, »oder ich ersticke.«

Sie trug einen Stuhl ins Freie. »Ich genieße die Abendkühle vor der Tür meines Palasts«, bemerkte sie heiter. Lange saß sie dort und grübelte.

Ilse schlief bald, die krause eigensinnige Stirn in die weiche Rundung des Ellenbogens gebettet. Sie konnte noch ohne Übergang in jenen glücklichen Kinderschlaf fallen, der so tief und wunschlos ist wie die Ewigkeit.

Ach, wie das Wasser in der Finsternis tropfte! Im Nebengelaß führte jetzt Madame Thérèse eine gedämpfte Unterhaltung mit einem unbekannten Gatten, der am Tage niemals sichtbar war. Sie wohnte ihr Leben lang im Keller.

In der Nacht erwachte Sylvia jäh: Etwas Fremdes hatte ihren Schlaf berührt. Vor ihr, im Dunkeln, saß eine zerraufte schwarze Katze und starrte ihr mit den grün funkelnden Lichtern ins Gesicht.

Sylvia überwand das Grauen beim Anblick der Kreatur, die geängstigter schien als sie selbst. »Geh jagen, Geschöpf«, flüsterte sie sanft, »ich glaube, es gibt Ratten.« Sie verscheuchte das Tier.

»Jetzt, da du hier bist, habe ich gar kein Heimweh mehr«, sagte eine Stimme in das Dunkel hinein. »Ich habe mich so sehr gesehnt, ich war krank vor Heimweh.«

Ilse war hellwach; sie stützte den Kopf in die Hand. In die Finsternis hinein sprach sie alle die Dinge, die sie in den langen Monaten der Einsamkeit schweigend erlitten hatte. Das Mädchen war scheu, es vertraute sich nur der Nacht an, einer Nacht, in der Tiere und Menschen Schutz suchen mußten.

Ilse Roselius war lange allein gewesen. Der Vater, ein glänzender, sorgloser Offizier, hatte nach dem Krieg, der seine letzte große Chance gewesen war, Deutschland verlassen; er wurde Jahre hindurch in der Fremde umhergetrieben wie ein loses Blatt im Wind. Die Mutter hatte das Mädchen nie gekannt. Clara Holthusen, die Reife, Gütige, hatte sich des verwaisten Kindes mütterlich angenommen; sie war der einzige Mensch, den die spröde, verschlossene Ilse leidenschaftlich liebte.

Vor einem Jahr war Ilse allein nach Brasilien gekommen.

In der fremden lauten Stadt, unter Menschen, deren Sprache sie nicht einmal verstand, versuchte sie tapfer, sich durchzuschlagen. Nach einer Woche entdeckte sie ein brasilianischer Journalist; halb mit Gewalt schleppte er das widerstrebende, erstaunte junge Mädchen von Redaktion zu Redaktion, von einem Zeitungsgewaltigen zum anderen. Nach einer weiteren Woche war Ilse Roselius berühmt. Die Zeitungen brachten ihr Bild, das Bild einer sehr jungen Frau, deren Lächeln rührt, weil sie selbst noch nicht weiß, wie bezaubernd es ist. Sie brachten spaltenlange Berichte über ihr Leben, ihre Studien, ihre Arbeit; sie rühmten ihre Jugend, ihre Schönheit, ihre untadelige Haltung; sie rissen sich um Blätter aus ihrem Reiseskizzenbuch.

Unter glänzenden Bedingungen wurde sie an eine große Zeitung verpflichtet; der Herausgeber setzte sich selbst telefonisch mit der jungen Zeichnerin in Verbindung, um sie als erster zu gewinnen.

Und nun begann eine Zeit berauschender, fieberhafter Arbeit, zauberhaft weitgespannter Möglichkeiten für Ilse Roselius. Sie fuhr zu Gesellschaften, Empfängen und glänzenden Festen; sie porträtierte Diplomaten, Politiker und Künstler. Die bedeutendsten Köpfe, die eigenwilligsten Stirnen bannte ein mächtiger Wille für schicksalhafte Minuten vor den gespannten Blick, den prägnanten, nie versagenden Stift eines ganz jungen Mädchens. Sie stieg von Erfolg zu Erfolg – ein Aufstieg, so kühn, so märchenhaft, wie ihn in ähnlich wirbelndem Tempo die übersättigte Welt des alten Europa ihr nie hätte bieten können.

In ihrer kühlen, selbstsicheren Anmut stand sie allein unter Männern. Die Grenzen, die in diesem Land den Frauen gesetzt sind, hatte sie schon überschritten.

Sie erwachte jäh aus dem Taumel ihrer ersten, allzu leicht errungenen Siege, als sie erkannte, daß eine Frau, eine Fremde, eine Künstlerin allein in dieser Gesellschaft nur eine Beute war, ein edles Wild, das jeder jagen wollte.

Alle, die hier zu Hause waren, hatten Bindungen: starke Familienbande, die unzerreißbar waren, gesellschaftliche Bindungen, eine scharf umgrenzte, soziale Stellung. Sie aber war selbstherrlich und allein.

Männer boten ihr Reichtum, Glanz und Macht, Männer warben, baten und drohten, sie rissen vor ihrem entsetzten Blick Abgründe verworrener Leidenschaften auf, in die sie nie geschaut hatte.

Clara Holthusen hatte oft hilflos dem heftigen Wechsel in dem Temperament dieses seltsam begabten Kindes gegenübergestanden. Schon einmal hatte sie, in der Einsamkeit der frühen Jahre, sich die Pulsadern öffnen wollen. Sie schnitt nicht tief, sie war so unerfahren. Es blieb ihr nur eine Nervenkrise, und als sie, genesen, in eine neue Wirklichkeit erwachte, griff sie nur um so glühender nach dem reichen Leben, das vor ihr lag.

Aber Ilse Roselius hatte auch den zähen Willen der Kapitäne, von denen sie stammte. Sie erkannte, was not tat, und sie wußte zu handeln. Sie verzichtete auf Erfolg, Luxus und Wohlleben; sie ließ Verlockung und Unruhe weit hinter sich. Nachts fuhr sie nach Rio, und schon am Morgen lief sie tapfer durch alle Redaktionen. Sie hatte gelernt zu kämpfen.

Man bot ihr eine bescheidene Stellung als Reporterin in der größten Zeitung der Stadt, und sie begann, ein wenig tiefer auf der Rangleiter des Erfolgs, von neuem zu klettern. Sie fand eine Arbeit, die sie froh machte, und gute Kameraden, die ihr halfen.

»Alles ist gut«, flüsterte Ilse müde. »Jetzt ist alles geworden.« Und noch während sie die letzten Worte sprach, fielen ihr die Augen zu.

Sechs Tage wohnten sie im Keller. Dann konnte Eva Romberg endlich reisen. Ilse trällerte vergnügt den letzten Samba, während sie im Takt sorglos und zielsicher ihre Kleider in die Koffer warf. Eine Weile sah Sylvia diesem Treiben, in Gedanken versunken, schweigend zu; dann schlug sie vor: »Du könntest sorgfältiger packen. Siehst du, so! Die Lücken mußt du mit Seidenstrümpfen ausstopfen, die sind weich.«

»Die Strümpfe!« rief Ilse empört. »Die Strümpfe hab' ich an!«

Da hatte Sylvia wieder etwas gelernt. Ilse hatte sich der Landessitte auch in Kleinigkeiten überraschend schnell angepaßt. Eine durchschnittlich unvermögende, elegante Frau besitzt in diesem Klima immer nur ein Paar hauchzarter Seidenstrümpfe. Am Abend werden sie gewaschen, und am Morgen zieht man sie wieder an. Wenn sie zerrissen sind, wirft man sie weg. Die klügsten Frauen tragen gar keine Strümpfe; der warme, goldbraune Bronzeton der Haut macht es selbst für den Kenner schwer, es mit bloßem Auge festzustellen ...

Sie gingen an Bord der »Almanzora«, um Eva Romberg das Geleit zu geben. Sie fanden sie in ihrer Kabine, nachdenklich und tief bedrückt. Es fiel ihr schwer, Rio zu verlassen: das Heim, das sie aus dem Zusammenbruch gerettet hatte, die Freunde, mit denen man Schulter an Schulter gekämpft hatte, den gastlichen Strand ...

»Ich habe eine Ahnung kommenden Mißgeschicks«, sagte Eva bekümmert.

Sie versuchten vergeblich, sie aufzuheitern. Auch der junge Hamburger, der Bewohner des Gartenzimmers, kam mit einem großen Blumenstrauß.

Als der Dampfer ausfuhr, sahen sie die junge Frau unbeweglich an der Reling stehen, ihren zarten, blonden Knaben im Arm. Sie winkten, bis das Schiff nur noch ein dünner weißer Strich am Horizont war.

Vom Hafen fuhren sie nach Copacabana, um das Haus in Besitz zu nehmen. Es war schöner als ein Traum, und sie vergaßen darüber alles Schwere und Trübe. Der Reihe nach saßen sie in allen Stahlrohrsesseln der Bibliothek, sie liefen durch alle Räume, sie stellten den Radioapparat an, sie versuchten, wie die Matratzen federten – Roßhaarmatratzen aus der Alten Welt.

Etwas später servierte das Mädchen Rosinha im Speisezimmer rosige Langusten in Bahianer Pfefferbrühe und eisgekühlte Früchte.

Seltsam ist ein Haus, das die Bewohner eben verlassen haben. Es bewahrt Gestalt und Duft wie die Schale einer Frucht. Im Badezimmer hingen die großen breitrandigen Strohhüte, noch warm von der Sonne des letzten Tages. Auf dem Fußboden hatte der kleine Pedro vergessenes Spielzeug verstreut und im Schlafzimmer, auf dem Toilettentisch, fanden sie Evas angebrochenes Parfüm. Ilse zog erfreut den feinen Duft in die Nase, bevor sie einschlief.

Über diesen Wochen lag trotz aller Sorge für Sylvia der Glanz einer Jugend. Ist nicht jeder Beginn eine Quelle aufsteigender Kraft? Nie würde sie den Zauber der flüchtigen Dinge vergessen, die – vom Denken kaum erfaßt – die unbewehrten Sinne treffen: das Erwachen am Morgen, den Vogelflug, den Atem des Meeres in der Stunde vor Tag, das Schreiten fremder brauner Menschen.

Später vielleicht werden die Sinne stumpf werden, das Bewußtsein träge; die Gewohnheit ist der Feind schöpferischen Erlebens. Heute aber war das Leben frei, ein Göttergeschenk, und jeder Morgen unberührt wie am ersten Tag.

Die Menschen kamen in Badeanzügen aus ihren hellen Häusern hervor; in Strandanzügen und schützenden Sonnenhüten liefen sie wie große bunte Schmetterlinge über die marmorweiße Avenida Atlantica. Die Wolkenkratzer funkelten im Morgenlicht, als seien sie eben erst dem Meer entstiegen, das stampfend und schäumend zu ihren Füßen wie ein Gespann von hundert weißen Rossen heranbrauste.

Hier hießen die Wolkenkratzer »Himmelsspinnen«; so frei und schwebend wuchsen sie aus diesem Boden, daß sie dem Gesetz der Leichtigkeit, nicht der Schwere zu gehorchen schienen. Der winzige, schimmernde Kolibri, der nippend von Blütenkelch zu Blütenkelch fliegt, heißt Geija-flora: der Vogel, der die Blumen küßt. Die Sprache ist Musik, wie der Rhythmus des Lebens.

Rio ist die glänzende Fassade dieses Landes. Irgendwo, im Innern dieses ungeheuren Erdenraums, der Brasilien heißt, werken, schuften, mühen sich die Menschen, weiße, braune, ebenholzschwarze Menschen. Sie ernten den Kaffee, die Baumwolle, den Tabak; sie schürfen Gold, sie waschen Diamanten aus dem Kies der Flüsse; sie fangen den klebrigen harzigen Saft auf, der aus den Wunden des Gummibaums rinnt am Ufer des dunklen Amazonas. Sie sind dem Gift der Schlangen ausgesetzt, dem Biß gefährlicher Insekten, von der

Lepra und vom Fieber bedroht. Sie düngen die Erde mit Schweiß und Blut.

Das Land war reich an Gütern, unermeßlich, verschwenderisch reich. Die Natur hatte großmütig, blind ihre Gaben über dieses Stück Erde ausgegossen, mehr, als die Menschen mit ihrer Mühe bergen konnten. Und aller Reichtum des Landes rann durch hundert Kanäle in der Hauptstadt zusammen, in diesem Paradies an der Mündung von vierzig Strömen, das die Menschen makellos und vollkommen von der Natur empfangen hatten, um es zu formen.

In Rio war das Leben ohne Schwere, zärtlich und unbekümmert, und die Menschen schienen geadelt von der durchsichtigen Klarheit dieser Luft.

Sylvia suchte Arbeit in dieser Stadt. Noch immer lief sie an jedem Morgen über die Avenida Rio Branco, von Kontorhaus zu Kontorhaus, von einem Vorzimmer zum anderen – suchend, wartend, bittend. Ihre Kräfte wurden rebellisch: Jetzt mußte sie handeln, wollte sie nicht all ihr Selbstvertrauen, ihren ungebrochenen Glauben an die Zukunft verlieren.

Die Schönheit begann sie zu bedrücken.

Dr. Berg, der mit den intellektuellen Kreisen des Landes vertraut war, hatte sie zu einem der ersten Anwälte der Stadt gebracht, einem jungen Brasilianer ungarischer Abstammung. Dr. Rakowski war geschmeidig, gewandt, glatt. Sein Einfluß reichte weit; seine Hilfsbereitschaft war ehrlich und sein Mitleid echt. Aber in seinem Vorzimmer drängten sich die Bittsteller; es war schon eine Aufgabe, sie alle täglich zu vertrösten. Wer irgend Rat und Hilfe brauchte, fand den Weg zu ihm.

Sylvia gehörte zu seinen bevorzugten Klienten, ihr Fall beschäftigte ihn, in seinem Vorzimmer mußte sie selten warten.

»Ich denke an Sie«, versicherte er ihr täglich liebenswürdig, »kommen Sie morgen wieder; kommen Sie nächste Woche.«
Sylvia verlor die Geduld. Heute wollte sie diesen Panzer gleichgültig lächelnden Wohlwollens sprengen, sie mußte es! Sie wurde sofort in das Privatzimmer des Anwalts geführt, mitten durch den Schwarm geduldig wartender Besucher, die ihr gespannt mit den Augen folgten, als stände ihr die Pforte des Paradieses offen.
»Ich will Sie nicht stören«, begann sie zögernd, mit einem verzweifelten Blick auf den Berg von Akten, der sich auf dem Schreibtisch des Vielgesuchten türmte. »Ich sehe, Sie sind beschäftigt. Ich komme lieber wieder, wenn Sie Zeit haben, um ernsthaft zu reden.«
»Aber Sie stören mich gar nicht«, sagte Dr. Rakowski heiter, mit einem gewinnenden Lächeln, das seine blendendweißen, tadellos gepflegten Zähne zeigte. »Für Sie habe ich immer Zeit! Kommen Sie, sooft Sie wollen.«
Und er drückte Sylvia in einen Sessel nieder.
»Haben Sie Geduld«, fuhr er im Ton dringender Bitte fort, als er ihr gequältes Gesicht sah. »Kommen Sie täglich, erinnern Sie mich. Ich habe viel zu tun, es ist wahr, aber ich will mich um Sie kümmern.
Und verlieren Sie den Mut nicht: In Brasilien ist noch keiner verhungert!«
Sylvia dachte angestrengt über diesen Satz nach, während sie an der schimmernden Meeresküste entlang nach Hause fuhr.
In Brasilien ist noch keiner verhungert ... Diesen Trost hatte sie schon allzu oft hören müssen. Es ist schwer zu verhungern, grübelte sie ungeduldig, in einem Land, in dem immer die Sonne scheint und wo die Bananen wie Unkraut gedeihen! Aber es gibt auch hier Menschen, die darben, Men-

schen, die langsam zugrunde gehen, an Elend, an Krankheit, an Unterernährung! Es gibt Menschen, die in armseligen Hütten wohnen und in Lumpen gehen.

»Was haben sie dir getan?« fragte Ilse am Abend, als das warme Licht der Lampe, besänftigend und vertraut, auf die Rücken der Bücher in der Bibliothek fiel. »Was haben sie dir heute gesagt, mein armes Kleines?«
Sylvia blickte auf, müde und bitter lächelnd.
»In Brasilien ist noch keiner verhungert ...«, sagte sie bedrückt. Sie wußte nicht, ob sie lachen oder weinen sollte.
»Endlich weiß ich einen Beruf für dich!« bemerkte Ilse nachdrücklich. »Eine feine Aufgabe: du solltest dich in das Vorzimmer des Dr. Rakowski setzen – und jedem Besucher täglich wenigstens ein Mal versichern: ›In Brasilien ist noch keiner verhungert!‹«

Rakowski gab sich alle Mühe. Er tat das Äußerste: Er schickte Sylvia mit einer glänzenden Empfehlung zu einem berühmten Journalisten, der selbst einen großen Zeitungskonzern beherrschte. Er war ein mächtiger Mann, der in allen Ministerien nach seinem Willen ein und aus ging. Seine schmalen nervösen Hände steckten in den wichtigsten Unternehmungen des Landes: in Presse, Wirtschaft, Propaganda.
Sylvia dachte daran, als sie endlich ihm gegenübersaß und auf diese ausdrucksvollen gelblich blassen Hände sah.
Doktor Samuel Oliveira Mattos hörte sie kalt und aufmerksam an.
»Bringen Sie mir eine Idee!« sagte er entschieden. »Wenn Sie einen Plan haben, will ich versuchen, Sie zu fördern.«
Die Audienz war beendet.

Diesmal verlor Sylvia den Mut nicht. Sie war fremd. Sie hatte auf diesem Boden noch alles zu lernen. In dieser gesättigten Welt mußte sie eine Lücke finden, die sie ausfüllen konnte. Und ich werde trotzdem noch einmal Erfolg haben! dachte sie in aufflammendem Stolz. Ihre Muskeln spannten sich. Sie wußte noch nicht, daß sie sich selbst besiegen mußte, um allen zu dienen. Man mußte alles verloren haben, um diesen Weg zu gehen. Und diese Chance hatte ihr Europa gegeben.

Sylvia saß im Garten ihres Hauses brütend über ihren portugiesischen Büchern. Sie sah nicht das schimmernde Gefieder der Kolibris, die wippend von Ast zu Ast hüpften, nicht den weitgespannten Flug der blauen und goldenen Falter, sie hörte nicht das berückende vielstimmige Konzert der Vögel. Ihre Ohren schienen mit Wachs verstopft, wie die des Odysseus auf der Flucht vor den Lockungen der Circe; ihr Blick war nach innen gekehrt, unempfindlich für die Schönheit dieser Welt.

Sie sprach Portugiesisch, und es fiel ihr leicht; aber das war nichts! Sie wollte in den Geist der Sprache eindringen; sie wollte sie mit allen ihren gleitenden Nuancen und Feinheiten so beherrschen, daß sie ihr als Instrument diente.

Andere gebrauchten ihre starken Muskeln, ihre kräftigen gesunden Glieder, Werkzeuge, die überall in der Welt galten und immer bereit waren. Sylvia aber war verloren ohne das Instrument der Sprache.

Drinnen ging die braune Rosinha auf nackten Sohlen durch das Haus. Singend glättete sie Ilses weiße Kleider, die täglich duftend frisch sein mußten.

Sylvia schaute auf: In ihrem Blickfeld stand der Corcovado, blau und strahlend im Dunst der Mittagshitze. Auf seinem Gipfel glänzte die steinerne Christusfigur, weiß, starr, überlebensgroß. Mit einer weiten Gebärde breitete sie die Arme über Golf und Stadt; sie funkelte am Tage in der Sonnenglut; sie leuchtete in der Nacht; von Scheinwerfern angestrahlt, wies sie den Schiffen den Weg. Sie war allgegenwärtig.

Ein Schatten fiel auf den weißen, kiesbestreuten Weg. Der Bewohner des Gartenzimmers kam nach Hause. Artig grüßend kreuzte er Sylvias Arbeitsplatz, und wenige Augenblicke später sah sie ihn schmal und leichtfüßig auf nackten Sohlen über die Straße laufen, dem Meer zu.

Er hieß Ramon Bokelmann und war ein Sohn der alten Hansestadt Hamburg: schlank, blond und zäh. Er verschiffte Kaffee und importierte Maschinen, wie das vor ihm sein Vater und Großvater und viele ihresgleichen getan hatten. Die Familien stammten von den friesischen oder dänischen Inseln, sie hießen Johansen, Diederichsen oder Larsen, aber sie nannten ihre Söhne Ramon, Carlos und Federigo, und sie schickten sie nach Rio, Buenos Aires oder Trinidad, sobald sie flügge waren. Manche von ihnen hatten exotische Frauen von indianischem Typus mit nach Hause gebracht, auf die sie stolz waren. Die Töchter hießen Mercedes, Inez und Dolores ... Das war so gewesen, solange Ramon zurückdenken konnte.

Er war ein guter Nachbar, still und ritterlich. Diensteifrig trug er Ilses Badetasche und Malgerät, wenn er neben ihr zum Strand ging. Manchmal brachte er am Abend Blumen oder eine schöne Frucht und bat, eine Stunde in der Bibliothek sitzen zu dürfen. Dann sprach er von seinem Elternhaus, das über dem dunklen Wasserspiegel der Außenalster lag, mit hängendem Garten und schmalem Bootssteg. Er sprach von der sanften blonden Mutter, von den lustigen kleinen Schwestern, die in der vornehmen Ruhe des Hauses, in der Stille des Gartens aufwuchsen.

Es gab nur einen Alptraum, eine Sorge in seinem jungen Leben: Das waren die Luftpostbriefe von daheim, auf die er gespannt wartete, von einer Luftpost zur andern lebend. Sylvia verstand ihn: Auch sie empfing solche Briefe, auch sie bangte und sorgte sich.

Einmal stürzte das »Condor«-Flugzeug ins Meer, und sie warteten alle enttäuscht mit leeren Händen. Aber am nächsten Tag wurde der Postsack unversehrt aus dem Meer geborgen, und sie empfingen ihre Briefe, von Meerwasser durchnäßt, mit verwischten Schriftzügen, wie von Tränen benetzt.

Ilse brachte am Abend zuweilen den Chefredakteur ihrer Zeitung mit nach Hause, einen äußerst sympathischen jungen Brasilianer, eigenartig begabt, beweglich, sportlich trainiert. Er hatte einen Tropfen Negerblut – kaum spürbar, aber man sah es an dem warmen Goldton der Haut, dem schimmernden Schmelz der starken weißen Zähne; man spürte es in dem kindlich ungestümen Temperament, in dem hinreißend hämmernden Takt, in dem er mit den Fingern den Samba auf der Tischplatte trommelte. Es war ein Geschenk, das die Söhne dieser Erde stark und geschmeidig machte.

Er hatte den Ehrgeiz, Deutsch zu lernen; vielleicht, meinte er, müsse er im nächsten Jahr ein Tennisturnier in Deutschland austragen. Aber er vergaß es rasch; die Sprache war viel zu mühsam, zu hart und spröde für seine Zunge.

Sie saßen in der lauen Abendluft auf der Terrasse, und das

Mädchen Rosinha brachte ihnen den Cafézinho und geeiste Früchte.
»Du bist Portugiesin«, sagte der Redakteur gutgelaunt. »Glaubst du, daß ich auch Portugiese bin?«
»Du«, hatte er gesagt, »Você«, wie man zu Kindern und Dienenden spricht. Rosinha war stolz auf ihre Rasse und auf die Achtung, die ihr in diesem Haus nie versagt wurde.
»Nein«, sagte sie kühl. »Das denke ich nicht. É moreno demais – dazu sind Sie zu dunkel.«
Sylvia erschrak; Ilse wollte zornig auffahren. Aber der junge Mann lächelte nur; ein gutes Lächeln, geduldig und wissend. Mit einer winzigen Bewegung seiner Hand schien er eine Wolke zu verscheuchen.
Sylvia lebte im Schatten des Corcovado, es schien ihr schon eine Ewigkeit. Der Corcovado war immer da: Als mächtiger Wächter stand er am Morgen, wenn sie erwachte, vor ihr in dem sonnigen Rahmen des Fenstervierecks; von ihrem Platz am Frühstückstisch sah sie ihn in einer rosigen Wolke schweben. Er hing über der traumhaften Einsamkeit ihres Gartens, er lastete auf den weißen sonnendurchglühten Villenstraßen von Copacabana.

Eines Abends fuhren sie auf den Corcovado hinauf, aus dem heißen wirren Häusermeer der Stadt in das duftende Dickicht des Urwalds, wo in der Dämmerung der Gesang der Vögel und das Zirpen der Grillen nur noch ein einziger brausender schwirrender Ton war.

Sie mußten noch einige hundert Meter steigen, bis sie die Plattform erreichten. Dann aber überfiel sie die schweigende Größe der Landschaft atemlos und heftig wie ein süßer Schrecken: Zu ihren Füßen lag der Strand, so fern und doch zum Greifen deutlich, tanzend und schäumend sprangen die Wellenreiter der Brandung heran, wie Kinderspielzeug waren die hellen Häuser von Copacabana in den blühenden Farbtupfen der Gärten verstreut, strahlenförmig liefen die weißen Avenidas wie Sternbilder auseinander, in einer Wolke von Grün. In der sinkenden Sonne glühte der Golf, die Landzungen glänzten wie silberne Neumonde, bis ihre Linien weit draußen in der Unendlichkeit des offenen Meeres mündeten. Hart vor ihnen schnitt der Zuckerhut ein dunkles dräuendes Dreieck mitten in den flammenden Himmel hinein, in seinem Schatten fuhren die Schiffe, winzige tanzende Nußschalen, in die Felseneinfahrt der Bai.

Jetzt umschlangen die rasenden Lichtbänder die Stadt, die Scheinwerfer begannen zu spielen, sie kreisten um den Gipfel des Corcovado und erweckten die starre mächtige Statue des Christus, die über ihnen wie ein Steingebirge ins ewige Blau wuchs, zu phantastischem Leben.

Er war der Sieger. In seinem Namen hatten die portugiesischen Eroberer den Fuß auf diese Erde gesetzt, sie hatten sein Kreuz in den jungfräulichen Boden gepflanzt, sie hatten die freien indianischen Herren dieser Wälder unterjocht, aus dem afrikanischen Dschungel hatten sie geraubte Negersklaven, Schiffsladung um Schiffsladung wehrloser schwarzer Leiber, als Beute an diese Küsten geschleppt.

Aber in den Jahrhunderten hatten die besiegten indianischen Ureinwohner mit sanfter Gewalt doch den Herrenwillen der Eroberer bezwungen, und auch die Neger hatten ihren Anteil an dem Schicksal dieser Erde behauptet: In dem glühenden Atem der tropischen Natur hatten sich die Rassen vermischt, durchdrungen, geformt, bis ein eigenes Volk auf dem Boden Brasiliens stand, das die Verschmelzung als das

Gesetz seines Lebens, als Geheimnis und Wurzel seiner Kraft erkannte.

Und alle lebten einträchtig, brüderlich unter dem steinernen Sinnbild des Christus: Der alten Lehre war eine neue Botschaft entsprungen.

Morgens in aller Frühe hielt ein blitzender hellgrauer Wagen am Gartengitter; ihm entstieg, heiter und lächelnd, Doktor Stefan Rakowski. Er hatte ein Recht, stolz zu sein: Er hatte für Sylvia schon mehr getan, als er irgend sonst zu tun pflegte, mehr, als er selbst je gedacht hatte.

»Ich habe Arbeit für Sie!« verkündete er strahlend. »Sie sprechen Französisch, nicht wahr? Seien Sie um neun Uhr im Palace-Hotel und melden Sie sich dort bei Mr. Jacques Gutman. Er ist ein Freund von mir, ein belgischer Finanzmann, der mit großen Plänen hierhergekommen ist. Er braucht eine Assistentin.«

»Auf Wiedersehen, und viel Glück!« Er winkte; der Wagen fuhr an.

Sylvia war selig. Sie sprach nicht nur Französisch; sie verstand auch eine Menge von Wirtschaft und Finanzen; das war ihre Chance!

Wie der Blitz sauste sie in die Stadt; sie nahm die schnellste Verbindung.

Mr. Gutman war ein gepflegter hagerer Herr mit grauem Schläfenhaar und trockener Stimme.

»Sie sind Deutsche?« fragte er rasch. Sylvia hätte es niemals leugnen können.

»Je les déteste!« sagte der Belgier heftig. »Ich verabscheue die Deutschen. Wir haben sie im Krieg gehaßt; wir haben ihnen im Frieden mißtraut. Nach dem Anbruch der Hitler-Regierung sind viele Flüchtlinge zu uns über die Grenze gekommen – deutsche Juden. Wir haben sie unterstützt, wir haben alles getan, um ihnen zu helfen. Aber wie haben sie es uns gedankt? ›Wir sind Deutsche‹, erklärten sie uns. ›Wir lieben Deutschland. Wir werden zurückkehren, sobald der Sturm vorübergegangen ist...‹ Ce sont des sujets suspects! Ich bitte Sie, dieses Exposé für mich abzuschreiben.«

Er ging und ließ Sylvia in seinem Hotelzimmer mit den Papieren und der Schreibmaschine zurück. Voll böser Ahnung beugte sie sich über das Manuskript: Es bestand aus einer Unzahl von losen Blättern, die mit einer winzigen unleserlichen Handschrift dicht bedeckt waren, durchstrichen, durchkreuzt, an den Rand geschrieben – unmöglich!

Sylvia begann zu schreiben, einmal, zweimal, viele Male. Es ging nicht. Sie tastete verzweifelt mit dem Blick die Wände ab, die Tür, sie schaute auf die Uhr. Sie kam sich vor wie der verzauberte Prinz im Märchen, den man mit einer unlösbaren Rätselaufgabe in eine dunkle Höhle gesperrt hatte. Aber sie hatte nicht soviel Glück.

Mr. Jacques Gutman kam nach zwei Stunden zurück.

»Ihre Schrift...« gestand Sylvia traurig. »Ich kann sie nicht lesen!«

»Wenn Sie meine Schrift nicht lesen können, sind Sie für mich untauglich«, sagte der Belgier böse.

»Nur meine Frau und mein Sekretär können meine Handschrift entziffern«, fügte er bedauernd hinzu, »und beide habe ich zu Hause gelassen.«

Sylvia stand wieder auf der Avenida Beira Mar. Und ich habe den teuren Autobus genommen, dachte sie bekümmert.

Als sie nach Hause kam, fand sie Ramon am hellen Vormittag in seinem Zimmer; in fliegender Hast packte er die Koffer. »Sie haben meinen Vater in ein Konzentrationslager gebracht«, stöhnte er, rasend vor Zorn. »Mein Onkel ist geflüchtet. Meine Mutter ist ganz allein ... Devisenvergehen ... Mein Vater ist der korrekteste Mensch auf der Welt! Ich fahre nach Hause, um zu retten, was zu retten ist. Das Vermögen in Deutschland ist beschlagnahmt.«

»Überstürzen Sie nichts«, warnte Sylvia, tief entsetzt, »denken Sie nach: Sie können Ihrer Familie im Ausland mehr nützen als drüben.«

»Ich bin Deutscher!« brach Ramon aus. »Ich habe nur einen Tropfen jüdisches Blut, ich bin verpflichtet, meinem Lande zu dienen, und ich verlange Rechenschaft! Ich fahre.«

»Halten Sie mein Zimmer für mich bereit«, bat er nach einer Weile in weichem Ton. »Ich möchte dieses Heim wiederfinden. Ich zahle die Miete für ein halbes Jahr.«

Er reiste mit dem nächsten Schiff.

Aus Amsterdam schrieb Miriam: »Ich gehe zur Schule, und ich lerne Holländisch.« – die dritte Sprache im Zeitraum eines Jahres, rechnete Sylvia – »Wenn ich tüchtig arbeite, bin ich im Herbst für das Gymnasium vorbereitet. Ich habe ein wunderschönes neues Fahrrad bekommen, und ich kann schon radfahren. Alle Mädchen radeln in Holland. Es gibt so herrliche saubere, schnurgerade Straßen wie in Dänemark. Ich habe jetzt ein ganz junges Kätzchen, es hat blaue Augen und heißt Peter. Ich habe alle meine Sachen in Ordnung gebracht: die Kleider, die Wäsche, die Koffer. Ich will jeden Tag bereit sein, wenn du mich rufst.« Sylvia rang die Hände.

Täglich traf Sylvia am Strand Vera Berg. Sie hatten eine ehrliche Kameradschaft geschlossen, die keiner Worte bedurfte. Bis zur Avenida Atlantica begleitete sie Dr. Berg. Er sah elend aus in diesen letzten Wochen; der weiße Leinenanzug fiel ihm allzu weit um die mager gewordenen Glieder, den Strohhut hatte er tief in die Stirn gerückt über den müden Augen mit den funkelnden Brillengläsern.

Am Tage lief er durch die heißen staubigen Straßen; er verkaufte medizinische Instrumente und ernährte damit seine Familie. Nachts studierte er.

»Täglich bin ich in der Universität«, berichtete er. »Ich habe noch keinen Termin bekommen. Papiere mußten angefordert, übersetzt, beglaubigt, nach Deutschland zurückgeschickt und nochmals beglaubigt werden. Alles hat nichts genützt.«

Er nahm den weißen Autobus und fuhr in die Stadt. Sein Blick war ohne Hoffnung.

Die Frauen saßen am Strand unter dem Sonnendach. Zu ihren Füßen spielte der kleine Blonde; er wuchs und gedieh prächtig wie ein stämmiges junges Bäumchen. Sylvia dachte an Miriam, und Vera erriet es schweigend.

»Ich halte es nicht mehr aus«, seufzte Sylvia nach einer Weile kummervoll. »Immer antichambrieren, Bitten, Versprechungen – wenn wenigstens einer einmal Nein sagen würde!«

»Ich werde an meine Freunde in São Paulo schreiben«, sagte Vera Berg tröstend. »Auch Ihretwegen. Die Stadt liegt auf dem Hochplateau über der Serra do Mar. Sie fiebert von Leben und Arbeit. Es weht ein anderer Wind. Vielleicht können Sie dort nützlicher sein.«

Eva Romberg schrieb aus Bahia: »Die Stadt ist fremd und wunderschön. Es gibt unzählige Kirchen, und sie strahlen in barockem Goldglanz. Die Menschen sind dunkel, fast alle sind hier Neger. Es riecht nach Tabak in den Straßen.«
»Der Doktor studiert. Er ist schwer überarbeitet, und er hat noch keinen Termin.«
»Ich habe Heimweh nach Rio. Pedro schickt Rosinha ein Küßchen.«
Rosinha weinte. Sie vergötterte den zarten blonden Pedro.

Ilse beobachtete Sylvia besorgt. Sie schien matt, blaue Schatten lagen um ihre Augen, sie schlief unruhig in diesen Nächten. Und sie sprach nicht über ihren Kummer.
»Morgen fahren wir nach Petropolis«, sagte Ilse. »Ich habe eine Reportage. Die Fahrt ist traumhaft schön. Oben, in den Bergen, ist es frisch und kühl. Du wirst dich erholen.«
Der Wagen wurde von einem Piloten der »Panair«-Fluggesellschaft gesteuert. Sie würden eine Sendung seltener Orchideen in Empfang nehmen, eine kostbare Fracht, die noch am gleichen Nachmittag mit dem Postflugzeug nach Buenos Aires gehen sollte.

Sie ließen die Stadt und das Meer hinter sich. Die Frühsonne glänzte über dem Orgelgebirge: Sie vergoldete die Berge, die Wälder, die Matten, die weit in der Runde die Blicke fingen, ein smaragdgrüner Teppich.

In Serpentinen wand sich die Straße im Gebirge empor, in gewagten Kurven am Rande der Abgründe kletternd, auf Viadukten über Schluchten schwebend, im Sprühregen unter herabstürzenden Gießbächen gleitend – eine herrliche asphaltierte Autostraße, spiegelglatt wie eine Rennbahn und messerscharf mitten in den Urwald geschnitten, der zu beiden Seiten, ein lebendiger Dom, mit tausend hohen Pfeilern in den Himmel strebte.

Die Sonne warf tanzende Reflexe auf die schlanken Riesenstämme, und überall – an den Stämmen, in den Zweigen, in den Wipfeln – hingen Lianen, schaukelnde Schlinggewächse, in denen blühende Orchideen wie Vogelnester saßen, farbenglühend wie Schmetterlingsflügel.

So ungezähmt, so üppig und wild ist hier die Natur, daß noch auf den Steinen, im Moos, auf umgestürzten toten Baumstrünken leuchtend bunte Blumen wie Unkraut wuchern. Sylvia hatte nie Lieblicheres gesehen.

Petropolis war einst die geliebte Sommerresidenz des letzten Kaisers von Brasilien, des Patriarchen Dom Pedro II. Es ist noch heute der beneidenswerte Sommersitz seiner Präsidenten, das Buen Retiro der verwöhnten Bewohner von Rio, die sich aus der betäubenden Hitze der Sommermonate an diesen kühlen Zufluchtsort retten.

Die Stadt ist eine bezaubernde Idylle. Im Kranz der Berge und Wälder liegt sie auf dem Gebirgsmassiv, ein köstliches Juwel in königlicher Fassung. Quellklar stürzt aus den Bergen das Wasser der Gießbäche zu Tal; durch die parkgleichen Straßen der Stadt fließt es, besänftigt, in spiegelnden Kanälen, über die schwankende leichte Brücken führen.

All die Paläste, die Villen und Chalets sind in Blumengärten gebettet; ein Blütenteppich aus Rosen und Hortensien säumt die Wasserstraßen.

Wo die Stadt sanft in die Natur mündet, aus der sie stammt, am Fuß des Gebirges, liegt die Orchideenfarm. Der Wagen hielt. Aus dem Haus kam ihnen der Gärtner entgegen.

Hunderte von Arten jener Orchideen, die in den Wäldern ringsum wild wucherten, fanden sie in den Gewächshäusern, gezüchtet und veredelt, Orchideen in reinen und bizarren Formen, in sanften und prunkenden Farben, prächtig und zart, immer erlesen. Sie sahen seltene und sehr kostbare Exemplare, die nur Brasilien hervorbringt.

Auf den Tischen unter dem Treibhausdach standen neben den Blüten viele Gläser, in denen die Sonne funkelte. Darin waren Schlangen in Spiritus. Unscheinbare Schlangen und schillernde Schlangen, deren Biß tödlich ist.

»Wir haben sie alle hier, in der Umgebung des Hauses, gefunden«, erklärte der Gärtner gelassen, »auf den Waldwegen, auf der Farm, selbst in den Gewächshäusern. Man gewöhnt sich daran.«

Überall in der Welt, durchzuckte es Sylvia, hat die Natur die Gefahr hart neben die äußerste Schönheit gestellt.

Aus der Fülle märchenhafter Blüten wählten sie die seltensten und vollkommensten Exemplare. Mit vorsichtigen Fingern hüllte sie der Farmer, jede einzeln, in feuchtes Seidenpapier und verpackte sie behutsam wie sehr dünnes Glas.

Der Pilot trieb zur Eile: Die kostbare Fracht mußte an Bord, bevor die Blumen welken konnten. Rasch zwang er den Wagen zu Tal, er riß ihn um die Kurven. Sylvia sah dicht neben sich sein angespanntes hartes Profil; schattenhaft sah sie zur Rechten die Landschaft an sich vorüberfliegen. Wie ein brüllendes Ungeheuer warf sich der Wagen mitten in den Urwald hinein, und die grüne duftende Dämmerung verschluckte ihn.

Schon glänzte in der Ferne, jenseits der Wipfel, das Meer auf; in jeder Kehre wurde die Sicht freier, weiter, großartiger; noch nie war sie Sylvia so vollkommen erschienen: Da lag in der Ebene Rio wie eine Spiegelung ausgebreitet; die schimmernden Landzungen, die träumenden Buchten und die dunklen scharfgezackten Konturen der Berge, der Golf von Guanabara und die siebzig schwimmenden Inseln der Bucht; der kühne, steil aufgereckte Schattenriß des Corcovado und der spitze geneigte Kegel des Zuckerhuts über der Felseneinfahrt. Mit silbernen Kämmen toste das Meer an den flirrenden Strand; weiß und rosig, muschelfarben schäumte es um die Linien der Landzungen und um die sonnenwarmen Rücken der Inseln, donnernd zerschellte es an den Felsenriffen der Küste, in jähem Rhythmus anprallend und zerstäubend. Meer, Land und Berge vermählten sich in einer Symphonie von unerhörter Gewalt.

Der Motor sang. Die Luft dröhnte. Der Golf von Neapel ..., sang es in Sylvia im sausenden Rhythmus der Fahrt. Der Lido von Venedig ... der Felsenstrand Dalmatiens und die homerische Küste von Corfu ... die mimosenduftende Riviera Frankreichs und die weiße Salzlagune von Cadiz ... Wirf alle Rivieren der Erde zusammen, und du wirst diese eine niemals erschöpfen.

Ein Gedanke hämmerte sich in ihr Hirn.

Am nächsten Vormittag erschien Sylvia im Vorzimmer des Dr. Oliveira und bat dringend, ihn zu sprechen. Das war diesmal nicht so leicht; der berühmte Mann verfügte über einen ganzen Stab von Untergebenen, von denen jeder einzelne ein Cerberus war. Dr. Oliveira war nicht da, er hatte zu tun, er hatte eine Konferenz – wollen Sie bitte morgen wiederkommen?

Das ging so eine ganze Woche lang. Sylvia verzweifelte fast, sie fragte sich, ob sie das Rennen nicht lieber aufgeben solle; aber sie wandte einen eisernen Willen gerade an diesen Versuch. Sie konnte nicht anders.

Zum letzten Mal, heute! versprach sie sich selbst. Sie wartete in einem schmalen dunklen Durchgangsraum, der bis zur Decke mit Akten vollgestopft war. Sie wartete schon eine Stunde lang. Ihre Gedanken flatterten, die Zeit hämmerte in ihr wie ein Uhrwerk. Es hat keinen Sinn mehr, sagte sie sich, ich gehe.

In diesem Augenblick erschien, wie durch einen Zauber gerufen, Oliveira im Rahmen der Verbindungstür. Er ging, in Gedanken versunken, an ihr vorbei, scheinbar ohne sie zu sehen. Er hatte den Ausdruck eines stark beschäftigten Menschen. Rasch ging er durch den Raum zur gegenüberliegenden Tür.

Sylvia stockte atemlos. Sie wollte aufspringen, ihn zurückhalten, aber sie erstarrte. Da wandte er sich um und kam zögernd auf sie zu.

»Auf wen warten Sie?« fragte er zerstreut.

»Auf Sie!« sagte Sylvia hastig. »Auf Sie, Dr. Oliveira! Kann ich Sie ein paar Minuten sprechen?«

»In welcher Angelegenheit?« forschte der Journalist. Er hatte sie nicht erkannt.

»Aber Sie haben mir gesagt, ich solle Ihnen eine Idee bringen!« erklärte Sylvia eindringlich. »Vor wenigen Wochen – erinnern Sie sich nicht? Nun gut – ich *habe* eine Idee!«

»Und – die wäre?« fragte Oliveira skeptisch. Er prüfte die Uhr an seinem Handgelenk.

»Ich will für Brasilien werben«, sagte Sylvia überstürzt, glühend vor Eifer. »Es ist notwendig, und ich könnte es tun. Wer kennt Brasilien? Es landen Schiffsladungen voller Touristen dann und wann, zugegeben. Die Touristen wohnen ein paar Tage im Copacabana-Palace; sie spielen im Casino Roulette; sie fahren mit den Fremden-Cars durch die Stadt: ›Oh, wonderful, splendid, indeed!« Was wissen sie von der Seele dieses Landes, von dem Leben seines Volkes, von seiner Sprache, seinen Reichtümern? Und sie sehen immer nur Rio. Ich fange erst an, das alles zu begreifen, es ist wahr, aber ich liebe dieses Land! Was haben wir drüben, in Europa, von Brasilien gewußt? Andere Völker münzen Ströme von Gold aus einem Hundertstel von soviel Schönheit.«

»Dazu braucht man keine Ausländer«, bemerkte der Brasilianer kalt. »Die Mittel sind vergeben, die Posten besetzt ...«

»Aber jene Leute, die die Posten besetzt haben – sie brauchen doch vielleicht jemanden, der für sie arbeitet!« wandte Sylvia mit dem Mut der Verzweiflung ein. »Ich kann ein halbes Dutzend Sprachen. Ich will nichts als arbeiten und ich brauche nicht viel, ich muß nur leben.«

»Es kommt nicht darauf an, daß gearbeitet wird«, sagte Oliveira dunkel. »Es kommt darauf an, daß das Geld rollt.«

Aus São Paulo erhielt Sylvia ein Telegramm. Der Strom der Flüchtlinge, die in diesem letzten Jahr, aufgescheucht wie eine Ameisenschar, verwirrt und hilflos die Städte Europas überschwemmten, hatte in diesen Monaten auch Brasilien erreicht. Er suchte vor allem die Stadt auf dem Hochplateau, die Stadt der Arbeit – die Stadt, die Menschen aller Rassen wie ein glühender Hochofen verschmolz.

Ein paar Männer hatten sich zusammengeschlossen, um die Not der Heimatlosen zu steuern, zu raten, zu helfen, zu organisieren. Sylvia wurde gebraucht.

Mit dem Telegramm in der Hand lief sie zu Vera Berg – sie hatte die gleiche Nachricht empfangen, mit der Weisung, Sylvia so rasch wie möglich auf den Weg zu bringen.

Noch am gleichen Abend klingelte das Telefon aus São

Paulo: Es war keine Zeit zu verlieren. Sylvia entschloß sich, in der nächsten Nacht zu reisen.

Rakowski rief am Morgen an. Er bestand darauf, für Sylvia zum Abschied auf der Terrasse des »Lido« eine Cocktail-Party zu geben. Sylvia wollte ablehnen. Sie durfte keine Minute verlieren, sie war in bitterernster Stimmung. Aber sie wurde nicht gefragt. Sie hatte nicht gewußt, wie viele Freunde sie in dieser Stadt gewonnen hatte, und sie handelten über ihren Kopf hinweg. Sie nahmen ihr alle Sorge ab, und sie gaben ihr ein Fest – wie sollte man von Rio anders scheiden?

Es war ein Sonntag. Das Meer war strahlender denn je, der Strand von heiteren, lachenden, sorglosen Menschen dicht belagert. Rakowski war ein vollendeter Gastgeber, Vera Berg strahlte; Ilse war bezaubernd, schön und jugendfrisch.

Und Sylvia nahm Abschied. Sie verließ das Haus, Ilse und das Mädchen Rosinha, den schimmernden Strand, die Stadt der Träume. Es blieb ihr nichts zu tun: Vera Berg übernahm die Sorge für das Haus, sie packte die Koffer. Am Abend fuhr Rakowski sie alle in seinem Wagen zum Bahnhof.

Das Schlafwagenabteil hatte dreißig saubere Betten. Sie lagen nebeneinander und übereinander, und sie waren nur durch Vorhänge voneinander getrennt. Sylvia hatte in Europa noch nie ähnliche Schlafwagenzüge gesehen. Als sie gerade nach oben klettern wollte, sprach sie ein Fremder an, ein hilfloser, verängstigter, kleiner Mann.

»Ich habe gehört, daß Sie Deutsch sprechen«, sagte er bittend. »Würden Sie für mich mit dem Schlafwagenkondukteur verhandeln? Ich spreche kein Wort Portugiesisch.«

Sylvia half ihm. Es war nur geringe Mühe. Später sah sie ihn noch eine Zeitlang auf seinem Koffer sitzen, den gebeugten Rücken, das kummervolle Gesicht.

Dich werde ich in São Paulo wiederfinden, dachte sie, bevor sie einschlief. Du bist mein Klient.

Sie verlor den Mann aus den Augen, als der Zug am Morgen auf den Bahnsteig in São Paulo rollte. Dann stand sie allein mit ihren Koffern in einer fremden, häßlichen, lärmenden Vorstadtstraße in einem Fabrikviertel. Trambahnen rasten dröhnend vorbei, viele Omnibusse, lange Reihen von Autos. Menschen in Arbeiterblusen zogen vorbei, ein Strom von Menschen – Menschen aller Rassen. Neger, Japaner, Syrer, Juden, kleine Fabrikmädchen, Stenotypistinnen. Sie hasteten vorüber, sie hatten alle keine Zeit.

Die Luft war kalt, ein frischer Wind wehte. Sylvia fröstelte, sie hob die Hand. Ein Wagen rollte an, jemand kam auf sie zu, eine fremde Stimme grüßte sie. Vera Bergs Freunde hatten sie erwartet.

Der Schmelztiegel

Die Stadt lag auf dem Hochplateau. Ihre Straßen liefen hügelauf und hügelab, vorstoßend, zurückweichend, vielfach gewunden, bis sie in der Ferne im Blau der Berge verdämmerten. Höhen und Tiefen, Berge und Täler in endloser Kette: über die Täler, von Hoch zu Hoch, schwangen sich Viadukte, neue, funkelnde, schnurgerade Brücken. Stand man auf der Brücke, so sah man in der Tiefe das Leben brodeln: Häuser, Gärten, wimmelnde schwarze Menschenmassen. Aber auch auf den Brücken brandete das Leben, stoßend und drängend, hastig vorbeitreibend, zwei schwarze Schlangen lebendiger Leiber. Die Brückenköpfe bildeten Hochhäuser, schnell gewachsen, in Eile aufgeschichtet, schwerfällige Riesen aus grauem Zement.

An Straßen und auf Plätzen gähnten Schutthalden, Steine prasselten, Staub wirbelte: Altes wurde abgerissen, Neues wurde aufgebaut. Niemand kümmerte sich darum, das Leben strömte vorbei. Alles war unfertig, alles war im Werden.

Auf dem alten Domplatz, im Zentrum des Verkehrs, stand die unfertige Kathedrale, kahles Mauerwerk ohne Türme. Rund um den Torso rasselten die Trambahnen, rollten die Autobusse, kreisten Autos. Menschen standen in Gruppen. Menschen stießen und drängten einander: Die Zeitungsverkäufer schrien die Tageszeitungen aus, die Losverkäufer ihre

Lotterielose: »Der Schmetterling, der Hund, die Katze bringt Ihnen heute Glück!« Menschen verkauften Erdnüsse, belegte Brötchen – »kauft Sandwiches!« –, Uhrketten aus Messingblech. Menschen bettelten, Verstümmelte, Zerlumpte. Auch im »Triangulo«, dem Dreieck der alten Straßen, schoben, drängten, stießen sich die Menschen. Mitten im Gedränge standen Männer, die sich gleichzeitig auf die Schultern klopften, mit weiten Gebärden umarmten sie einander, plaudernd, lachend, angeregt verschwanden sie an den Marmortheken der Bars, um im Vorbeigehen ihren Cafézinho zu trinken. Geschäfte wurden abgewickelt, Familienereignisse besprochen, politische Nachrichten heftig diskutiert – mitten im Drängen, Schieben, Stoßen der Massen.

Zwischen Hoch und Tief, Ende und Beginn einer Kurve, stand das mächtigste Hochhaus Südamerikas, der Predio Martinelli, wie ein rötliches Steingebirge ragte er in die graue Luft. Niemand sah an ihm empor, niemanden kümmerte seine imponierende Größe. Das Leben raste vorbei.

Draußen in den Außenbezirken, am trüben Fluß, wuchsen Fabriken mit rauchenden Schloten, Schlachthäuser und Lagerschuppen in den funkelnden Himmel empor. Vieh brüllte, Baumwolle wurde gereinigt, sortiert, verladen, Früchte waren gestapelt, Gummi und Seidenstoffe. Maschinen liefen, Menschen mühten sich.

Staub, Krach und Unrast – Abreißen, Aufbauen. Und doch gab es auch hier Stille, Vogelgesang, den Atem der Natur. Weit auf den blau schimmernden Hügeln, über Berg und Tal, dehnten sich Villenvorstädte, lichte, saubere, glatte Straßen, duftende Gärten in sattem Grün. Wo noch vor wenigen Jahrzehnten Sumpf war und Ödland, wo Fieber brütete, wuchsen Villen und Paläste aus der nackten roten Erde. Die

Stadt wächst, dehnt sich, atmet. Menschen werden reich an diesem Wachstum; Menschen bauen Heimstätten, sonnige gesunde Gartenstädte. Glückliche, behütete Kinder spielen, von schwarzen Kinderfrauen gehütet; blendende Luxusautos rollen an auf spiegelndem Asphalt, vor vergoldeten Portalen. Wie ein Ungeheuer lag die Stadt über der Serra und breitete sich aus, weit ins Land hinein, mit tosenden Geschäftsstraßen, Fabrikvierteln und Villengeländen, fiebernd, kochend, brodelnd von Leben. Das Ungeheuer fraß, schluckte und verdaute Menschen, es gebar neue Menschengeschlechter. Viele Menschenalter hindurch warf eine unsichtbare Hand Menschen aller Rassen in den willigen Schlund, wie trübes Metall in den läuternden Schmelztiegel.

In diesen Schmelztiegel gelangten nach der schicksalsgehärteten Mischung aus Indianern, Portugiesen, Negersklaven: die Spanier, die Holländer, die Franzosen, die Syrer, die Juden, die Japaner. Generationen von Italienern und Deutschen, Engländer und Amerikaner, Schweizer und Dänen, Ungarn und Polen. Jahre-, jahrzehnte-, jahrhundertelang. Darbende und Prassende, Arbeiter und Aristokraten, Flüchtlinge und Abenteurer, ein endloser Zug. Kriege und Krisen, Hunger und Revolten – jede Welle im Schicksal der Kontinente warf Scharen von Zufluchtsuchenden an die gastliche Küste.

Alle diese Menschen verband nichts als die Freiheit: Freiheit zu leben und Freiheit zu sterben, Freiheit zu hassen und Freiheit zu lieben, die Freiheit, auf der roten Erde zu stehen und in den funkelnden Himmel zu bauen. Und alle waren gleich unter diesem Himmel.

Sylvia ging über die Avenida São Joao, die lebhafte Hauptverkehrsader, die aus der Niederung des alten Stadtkerns dem Gebirge zustrebt. Am Abend war die Straße schön; rote, blaue, grüne Lichtreklamen kreisten, wie ein leuchtendes Fragezeichen lief die lange Zeile der Lichter den Hügel hinauf. Nebel fiel und hüllte die zuckenden Flammen der Laternen in milchige Schleier.

Vor dem rötlichen Bollwerk des Martinelligebäudes drehten sich die Trambahnen kreischend auf blauschimmernden Schienensträngen; Menschen hingen wie Trauben auf den Trittbrettern. Da, hart in der Kurve, in sausender Fahrt, wurde ein Mann von einem Wagen geschleudert, mitten in die Fahrbahn der Autos hinein. Der Gestürzte sprang auf, stolperte, lief weiter. Zögernd klopfte er den Staub von den beschmutzten Kleidern. Sylvia erstarrte: Der Verkehr hatte nicht einen Augenblick gestockt, das Leben ging weiter.

Sylvia war traurig, sie war allein. Fröstelnd hüllte sie sich in den Pelzmantel, über den Ramon gespottet hatte in der Sonne von Rio de Janeiro. Sie schmeckte den Staub, sie hörte das Tosen, sie empfand die Unruhe – sie verstand noch nicht die Dynamik dieser pausenlos wachsenden Welt. Wie hätte sie sie verstehen sollen? Es war die Melodie eines neuen Kontinents.

Die Gastfreundschaft, die ihr Vera Bergs Freunde boten, hatte sie abgelehnt. Sie fand ein Turmzimmer in einem kleinen Hotel, das an einem stillen Platz lag. Auf dem Platz stand, in einer Gruppe von Königspalmen, eine alte Kirche, eine winzige Insel mitten in der Brandung des Verkehrs.

Von ihrem Turm übersah Sylvia den Menschenstrom und die Lichtfülle der Avenida São Joao; sie sah farbenglühende Kreise, Prismen und Pfeile an einem brandroten Himmel spielen. Weit über den leuchtenden Stadtkern hinaus schaute sie bis zu der lichterflirrenden Kette der Hügel am Horizont. Das ansteigende und abschwellende Brausen der Stadt drang zu ihr empor, und sie war ihm doch für kurze Nachtstunden entrückt. So war es ihr recht.

Das Telefon schrillte. Sie hörte Veras vertraute Stimme, Ilses drängende Fragen, sie glaubte den Atem des Meeres zu spüren. »Ich habe Heimweh nach euch ...«, sprach sie in die schwarze Muschel hinein.

Als Sylvia zum erstenmal den kleinen Raum der Beratungsstelle betrat, fand sie sich dort sofort einer Gruppe von lärmenden, aufgeregten, lebhaft gestikulierenden Menschen gegenüber. Ein kräftiger untersetzter Bursche mit rotem Gesicht reckte den Arm. Er schüttelte die geballte Faust. »Ich nehme diese Arbeit nicht an!« schrie er zornbebend. »Meine geraden gesunden Glieder sind mir zu schade, mein Arm, meine Hand! Ich will nicht den Arm in der Maschine verlieren wie ...« Der Rest ging unter in einem allgemeinen Chaos.

Sylvia hatte noch nie erlebt, daß Hilfesuchende forderten und drohten. Diese Menschen jedoch schienen von Angst gezeichnet, von Ratlosigkeit geschüttelt. Sie mußten wohl mit einem anderen Maß gemessen werden.

Zwei Männer, ein alter und ein junger, waren mit eiserner Ruhe bemüht, den Aufruhr zu beschwichtigen, den lebenden Knäuel aus Angst, Verzweiflung und Empörung zu lösen. Allmählich leerte sich der Raum; die Menschen zerstreuten sich: Einige erhielten Geld, andere Arbeit; vielen wurde ein Zimmer, ein Mittagstisch, eine Pension angewiesen.

Die beiden Männer wandten sich aufatmend Sylvia zu. Sie schüttelten ihr nacheinander die Hand.

»Graças a Deus!« stöhnte der Ältere erleichtert, »wir können wieder an unsere Arbeit gehen! Es war furchtbar schwer in diesen letzten Wochen, und wir haben schließlich alle noch einen Nebenberuf.«

Sie ließen Sylvia nach einigen erklärenden Worten allein hinter einem langen Arbeitstisch, der ein wenig erhöht im Hintergrund des Zimmers stand, mit einer Schreibmaschine, einer Kartothek und einem Telefonapparat.

Die Beratungsstelle war im obersten Stockwerk eines jener kahlen grauen Hochhäuser untergebracht, im Zentrum der Altstadt, in der Nähe des Domplatzes. Es dunkelte schon: Durch die hohen nackten Fenster sah Sylvia über schwärzliche Dächer hinweg den steinernen Torso der Kathedrale, die kreisenden Leuchträder der Lichtreklamen. Sie wandte sich dem Studium der Kartothek zu, die in einem braunen Holzkasten vor ihr auf dem Arbeitstisch stand: Jedes Blatt bedeutete ein Schicksal.

Seit dem Herbst 1933 waren ein paar hundert deutsche Juden nach São Paulo gekommen: Familien, junge Männer und Frauen, Kaufleute, Gewerbetreibende und Handwerker, Ärzte, Anwälte, Lehrer und Musiker, kleine Leute, Bürger der Mittelklasse, arme Intellektuelle. Menschen ohne Geld; denn nur wenige unter ihnen hatten einen geringen Teil ihrer Habe retten können. Entwurzelte, die man gewaltsam aus einem engen geordneten Leben gerissen hatte und die nun mit ihrem Schicksal haderten. Menschen, die sich in kürzester Frist völlig veränderten Verhältnissen anpassen mußten: einem heißen Klima ohne ausgeprägte Jahreszeiten, einer fremden Bevölkerung, einer verwirrend neuen Sprache, einer sozialen und beruflichen Gliederung, die nur täuschend und von ungefähr an vertraute Zustände erinnerte. Ein verwickeltes Problem.

Die Tür öffnete sich leise, und herein trat der Reisegefährte, der schüchterne kleine Mann aus dem Schlafwagenabteil, dem Sylvia geholfen hatte. Bescheiden und ohne merkliches Zögern stellte er sich vor: »Hirsch Seligmann, Kantor ...« Er war Kultusbeamter gewesen in einer kleinen ostpreußischen Stadt, in die er als Knabe mit den Eltern aus Polen eingewandert war.

Familie? Die Frau mit drei Kindern wartete in Holland, bis er sie rufen konnte. Geldmittel? – Sylvia wurde blutrot, nun, da sie zum erstenmal nach den verborgenen Dingen fragen mußte, die Menschen am liebsten verschweigen. Ja, er hatte noch ein wenig Geld, das er in einem Brustbeutel bei sich trug. Er konnte bei eiserner Sparsamkeit eine kurze Zeitspanne aushalten, bis er Arbeit fand, und es langte im äußersten Notfall, um in der dritten Schiffsklasse zu seiner Familie nach Holland zurückzureisen, wenn alles fehlschlug. Er wollte am liebsten unterrichten: jüdische Geschichte, religiöse Vorbereitung für Knaben. Sylvia notierte es.

Dann erschien eine rundliche Frau in einer sauberen weißen Schürze: »Ich bin Frau Neumann«, erklärte sie, »wir haben die Bar nebenan.« – »Die Bar?« fragte Sylvia erstaunt. »Gibt es so etwas hier?«

Die Frau öffnete die Tür zum Nebenraum: Drinnen war es zum Ersticken heiß, die Luft war dick von Zigarettenrauch, und Stimmen schwirrten wie in einem Bienenkorb. An den Wänden Stühle und gedeckte kleine Tische, Kleiderhaken, Zeitungen; am Büfett gab es dampfenden heißen Kaffee, billige Kuchen, Sandwiches, Würstchen.

Hier trafen sich die jungen Leute nach der Arbeit – oder zwischen zwei ermüdenden Wegen, auf der Suche nach Arbeit. Sie spielten Skat und hieben die Karten dröhnend auf den Tisch; sie schwatzten unbekümmert Deutsch und lasen – natürlich! – die einzige deutsche Zeitung, die in São Paulo erschien. Das alles, dachte Sylvia, war vielleicht nicht unbedingt gut für Menschen, die die Gewohnheiten ihrer Vergangenheit so rasch und so gründlich wie möglich vergessen mußten.

Aber sie hatten eine Zuflucht vor der Straße. Sie fanden Gefährten, mit denen sie die Zufälle und Tragödien ihres wechselvollen Lebens besprechen konnten, und sie hatten Kredit. Sie brauchten nicht zu hungern.

Menschen strömten in den nächsten Tagen und Wochen an Sylvia vorbei; sie kamen und gingen, eine endlose Prozession. Viele verschwanden wieder. Sie hatten sich in den Rhythmus des Lebens eingegliedert. Aber manche blieben. Sie kamen wieder und wieder: Das waren die, denen schwer zu helfen war.

Es war traurig und tröstend zugleich: Traurig war, daß die Macht zu helfen so beschämend gering war. Helfen, das fühlte Sylvia bald, konnte man immer nur denen, die sich selbst helfen wollten und die zum Äußersten bereit waren. Aber es war gut, daß man seine ganze Kraft einströmen lassen konnte in diesen Prozeß der Verschmelzung, der bitter notwendig war.

Frauen allein, das sah Sylvia mit Erstaunen, waren am leichtesten unterzubringen. Sie fanden Arbeit in Häusern und Kontoren, als Wirtschafterinnen, Erzieherinnen, Stenotypistinnen. Es gab auf diesem Kontinent noch nicht allzu viele Frauen, die arbeiteten, und sie wurden gebraucht.

Familien wurden leichter seßhaft als einzelne: Sie fanden bald ein kleines Haus in einem der luftigen gesunden Außenbezirke der Stadt. Sie kauften in Eile billige Möbel auf Abzahlung, und sie richteten sich bescheiden und wohnlich ein. Sie vermieteten ein Zimmer, um den Mietzins leichter aufzubringen, ein Sohn arbeitete, eine Tochter hütete die Kinder einer brasilianischen Familie.

Tüchtige Handwerker, Techniker und Spezialisten wurden überall gebraucht in einer Stadt, die in allen vier Windrichtungen zugleich aufbaute: Schlosser, Mechaniker, Setzer und Monteure, Bäcker und Schuster, Schneider und Weber, Chemiker und Ingenieure. Sie litten keine Not.

Aber da war die fluktuierende Masse junger Männer ohne bestimmte Eignung. Beruf: Kaufmann, Sprachkenntnisse: keine. Kaufleute nannten sich: Kleinhändler, Verkäufer, Kontoristen, Buchhalter, Reisende, Vertreter, Bankangestellte. In Deutschland waren in den letzten Jahrzehnten junge Menschen in wachsender Zahl abhängige Arbeitnehmer ohne produktive Leistung geworden. Ein kaufmännischer Angestellter ohne Sprachkenntnisse war in Brasilien ein ungelernter Arbeiter, ein Proletarier. Sie fanden Arbeit in Fabriken und Schlachthäusern, als Kellner und Tellerwäscher, als Handlanger an Neubauten. Wer wollte, konnte arbeiten. Aber sie waren an eine weit höhere Lebenshaltung gewöhnt als die Arbeiter in den Ländern des Südens, und sie litten. Die Lebensfähigsten unter ihnen fanden eine Brücke zu sozialem Aufstieg, sobald sie die Sprache des Landes beherrschten.

Am schwierigsten waren die Intellektuellen: Jeder von ihnen mußte das Leben für sich neu entdecken.

Die beiden Männer, die Sylvia in ihre Arbeit eingeführt hatten, erschienen täglich zur festgesetzten Zeit der Sprechstunde. Senhor Arthur, der Ältere, war ein brasilianischer Jude deutscher Abstammung, ein kluger, tatkräftiger und großzügiger Arbeiter, der in Jahrzehnten in São Paulo eine eigene Industrie aufgebaut hatte. Er half gern und wirksam, aber er konnte nicht »Nein« sagen, und er wurde heftig und gereizt, wenn das Mitleid die sehr bestimmten Richtlinien seines Willens zu sprengen drohte. Er hatte eine klare feste Stirn und einen weichen Mund, der seine energische Haltung oft Lügen strafte.

Mr. André, der jüngere, war Kosmopolit, ein sephardischer Jude von der Levante, der längst Amerikaner geworden war. Er sprach eine Unzahl von Sprachen so fließend und gewandt, daß niemand seine ursprüngliche Nationalität hätte erraten können. Er war rasch, beweglich, immer überlegen; sein Vorrat an Geduld und guter Laune schien unerschöpflich. Er leitete einen jener amerikanischen Konzerne, die draußen vor der Stadt ihre Schlachthäuser, Fabriken und Arbeiterwohnungen weit ins Land hineinbauten. Sein Scharfblick und der Kreis seiner Verbindungen reichten so weit, daß er auch in schwierigen Fällen fast immer Rat wußte.

Sylvia lernte viel in diesen Wochen, die eine Zeit der Prüfung waren. Sie lernte die schwere Kunst der Menschenkenntnis und der Menschenbehandlung. Sie lernte die harte Zucht der Selbstbeherrschung und der Selbstverleugnung. Sie lernte endlich, dem eigenen Mitleid zu mißtrauen. Mitleid war gut, wenn es dem Aufbau diente. Es war schädlich, wenn es schwach machte. Man mußte eine Grenze finden.

In der Beratungsstelle erschien der Metzger Hermann Dobraner, ein schlanker Mensch mit einem aufgeweckten hübschen Gesicht und traurigen Augen. Ein Rockärmel hing ihm schlaff herunter: Der rechte Arm fehlte.

Sein Fall war tragisch. Der Vater besaß ein blühendes eigenes Geschäft in einer rheinischen Großstadt. Er hatte alles getan, um dem einzigen Sohn eine gute Ausbildung zu geben. Der Junge war klug, er hatte ein angenehmes Wesen und gute Manieren. Er hatte in England gelebt und besaß die sehr nützliche Kenntnis der englischen Sprache.

In São Paulo hatte er sofort eine gutbezahlte Stellung in einem der amerikanischen »Frigorificos« gefunden. Er leitete die Abteilung, in der feine Wurstwaren hergestellt wurden. Eines Tages wollte er einem Arbeiter einen Handgriff an der Maschine zeigen; der Arm geriet in die Maschine ... Qual und Grauen, ein schweres Krankenlager, der Arm mußte amputiert werden.

Die Leitung des Konzerns tat alles, um sein Unglück zu lindern. Sie trug die Kosten für Hospital und Operation, sie sorgte für ihn in den Monaten der Genesung, sie bot ihm endlich eine leichte gesicherte Stellung in ihren Kontoren. Der Mann schrie, als er den Fabrikraum betrat. Er bekam Krämpfe, als er die Maschine wiedersah. Er konnte die Nervenkrise nicht überwinden.

»Mein Vater ist ein frommer Mann«, sagte Dobraner stolz. Er zog einen Brief aus der Tasche, und er las: »Der Herr hat Dir eine Prüfung auferlegt. Du bist mein guter Sohn, sei stark und nimm das Leid auf Dich, wie wir es tun.«

»Und was wollen Sie jetzt tun?« fragte Sylvia erschüttert.

»Ich möchte einen eigenen kleinen Laden aufmachen im jüdischen Stadtviertel Bom Retiro. Ich brauche nur ein kleines Kapital. Vielleicht habe ich noch einmal Glück.«

Inzwischen hockte er teilnahmslos in der Bar, wo er immer Kameraden traf. Er grübelte, und er spielte. Er spielte Karten, und er spielte »Bicho«, das volkstümliche Lotteriespiel: »Der Schmetterling, der Hund, die Katze bringt Ihnen heute Glück!« Sein Blick blieb starr, und sein Wille schien gelähmt.

Da war der Metzgergeselle Grün, der rebellische Bursche, der sich so hartnäckig gegen die angebotene Arbeit gewehrt hatte. Er hatte Angst, an der Maschine arbeiten zu müssen; Sylvia verstand jetzt, warum. Er kam täglich, und fast immer tobte er. Er schrie; seine Stirnadern schwollen an, Schaum trat ihm vor den Mund.

Herr Neumann lief aus der Bar herbei. »Kann ich Ihnen helfen?« fragte er leise. »Soll ich den Mann hinausweisen? Man kann Sie nicht allein lassen mit ihm.«

»Lassen Sie ihn«, sagte Sylvia bestimmt. »Ich glaube, er ist ganz harmlos. Vielleicht ist er krank.«

»Sie haben mich geschlagen«, schrie der Metzgergeselle Grün. »Sie haben mich aus meinem Laden herausgeholt und mit dem Auto in den Wald gefahren. Sie haben mit Gummiknüppeln auf mich eingeschlagen ... immer mit dem Knüppel über den Kopf ...« Er stöhnte. »Sie haben mich fast tot in dem Wald liegenlassen. Mein Kopf ist dumpf; es tut weh.«

Er stammte aus einem Dorf in Hessen.

Man kaufte ihm eine Fahrkarte, und man schickte ihn in eine kleine ruhige Stadt im Innern des Landes, wo er leichte Arbeit bekommen sollte. Nach wenigen Tagen meldete er sich zurück; er hielt es nicht aus. Man mußte ihm Zeit zur Heilung lassen.

Schwierig war auch der Fall des Kantors Seligmann. Er fand nur wenige Schüler: Die deutschen Juden wollten ihre Söhne nicht von einem Polen unterrichten lassen, und die Polen hielten ihn für einen Deutschen und wiesen ihn gleichfalls zurück. Was sollte man da von den Franzosen, den Ungarn, den Russen erwarten? Sylvia hatte von diesen feineren Unterschieden nichts geahnt.

Der Mann quälte sich; er sehnte sich nach seiner Familie. Eines Tages kam er leichenblaß in die Beratungsstelle. Er zeigte Sylvia ein Telegramm: Die Gemeinde in Kopenhagen hatte ihn zu ihrem Vorbeter bestellt.

»Aber das ist doch wunderbar!« rief Sylvia strahlend vor Freude. Sie sah verständnislos in sein verzerrtes Gesicht: »Sagten Sie nicht, daß Sie noch das Geld für die Passage haben?«

»Das Geld ist weg ...«, stammelte der Mann. »Das Geld, die Anzüge, die Wäsche, alles ist gestohlen ...«

Es stellte sich heraus, daß er eine Schlafstelle in einem Raum mit vielen gehabt hatte. Sein Koffer war aufgebrochen worden.

Es fand eine Konferenz statt; die Herren sammelten das Geld für eine Schiffspassage dritter Klasse. Der Kantor Seligmann fuhr nach Europa, heim zu seiner Familie.

Kummer und Sorge sind ansteckende Krankheiten. Sylvia hatte sehr sensible Nerven. Sie spürte die Atmosphäre der Bewohner, wenn sie ein Haus betrat; sie litt unter Disharmonien. Sie wäre vielleicht endlich zu Boden gedrückt worden von dem Gewicht der Schicksale, deren drängende Probleme sie bis in ihre Träume verfolgten, hätte es nicht ausgleichende Freuden gegeben, die die Waage immer wieder zum Ausschwingen brachten.

Da tauchte zum Beispiel in englisch karierten, allzu weiten Hosen ein lustiger junger Mann auf, mit dem Gesicht eines Clowns. Fred Stern hieß er. Fach: Herrenkonfektion. Er kam aus England; die europäischen Hilfsstellen hatten ihm nach Südamerika weitergeholfen. Er hatte kein Geld, und man mußte für ihn eine Pension bezahlen. Das paßte ihm gar nicht.

»Ich will arbeiten«, erklärte er mit Bestimmtheit. »Ich will keine Almosen!«

»Können Sie schneidern?« fragte Mr. André sachlich.
»Können Sie zuschneiden?«
Er konnte nichts von alledem. Er konnte nur verkaufen. Aber er sprach kein Wort Portugiesisch. Mr. André strich sich nachdenklich die widerspenstige Mähne schwarzer Haare aus der Stirn. »Ich hätte vielleicht eine Arbeit für Sie«, sagte er zögernd. »Aber ich weiß nicht, ob ich sie Ihnen anbieten soll. Es ist Arbeit an der Maschine.«

»Gern«, sprudelte der junge Mann eifrig hervor. »Wo darf ich mich melden?«

Er ging. Mr. André sandte einen langen, zweifelnden Blick hinter ihm her.

Am Abend kam er triumphierend zurück. »I am very glad«, rief er schon in der Tür. »I am happy, indeed, Madam!«

»Warum?« fragte Sylvia ziemlich überrascht.

»Ich arbeite!« sagte Fred Stern strahlend. Er reckte die Arme. Er arbeitete in der Konservenfabrik; er machte Dosen.

»Werden Sie mit der Maschine fertig?« fragte Sylvia besorgt. »Ist die Arbeit gefährlich?«

»Es ist schwer«, gab Fred zu. »Man muß verteufelt aufpassen; man kann sich sehr leicht die Finger klemmen. Ich habe mich wohl zuerst sehr linkisch benommen. Der ganze Fabriksaal hat gelacht. Viele Neger und Mulatten arbeiten dort, auch Frauen. Sie sind große Kinder, aber gute Kameraden. In der Mittagspause waren wir schon Freunde. Ich habe mir Pasteten beim Japaner gekauft, und sie haben mir von ihrem heißen Kaffee abgegeben.«

»Kann ich Ihnen helfen?« fragte Fred. »Adressen schreiben? Wege besorgen?« Er schien keine Ermüdung zu kennen, er duldete keinen Einspruch.

Minuten später saß er an der Schreibmaschine. Er kam täglich, und immer brachte er einen Strom von Heiterkeit mit.

In die überfüllte Bar schob sich ein schwerer gewichtiger Mann, ein Riese mit einem Stiernacken. »Gustav«, schrien die jungen Leute von allen Tischen, »Gustav Wolf, komm her, Gustav, spiel eine Runde mit uns!«
»Keine Zeit«, knurrte der Riese. Er warf ein Paket krachend auf die Marmortheke. Er lieferte Sandwiches und Würstchen. Drüben war er Metzger und Weinwirt gewesen, irgendwo am Rhein.

»Ich bin sozialdemokratischer Stadtrat gewesen«, sagte Gustav stolz. »Sie wollten mich holen, aber sie haben mich nicht gefunden: Ich bin nach Belgien ausgerückt! Meine Frau ist noch drüben mit meinem Jungen, aber die ist arisch, die holen sie nicht. Sie haben versucht, sie auszuforschen. Sie haben sie eine Zeitlang arg gequält, aber es war nichts aus ihr herauszubekommen. Jetzt lassen sie sie in Ruhe.«

Gustav hatte einen Sandwichstand aufgemacht mitten auf dem Domplatz, dicht neben der Kathedrale. Seine Ware war sauber und frisch, die Angestellten aus den Kontoren merkten es bald; aus der ganzen Umgebung kamen sie, um bei ihm ihr Frühstück zu kaufen. Jetzt hatte er schon einen zweiten Brötchenstand. Er hatte ein kleines Bankkonto ...

Aus der Bar holte sich Gustav die stellungslosen jungen Leute. Er fütterte sie gut, er zog ihnen saubere Kittel an, und er stellte sie hinter seinen Brötchenstand.

Eines Tages erschien der Metzgergeselle Grün in einer neuen Uniform. Er trug eine blendendweiße Jacke und eine ebensol-

che Mütze, auf der in roter Schrift stand: »Sandwiches Wolf.«
Er fühlte sich noch ein wenig unsicher, aber er war satt und zufrieden.

Sylvia wollte Miriam rufen. Es war viel schwerer, als sie gedacht hatte: Papiere mußten beschafft, Nachweise geführt, Dokumente übersetzt und beglaubigt werden. Man brauchte einen Mittler, der mit den Behörden verhandelte und der sich viel Zeit nahm: Er wenigstens hatte keine Eile; sein letztes Wort war »Paciencia« – Geduld. Das alles dauerte endlos lange, viel zu lange für Sylvias ungeduldige Sehnsucht. »Um ihr Töchterchen müssen Sie sich nicht sorgen«, hatte ihr der Freund im Kontor der Hamburger Schifffahrtsgesellschaft tröstend versichert, »ich selbst werde die Kleine an Bord bringen; ich vertraue sie dem Kapitän an; sie wird in guter Hut reisen.«

Sylvia hatte die Schiffspassage für Miriam mit Luftpost nach drüben geschickt. Sie zitterte vor Spannung. »Das Kind muß den Dampfer Mitte Juli erreichen«, verlangte sie verzweifelt.

»Paciencia«, sagte der Mittler trocken. »Sie können hier nicht bestimmen; Sie müssen erwarten, was über Sie verhängt wird.«

Sylvia war tief niedergedrückt: »Immer muß ich kämpfen«, grübelte sie verbittert, »alles wird mir schwer gemacht, und immer bin ich allein. Warum?«

Frierend und brütend bestellte sie in der Bar einen heißen Kaffee; sehnsüchtig dachte sie an die flirrende Hitze, den weißen Strand und die durchsichtige Luft von Rio de Janeiro. Sie dachte an die Freunde. Alles war grau, alles war öde, eine Wolke von beizendem Tabaksqualm hüllte sie ein.

Eine seltsame Gestalt näherte sich dem Tisch, an dem Sylvia in sich versunken saß: eine überzarte Frau, knabenhaft hager, das kurze graublonde Haar streng gescheitelt über dem männlich geschnittenen Gesicht. Schön waren nur die Augen, große graue Augen mit grünen Pupillen, die von innerem Leben funkelten.

»Ich bin Lotte Hausmann«, erklärte die Fremde aufmunternd. »Sie kennen mich nicht, aber ich weiß, wer Sie sind; ich weiß auch, was Ihnen fehlt. Was ahnen Sie von der Schönheit dieser Stadt? Sie wissen nicht, daß draußen Blumen blühen und Vögel singen, daß Menschen in Freiheit atmen und in Sonne gebadet sind.« Ihre Stimme war warm wie die Berührung einer Hand.

Es war die Wahrheit: Sylvia hatte, seit sie in der Beratungsstelle arbeitete, nichts anderes gesehen als den Domplatz, die tosenden Straßen des »Triangulo«, das Menschengewühl der Avenida São Joao. Sie kannte nichts als das Gleichmaß verzehrender Pflichten.

»Kommen Sie am Sonntag zu uns hinaus«, sagte Lotte Hausmann herzlich. »Wir haben im Garten einen Kastanienbaum, unter dem sich gut rasten läßt.«

Am Sonntag fuhr Sylvia hinaus in die hochgelegene Gartenvorstadt Villa Marianna. Die Trambahn klingelte lustig. Sie sauste wie ein Schlitten über Höhen und Tiefen. Das Panorama wurde ländlicher, je weiter sie fuhr: grüne schattige Plätze, bescheidene Familienhäuser, alte Apotheken, japanische Eisbuden. Die Luft war rein und frisch.

Sylvia war am Ziel. Sie mußte auf einen Stein klettern, um die verrostete Klingel am Gartenzaun zu ziehen. Das Haus lag ganz versteckt in einem verwilderten Park: Palmen, Mangobäume, undurchdringliches Bambusgestrüpp. Blühende Glycinien beschatteten das brüchige Fachwerk der Mauern, um die Stockwerke liefen braune Holzgalerien.

Eine Schreibmaschine klapperte auf der oberen Galerie, Papier raschelte. »Lotte«, rief eine besorgte Männerstimme, »dein Gast ist da!«

Lotte Hausmann tauchte auf aus der dunklen Tiefe des Hauses. Sie trug blaue Hosen und einen hochgeschlossenen Wollsweater. Sie klopfte Sylvia mit strahlender Miene kräftig auf die Schultern, auf brasilianische Art.

Tisch und Stühle waren unter das mächtige Dach des Kastanienbaums gerückt. Sie saßen im grünen Schatten, sie plauderten, und sie schwiegen. Sylvia konnte sprechen, zum erstenmal seit vielen Wochen. Es fiel ihr nicht schwer, sich aufzuschließen: Diese Atmosphäre war ihr vertraut: Es war die Luft geistiger Arbeit, die Sicherheit freien Denkens.

Dr. Fritz Hausmann war Soziologe und Journalist. Drüben war er politischer Redakteur einer sozialistischen Zeitung gewesen. Er war noch jung, ein Dreißiger vielleicht, aber er trug soviel Würde und ein so gereiftes Wesen zur Schau, daß sein Alter schwer zu schätzen war. Es stellte sich heraus, daß er auch ein guter Psychologe war.

»Lotte«, hatte er zu seiner Frau gesagt, »da sitzt in der Beratungsstelle eine frierende kleine Frau, die einsam ist. Geh hin, Lotte, du mußt dich um sie kümmern.«

Lotte ging hin; sie kümmerte sich um Sylvia, sehr kurz und ohne Umschweife, wie das ihre Art war.

Lotte Hausmann nahm Sylvias Arm. Sie stiegen den Hügel hinan, tief atmend gegen den Wind. Wie ein rotes Band schlängelte sich die Straße bis zum Horizont; der Himmel war weit gespannt, zartblau, helle Wolkenfetzen segelten. Zahllose Vögel lärmten auf den Telegraphenstangen.

Hier streckte die Stadt ihre Fühler aus, zwischen Brachland und Wald drang sie unaufhaltsam ins Weglose vor, werdende Form, kaum bezwungene Natur.

Sylvia stieß einen Schrei des Entzückens aus: Da lag auf halber Höhe des Hügels die Gartensiedlung, flache weiße Häuserwürfel mit weiten Glasveranden, vom starken Licht der Wintersonne überflutet. In den Gärten blühten die Rosen.

Die Straße war ungepflastert, die Erde rot. Karren hatten darin tiefe Räderspuren hinterlassen, Maulesel ihre Fußstapfen. Es roch nach Erde. Rote Hibiskusblüten hingen über die Gartenmauern.

Avenida das Americas, las Sylvia auf dem Straßenschild. Hier möchte ich wohnen, dachte sie befreit. Hier möchte ich bleiben.

In Deutschland hielt der Tod blutige Ernte: Röhm wurde erschlagen. Viele der treuesten Helfer von gestern fielen Hitlers rasendem Zorn zum Opfer.

In Österreich wurde Dollfuß ermordet. Die Welle des weißen Terrors stieg.

Mr. André raste in der Nacht des 30. Juni im Auto von einer Telegraphenagentur zur anderen. Depeschen? Nachrichten aus Deutschland? Die Menschen stauten sich vor den Redaktionen. Viele glaubten, daß das Ende dieser Dinge nahe. Sylvia glaubte es nicht.

Fritz Hausmann war Österreicher. Er brachte die erste Nummer einer antifaschistischen Zeitung heraus. Die Schlagzeilen leuchteten grell:»Gärung in der SA«...»Terror über Europa«... »Amerikanischer Boykott«... »Rohstoffknappheit in Deutschland«... »Devisennot«... »Götzendämmerung«... Götzendämmerung?« »Warum schreiben Sie das?« fragte Sylvia traurig. »Hitler ist stark. Der Faschismus ist mächtig. Glauben Sie, daß das Ende nahe ist?«

Fritz Hausmann wiegte den schweren Schädel. »Nein«, sagte er. »Aber wir müssen die Hoffnung wachhalten. Das muß wohl so sein.«

Sylvia hörte diese Worte nicht zum erstenmal. Sie dachte an einen Studienfreund. In Heidelberg war er der begabteste Kopf unter den jungen Sozialisten gewesen. Als sie ihn nach Jahren wiedersah, war er der jüngste Abgeordnete des alten Reichstags. »Warum sind eure Zeitungen so unlesbar?« hatte sie ihn gefragt. »Ich habe es versucht: Ich kann sie nicht lesen.« – »Das muß wohl so sein«, hatte er geantwortet. Heute ging er in einem deutschen Konzentrationslager zugrunde.

Es gab nur noch die Wahrheit; man mußte sie furchtlos ertragen.

»Wir müssen wach bleiben«, sagte Sylvia fest. »Wir selbst.«

Das Leben ging weiter. Alle Kräfte wurden gebraucht, und das war gut so.

Immer noch mühte sich Sylvia verzweifelt um Miriams Einreisepapiere. Als sie alles schon fast beisammen hatte, erhielt sie von Miriam ein Telegramm: Sie hatte sich mit ihrem Vater in Le Havre eingeschifft. Sylvia verstand nichts von alledem, aber sie begriff, daß ihr das Schicksal noch einmal zu Hilfe gekommen war. Sie jubelte: Alle Qual und Sorge um ihr Kind würde ein Ende haben.

In der Beratungsstelle meldete sich eine junge Frau, ein schüchternes kleines Wesen in einem großen Pelzmantel, die kecke Nasenspitze blau gefroren über einem dicken wollenen Schal.

»Ich möchte Zimmer vermieten«, sagte sie, »Zimmer mit Vollpension.«

Sylvia schrieb auf: »Frau Ida Benario, Zimmer zu vermieten ... Zum ersten August, nicht wahr?«

»Ja«, gab die Frau zaghaft zu, »ich habe das Haus schon gefunden. Aber ich kann es erst mieten, wenn ich Gäste habe. Wir haben kein Geld.«

»Die Adresse, bitte?«

»Avenida das Americas, in der Gartensiedlung.«

Sylvia legte die Feder hin. Sie sah die Frau aufmerksam an: Sie hatte ein rundes rosiges Kindergesicht, das von Frische strahlte, große blaue Augen unter dichten Wimpern. Sie gefiel ihr sehr.

»Ich möchte gern bei Ihnen wohnen«, sagte Sylvia rasch. »Ich brauche ein Zimmer für zwei. Ich habe ein Kind, eine dreizehnjährige Tochter; sie kommt mit dem nächsten Dampfer. Würden wir Ihnen nicht zuviel Mühe machen?«

»Oh nein«, versicherte die junge Frau eifrig. Das Blut stieg ihr ins Gesicht unter der sehr hellen Haut. »Ich habe selbst ein Kind, einen Jungen von zehn Jahren. Die Kinder könnten zusammen aufwachsen! Ich würde so gern für sie sorgen. Mein Junge braucht Gefährten, er ist ganz allein.

Sie wären der erste Gast; Sie könnten sich das Zimmer aussuchen, das Ihnen gefällt.«

Sylvia nahm mit Freuden an.

Als Sylvia mit ihren Koffern kam, luden die Träger gerade die ersten Möbel ab. Kisten standen in den Korridoren – Kisten, die aus Deutschland gekommen waren.

Sylvia lief durch die leeren Räume; sie riß alle Fenster auf; überall flutete Sonne herein. Sie wählte ein Zimmer auf die Straße hinaus, das den Blick auf eine kleine Tannenschonung in dem gegenüberliegenden Park hatte. Das war fast wie im Schwarzwald.

In der ersten Nacht hatte Sylvia nichts als einen Diwan. Später kamen Schrank, Kommode, Tisch und Stuhl. Das war nicht viel, aber Sylvia fand es herrlich. Alles war neu, alles duftete noch nach frischem Holz.

Sylvia stellte Blumen auf das breite Fensterbrett, bunte Blumen in einer Tonvase auf den rohen Tisch.

Sie war froh: Miriam würde kommen, alles würde gut sein.

In der Gartensiedlung

Sylvia fühlte sich vom ersten Tag an seltsam verstrickt in das Schicksal der Menschen, in deren Kreis sie getreten war. Sie hatte niemals ohne Erschütterung an dem Drama des Lebens vorübergehen können; mit leidenschaftlicher Anteilnahme hing sie an diesem Dasein: Was in der Nähe und Ferne geschah, geschah auch ihr. Hier kämpften, dicht neben ihr, ungewöhnliche Menschen gegen alle Bitternisse, und Sylvia begriff, daß sie mitfühlend und handelnd zu ihnen gehörte. Sie war nicht umsonst hierher verschlagen worden.

Die Benarios waren arm. Sie hatten, um nur die Kosten der Überfahrt zu decken, fast alles verschleudern müssen, was sie besaßen – ganz zuletzt noch ihr kostbarstes Gut: eine glänzende Bibliothek. Jetzt waren sie hier; fremd, ohne Freunde, ohne Mittel waren sie einem Existenzkampf ausgeliefert, für den sie kaum gerüstet waren.

Frau Benario arbeitete vom Morgengrauen bis in die späte Nacht hinein. Knieend scheuerte sie die Dielen, sie wusch, sie kochte. Sylvia hörte oft, wie sie bei ihrer Küchenarbeit leise sang. Die Stimme rührte sie. Die Frau war nicht stark, aber sie blieb geduldig, unermüdlich, ja sorglos. Singend füllte sie alle Räume mit Heiterkeit, alle – bis auf einen.

Ein Raum durfte nicht betreten werden: Das war das Arbeitszimmer des Dr. Benario. Niemand wußte recht, was er dort trieb. Wahrscheinlich brütete er, denn er hatte keine Arbeit. An den Wänden seines Zimmers waren Waffen aufgereiht, Dolche, indianische Pfeile, von denen manche vergiftet waren. Das Gift war so stark, daß es tötete, wenn man nur die Haut damit ritzte – das hatte Dr. Benario seinem Knaben erklärt, dem einzigen Wesen, das er in seiner Nähe duldete. Dr. Benario war Sprachforscher. Er kannte viele Indianersprachen. Jahrelang hatte er unter den Indianern Zentralamerikas gelebt. Das war lange her; es war vor dem Großen Krieg gewesen. Dann war er zurückgekehrt; er hatte für Deutschland gekämpft und war verwundet worden. Er war ein geachteter Universitätslehrer gewesen, und er hatte alles verloren, weil er Jude war. Sein Traum war, für immer in die Wildnis zurückzukehren, unter freien Indianern zu leben – fern der Zivilisation, die tückischere Wunden schlug als indianische Pfeile.

Der Mann war nicht mehr jung, er war viel älter als seine junge Frau. Seine Haut war braun, stumpf und wie gegerbt, sein Haar schwarz und glatt, die Augen dunkel, ein wenig starr, der schmale Mund fest geschlossen. Fast schien er selbst ein Indianer zu sein.

Die Ehe war nicht glücklich. Die Frau war kindlich, offen, vertrauend. Sie liebte alle guten Dinge des Lebens: Musik, schöne Kleider, Süßigkeiten. Dr. Benario war finster, mißtrauisch, schweigsam, er verachtete die Menschen, er haßte Musik.

Das einzige Band, das diese Menschen aneinanderkettete, war das Kind, das beide vergötterten. Der Knabe hatte die rosige Haut und die hübschen weichen Züge der Mutter. Er hatte die dunklen, ein wenig starren Augen des Vaters, von langen Wimpern beschattet. Das seidige braune Haar fiel ihm in lockeren Strähnen in die helle Stirn. Alles an ihm war rund, weich, fast mädchenhaft zart. Er war scheu und wild. Unbekümmert tobte der kleine Peter auf den roten Jagdgründen der Avenida das Americas. Der Schweiß perlte auf seiner Stirn, das Hemd klebte an der Haut, seine Glieder flogen. Ein Fenster öffnete sich zu ebener Erde. »Peter«, rief die harte Stimme des Dr. Benario. »Ja, Vater ...« Der Knabe zuckte, riß sich zusammen, augenblicklich, stumm wie ein Soldat, gehorchte er. Minuten später saß er im Studierzimmer des Vaters über den Büchern, mit rotem Gesicht, die Arme aufgestützt, die Finger in den Ohren lernte er die unregelmäßigen Verben ... In allem, was er tat, in Spiel und Arbeit, lag eine verbissene Hingabe.

In dem winzigen Gartenzimmer hatte sich gegen geringes Entgelt Fred Stern eingenistet. Früh, vor Morgengrauen, wenn alle anderen noch schliefen, stand er auf; hastig nahm er das Frühstück, das Frau Benario für ihn bereitgestellt hatte, und verließ leise das Haus. Er hatte einen weiten Weg bis zu den Fabriken draußen am Fluß.

Am Abend kam er zurück, müde, mit zerschlagenen Gliedern. Er wies das Abendbrot zurück; in den Kleidern warf er sich auf das schmale harte Bett.

»Ich arbeite«, stöhnte er. »Ich schufte wie ein Tier. Ich verdiene einen guten Lohn: Wenn die anderen achthundert Dosen machen, bringe ich fünfzehnhundert zustande. Aber ich weiß nicht, wie lange ich es noch aushalte. Meine Kraft ist erschöpft, meine Knochen schmerzen.«

Seine Wangen waren hohl geworden, und seine Augen hatten ihren Glanz verloren.

»Haben Sie nur noch eine kleine Weile Geduld«, tröstete

Sylvia angstvoll. »Ich vergesse Sie nicht; ich denke an Sie, sobald sich eine leichtere Arbeit bietet.«

Sie war stolz gewesen auf diesen jungen Menschen. Sie fühlte, sie durfte ihn jetzt nicht im Stich lassen.

Eines Abends kam sie triumphierend nach Hause: »Man braucht einen Korrespondenten, der am Abend englische Briefe schreibt. Das kann für Sie ein Sprungbrett sein: Wenn sie zäh sind, kommen Sie vielleicht in wenigen Monaten an den richtigen Platz. Können Sie es schaffen?«

Fred Stern nahm ohne sich zu besinnen an, er bürdete sich eine zusätzliche Last auf: Tagsüber arbeitete er noch immer in der Fabrik, und am Abend saß er oft bis in die Nacht hinein an der Schreibmaschine. Trotzdem richtete er sich auf, seine Glieder strafften sich und sein Blick wurde wieder hell. Zuweilen hallte das Haus vor Gelächter über seine knabenhaft tollen Launen. An den Sonntagen ging er mit weit ausladenden Schritten in das nächste Vorstadtkino, um über den ältesten Abenteuern des Tom Mix seine Sorgen zu vergessen.

In der Beratungsstelle mangelte das Geld. Die Mittel wurden von Anfang an durch viele freiwillige Spenden aufgebracht, und in der ersten Erschütterung, die das Unglück der Flüchtlinge wie ein Orkan aufwirbelte, waren die Hilfsquellen reichlich geflossen: Die Reichen gaben von ihrem Überfluß, und die ostjüdischen Arbeiter des Stadtviertels Bom Retiro sparten sich den Bissen vom Munde ab, um ihren verfolgten Brüdern zu helfen.

Aber auch die edelsten Aufwallungen, Opferwille und tätige Nächstenliebe ermatten endlich in der ewig gleichförmigen Wiederkehr des Alltags. Auge und Seele gewöhnen sich an den Anblick der Not.

Auch weckte der Zug der Flüchtlinge nicht überall, wohin sie kamen, nur Mitleid oder Liebe. Jeder von ihnen brauchte ein Stück von dem Nährboden, der vor ihnen anderen gehörte, und viele von ihnen brachten aus der alten Heimat den Anspruch mit, mehr zu leisten und besser zu leben als andere.

Immer häufiger stand Sylvia in dem hohen kahlen Raum in der Nähe des Domplatzes dem Ansturm der Hilfesuchenden allein und mit leeren Händen gegenüber. Die Menschen standen wie eine Mauer, Schulter an Schulter: Wir brauchen Obdach, wir brauchen Nahrung, wir brauchen Arbeit! Die Luft war dicht von ihrem Atem.

Sylvia tat, was sie konnte. Sie machte oft das scheinbar Unmögliche möglich. Sie ging in die Häuser der Gleichgültigen und Überdrüssigen und erreichte, daß sie ihre Hilfe nicht zurückzogen. Sie stellte mit großer Kunst eine Liste der Pensionen zusammen, die ihr Kredit gaben. Dann aber war sie an den Zahltagen dem Drängen der Gläubiger ausgeliefert. Sie bezwang oft die Ungebärdigsten durch eine Bitte, ein Lächeln, eine Geste: In Brasilien hat das Wort »Freund« noch einen Klang ehrlicher Kameradschaft. Sie fand für jeden Trost, Rat, einen rettenden Gedanken.

Tage- und nächtelang hatte Sylvia seit vielen Wochen davon geträumt, Miriam in Empfang zu nehmen, wenn sie den Boden Brasiliens betrat. Immer sah sie das Schiff, hoch, mit hundert blinkenden Bullaugen, wie es sich der Küste näherte: Diesmal würde sie selbst am Kai stehen, und Miriam würde winken.

Als Miriam endlich kam, konnte Sylvia ihren Posten nicht eine Stunde verlassen. Erich Schönberg hatte ihr mitgeteilt, daß er in Rio an Land gehen würde, und Sylvia sandte für Miriam ein paar hastig geschriebene Worte an Bord, in die sie all ihre Sorge und Zärtlichkeit preßte. »Mein Liebling«, schrieb sie, »ich wünsche so sehr, daß du in diesem Land glücklich sein wirst. Es ist ein schönes Land – und ein freies Land, viel freier, als du es dir in Europa jemals träumen konntest.« Erich Schönberg schrieb, daß er in Rio bleiben würde. Die Stadt ließ ihn nicht los; Sylvia hätte es ahnen können. Nach einer Woche endlich schickte er Miriam allein nach São Paulo mit einem Zug, der einen Transport von Flüchtlingen brachte.

Und Sylvia stand an einem kühlen Morgen im August wieder in der hochgelegenen zugigen Bahnhofshalle, in der häßlichen Fabrikvorstadt. Sie zitterte vor Spannung; jeder Nerv bebte. Der Zug hatte, wie oft, fast eine Stunde Verspätung. Endlich rollte die Maschine, fauchend und stampfend, mit glühenden Augen durch den Nebel heran, schicksalsbeladen. Die Türen sprangen auf, die Wagen spien Menschen und Koffer aus, und Miriam flog selig, lachend und weinend, in Sylvias Arme. Kontinente waren bezwungen.

Im Auto, das sie zur Avenida das Americas brachte, begann Sylvia zu sprechen: »Es ist alles sehr einfach dort draußen«, sagte sie, »sehr – klein, weißt du. Wir haben kein Haus. Es ist nur ein Anfang. Aber es ist schön.« Miriam hatte große erstaunte Augen. »Was redest du?« fragte sie. »Du bist so sonderbar. Überall, wo wir zusammen sind, ist es gut.«

Manchmal möchte man für einen geliebten Menschen die Sterne vom Himmel herunterholen, und dann findet man sie im Antlitz des anderen.

Draußen lief Miriam an das einzige lichte Fenster ihres Zimmers: Der Nebel teilte sich, und über der Tannenschonung stieg blutrot die Sonne auf. »Das nennst du einfach?« rief Miriam vorwurfsvoll, »das klein und bescheiden? Es ist schön wie ein Traum. Und du weißt nicht, was ich gelitten habe!«

Sie brauchte Tage, um sich zu erholen, und es war schwer zu ergründen, was sie bedrückte. Sie hatte Sehnsucht gehabt, aber das war vorüber, und es hatte diese tapfere junge Seele nicht bezwungen. Das Leid war tiefer.

Erich Schönberg hatte die Schiffspassage verfallen lassen, die Sylvia für Miriam nach drüben geschickt hatte. Er hatte die Möglichkeit ergriffen, mit einem Transport von Flüchtlingen in der dritten Klasse eines großen Überseedampfers zu reisen. Die Nahrung war schlecht, und es gab Wanzen in den Kabinen; Miriams Körper war noch voller Narben von ihren Bissen.

Erich Schönberg, der verwöhnte Mann, fragte schon im Ärmelkanal, welches der nächste Hafen sei, in dem er aussteigen könne. Aber Miriam erklärte, sie würde auch in der zehnten Klasse fahren, wenn sie am Ende nur die Mutter wiederfände. Das war es nicht, was sie quälte.

Aber im Bauch des Schiffes, im Zwischendeck, reisten polnische Auswanderer, Männer, Frauen und Kinder, die in Lumpen gingen und auf zerrissenen Bündeln hockten, schmutzig und stumpf. Sie hungerten, denn der Obersteward hatte die Verpflegung in eigener Regie und bereicherte sich an der Kost der Ärmsten.

Zum ersten Mal in ihrem jungen Leben sah Miriam das nackte Elend menschlicher Kreatur ganz nahe, von Angesicht zu Angesicht. Sie durchwühlte ihre Koffer und gab den zerlumpten Kindern der Armen alles, was sie entbehren konnte. Sie brachte ihnen die Bissen, die sie dem Koch abschmeichelte.

Unter den Polen waren viele, die gedarbt und gespart hatten, um in Kabinen reisen zu können. Auswanderergesellschaften, die menschliche Ware verfrachten, hatten sie betrogen. Die Männer murrten, sie empörten sich, und der Kapitän ließ die Aufrührer in Ketten legen.

Nie wird Miriam das Bild dieser Empörer vergessen.

Frieden herrschte in der Avenida das Americas. Peter und Miriam genossen ihn wie Geschwister; der Wind zerzauste ihre Locken, und die Sonne bräunte ihre Haut. Im Garten des Nachbarn reiften goldrote Orangen und Mandarinen, zwischen den Tannen lag ein steingemauertes Schwimmbecken, in dem sich der Himmel widerspiegelte, und die Kinder tauchten bis auf den Grund.

Jeden Abend trabte eine Herde junger Maultiere durch die Avenida das Americas, die Köpfe zurückgeworfen, mit fliegenden Hufen und flatternden Mähnen drängten sie spielend zu den heimatlichen Ställen. Aufwirbelnder Staub funkelte in den letzten schrägen Strahlen der Abendsonne.

Dann glänzte der erste Stern, und etwas später zog über den Gärten ein silberner Mond auf.

Miriam war ein Kind wie andere. Sie überwand, was sie nicht vergessen konnte, alles Schwere sank auf den Grund ihrer Seele nieder.

Als sie kräftig genug war, suchte Sylvia für sie eine Schule. Sie fand ein niedriges altes Haus in einem Garten, der ganz voller Kinderjubel und Vogelstimmen war. Kinder wippten auf einem umgelegten Baumstamm; sie übten an den aufgestellten Turngeräten. Knaben und Mädchen, weiße und dunkelhäutige Kinder. Die Kinder trugen Uniform, das freundliche Haus war ein Gymnasium.

Sylvia wünschte, daß Peter und Miriam gemeinsam lernen sollten. Dr. Benario zögerte. Er scheute ängstlich jede Ausgabe. Aber Sylvia setzte ihren Willen durch. Sie nahm an eine Hand Miriam und an die andere Peter und führte sie dem Schulleiter zu, einem höflichen klugen Mulatten. Er versprach, den Fremdlingen das Leben in der neuen Umgebung leicht zu machen, und er hielt sein Wort.

Am ersten Schultag wußte Miriam nicht, wann Brasilien entdeckt worden war. Alle Kinder wunderten sich sehr, bis endlich eine eifrige kleine Nachbarin fragte: »Aber dann weißt du doch wenigstens, wann Deutschland entdeckt worden ist?« Miriam wußte auch hierauf keine Antwort: Deutschland war nie entdeckt worden. Die jungen Brasilianer begriffen es nicht.

Nun saßen Peter und Miriam oft auf den Treppenstufen ihres Hauses und vertieften sich in das Gefüge einer neuen Sprache und in die Geschichte eines fremden Kontinents. Sie eigneten sich alles Neue mit spielender Leichtigkeit an.

Miriam trug den hellblauen Faltenrock und die weiße Bluse der brasilianischen College-Mädchen. Sie war hoch aufgeschossen, mager, mit langen, gelenkigen Gliedern.

Oft stieg Dr. Benario in der Stunde nach Sonnenuntergang, wenn alle sanften Farben des Regenbogens am Himmel spielten, mit den beiden Kindern den Hügel hinan, auf der Landstraße, die sich von der Gartensiedlung bis zu den Bergen am Horizont zieht. Sie stapften alle drei über die aufgebrochene rote Erde, die nach Frühling roch.

Peters Vater ließ vor den Kindern die undurchdringliche Maske fallen, die sein Wesen verschloß, und es zeigte sich, daß er die seltenen Eigenschaften des Pädagogen besaß: Güte und Geduld. Er sprach zu ihnen von den Sternbildern des funkelnden Nachthimmels, von den Wundern des geheimnisvollen Weltraums. Er erzählte ihnen von dem primitiven Leben der Indianer, von ihren Sitten, ihren Märchen und Legenden. Er öffnete vor ihnen die verborgene Schatzkammer einer kostbaren Erfahrung und einer dunklen Phantasie. Und die Kinder hingen an seinen Lippen.

Manchmal begleitete sie Sylvia auf ihren Wegen. Sie lauschte gespannt. In diesen Stunden kam ihr der verschlossene Mann näher.

»Peter«, sagte Dr. Benario, »wenn du noch etwas größer bist, gehen wir beide zu den Indianern. Wir kommen nie zurück. Du gehst mit mir – nicht wahr, mein Junge?«

»Ja, Vater«, sagte das Kind, glühend vor Stolz und Abenteuerlust.

»Und deine Mutter?« Die Frage sprang über Sylvias Lippen, fast gegen ihren Willen.

»Und – Mutter?« Der Knabe hob die dunklen Augen fragend zum Vater auf. Äußerste Bereitschaft lag in diesem Blick, blindes Vertrauen in eine letzte Instanz – und unbedingte Unterwerfung unter ihren Willen.

»Weiber können wir nicht brauchen«, sagte Dr. Benario hart. »Es ist zu gefährlich. Nur du kommst mit mir! Mein Junge geht mit mir bis in den Tod. Nicht wahr, Peter?«

»Ja, Vater ...« Es war wie ein Hauch.

Der Knabe liebte den Vater in einer maßlosen, verschwenderischen Hingabe. Er entglitt der Mutter.

Sie fühlte es: Sie umgab ihr Kind, so lange sie es konnte, mit einer traurigen dienenden Liebe.

Alle Schiffe brachten Flüchtlinge aus Europa, Transporte, Schiffsladungen von Flüchtlingen. Von Santos rollten sie in Zügen die Serra herauf; aus Rio kamen sie in überfüllten

Nachtzügen. Sie kamen aus Paris, Antwerpen und Amsterdam. Die europäischen Hilfsstellen hatten sie aus den bedrängten Hauptstädten der Alten Welt in jene glücklichen Länder verfrachtet, in denen die Einreise noch nicht gesperrt war; hastig und überstürzt, ehe es zu spät sein würde. Sie hatten ihnen Schiffspassagen und Papiere verschafft. Sie hatten sie neu und gut ausgestattet, und sie hatten jeder Familie das Kapital mitgegeben, das sie zum Eintritt in die Neue Welt brauchte.

Fast alle diese Menschen erschienen nach und nach in der Beratungsstelle. Männer, Frauen und Kinder trugen die gleichen neuen Reisemäntel, ihre Bewegungen waren elastisch, ihre Gesichter von Sonne und Seeluft gebräunt, sie brachten einen Hauch von Frische und Hoffnung in die kahlen nüchternen Räume.

Mit dieser Flüchtlingswelle kamen viele deutsche Juden, deren Ehen nach dem unbarmherzigen neuen Gesetz als »Mischehen« galten und deren Kinder in der Heimat Parias waren.

Wenige unter ihnen verstanden ein Handwerk, aber manche lockte es, mit den Mitteln, die ihnen zur Verfügung standen, winzige Unternehmungen zu gründen: Brotfabriken, Wäschefabriken, Färbereien, Reparaturwerkstätten für Automobile ... Der Mikrokosmos der Stadt saugte die Menschen auf und das Kapital.

Es kam der ehemalige Amtsschreiber Arthur Mendel, ein beweglicher kleiner Mann; seine hübsche blonde Frau und seine drei »nicht-arischen« kleinen Kinder folgten ihm auf dem Fuße. Er war zunächst ziemlich ratlos. Jeden flehte er mit bewegter Stimme an: »Helfen Sie mir; denken Sie an meine Kinderchen!« Schon seine Schiffsgefährten hatten ihn »Mendel mit den Kinderchen« genannt, und dieser Name blieb ihm.

Mendel mietete in der Arbeitervorstadt Fabrica ein sauberes neues Haus. Er kaufte Möbel, er zementierte im Hof einen überdachten Waschtank aus, und er machte eine Feinwäscherei auf. Die Frau wusch und plättete vom Morgen bis in die Nacht hinein, und der kleine Mann keuchte, geduckt unter der Last der Wäscheballen, in Sonne und Regen von Haus zu Haus, Straßen auf und Straßen ab. Er kam auch in die Avenida das Americas. »Denken Sie an meine Kinderchen!« bat er, und jeder gab ihm einen Packen Wäsche mit.

Sylvia fuhr an einem Sonntagnachmittag zu ihnen hinaus. Die Wäsche häufte sich in Körben, auf den Betten, auf den Tischen, auf dem Fußboden. Die junge Frau stand heiß und rot am Plättbrett und handhabte das Bügeleisen. Die Zimmer waren nicht aufgeräumt; das Geschirr in der Küche war nicht gespült. Die Kinder liefen ungewaschen und ungekämmt in kurzen Hemdchen einher und rissen die Blumen von den Beeten.

Es erschien der Sänger Arnold Saul, elegant und gepflegt, mit einer »arischen« Frau und drei halbwüchsigen Töchtern. Auch er bezog ein Haus in der gleichen Arbeitersiedlung. Eine Brauerei stellte ihm einen Eisschrank in seine Küche; sie lieferte ihm täglich Bier, und die Arbeiter des Viertels kamen am Abend, heiß und durstig, um bei ihm ihren Schoppen zu trinken. Bald kam die Polizei und beschlagnahmte das Bier. Der Mann mußte eine hohe Geldbuße bezahlen. Er hatte nicht einmal geahnt, daß er für den Betrieb einen Gewerbeschein brauchte und Steuern zahlen mußte.

Unverdrossen begann er, Kinderkleider herzustellen. Kinderkleider nach europäischen Schnitten! Man mußte ein Vermögen damit verdienen können. Mit dem Musterkoffer lief er durch die Stadt und bot seine Ware an.

»Können Sie schneidern?« fragte Sylvia erstaunt. »Nein«, sagte er. »Ich liefere die Stoffe. Meine Frau gibt die Modelle an. Ich habe eine Schneiderin, die für mich arbeitet.« Die Schneiderin verstand ihr Fach nicht. Die Modelle entsprachen nicht dem brasilianischen Geschmack. Sauls Töchter trugen die Kleider, die ihr Vater nicht verkaufen konnte.

Der ehemalige Rechtsanwalt Paul Schlesinger steckte sein Geld in eine Brotfabrik. Er fuhr selbst mit dem Brotwagen von Tür zu Tür und lieferte die Ware ab. Der Mann war zufrieden: Die deutsche Kundschaft brauchte mehr Roggenbrot, als er liefern konnte.

Der Medizinstudent Eugen Ehrlich kaufte einen Milchladen, irgendwo am Rande der Stadt. Der junge Mann stand mit aufgekrempelten Hemdsärmeln am Ladentisch und ließ die Milch schäumend in die Gefäße laufen. Er behandelte die Hausfrauen mit Ehrerbietung, er scherzte mit den kleinen braunen Dienstmädchen, er sprach fließend Portugiesisch wie ein »Caboclo«. Das Geschäft ging gut.

Ein Mann, dem in Berlin ein elegantes Schuhgeschäft gehört hatte, kam hier auf den Einfall, in einem Torweg, gegenüber einer Schule, Sandwiches und Süßigkeiten zu verkaufen. »Es geht glänzend«, sagte er stolz. »Die Kinder kommen in allen Pausen. Ich habe schon meine Frau und meinen Jungen angerufen zu kommen! Und im nächsten Karneval hänge ich mir einen Bauchladen um und verkaufe Eiswaffeln auf der Straße.«

Ein Hüne meldete sich in der Beratungsstelle, ein Kerl wie ein Baum. Kaum konnte er ungebeugt die Tür durchschreiten. »Mein Name ist Lehmann«, stellte er sich vor, »Siegfried Lehmann, gerade aus Frankreich angekommen. Und hier ist meine Frau!«

Auch diese Frau war Arierin – wer hatte in Deutschland vor dem verhängnisvollen Januar 1933 danach gefragt? –, eine stattliche Berlinerin. Sie ließ sich schwer auf einen Stuhl sinken. »Die Ostjuden haben an allem die Schuld«, begann sie mit klagender Stimme. »Die Ostjuden haben uns aus Deutschland vertrieben! Man hätte sie rechtzeitig ausweisen sollen.«

»Bedenken Sie Ihre Worte!« sagte Sylvia scharf. »Vier Fünftel des Geldes, mit dem euch allen geholfen wird, haben die Ostjuden unter Opfern aufgebracht, hier und anderswo.«

Der Mann wollte am liebsten sofort arbeiten.

»Was können Sie?«

»Was kann ich nicht?« antwortete der Hüne mit breitem Lachen. »In Paris habe ich kochen gelernt, vier Monate lang habe ich in den Baracken gekocht. Eine Zeitlang habe ich Schaufenster dekoriert. Aber in Deutschland bin ich vierzehn Jahre lang Bauarbeiter gewesen.«

»Bauarbeiter?« Sylvia strahlte. »Endlich einer, der ein Fach versteht! Ich gebe Ihnen die Karte eines Architekten; er wird Sie sofort einstellen; er braucht immer tüchtige Arbeiter.«

Sylvia sah den beiden nach. Der Mann war nicht mehr jung. Er war zweiundfünfzig Jahre alt. Aber er sah prachtvoll aus: breitschultrig, kräftig, gesund. Er würde es schaffen!

Nach acht Tagen kam er zurück. »Ich bin Kolonnenführer geworden!« berichtete er glückstrahlend. »Man zahlt mir einen anständigen Lohn. Wir haben schon ein Häuschen; meine Frau ist froh, daß sie wirtschaften kann. Der Rest des

Geldes ist auf der Bank, den rühre ich nicht an, das ist ein Notgroschen für meine Frau.

Ich bin Ihnen so dankbar – wenn ich etwas für Sie tun kann: Kisten schleppen, Transporte besorgen? Wir fahren täglich mit dem Lastauto; wir bauen auf der Straße nach Santos.«

Er ging: stark, ungebeugt, mit wiegendem Schritt.

Sylvia war froh: Es war schön zu helfen.

Noch immer gab es kein Geld in der Beratungsstelle. Vor Tagen schon war Senhor Arthur mit rotem Kopf davongestürmt: Die Kasse war leer, und die Leute verlangten Geld, Obdach, Nahrung; er konnte es nicht ertragen.

Mr. André telefonierte: »Haben Sie Geld? Nein? – Dann komme ich nicht! Es hat keinen Sinn.«

Sylvia bezog nur ein winziges Gehalt, und im letzten Monat hatte sie es nicht genommen. Sie wußte niemals recht, wovon sie lebte. Sie pflegte Frau Benario die Pension im voraus zu bezahlen; viel mehr brauchte sie nicht. Manchmal legte Bob eine Dollarnote in seine Briefe, aber auch diese Briefe kamen immer seltener.

Heute war endlich Geld eingegangen. Der Kassierer hatte die Monatsbeiträge eingesammelt, und die Rechnungen wurden bezahlt. Die Pensionswirtinnen standen in einer Schlange, und die Kasse leerte sich rasch. Vielleicht würde für Sylvia das Gehalt übrigbleiben?

Aber dann kam die kleine Hilde Rosenfeld, ein zartes blasses Ding, Sylvias besonderer Schützling. Das Kind verkaufte Bonbons in der Bar nebenan, es trippelte von Tisch zu Tisch, und die jungen Leute kauften alle. Der Vater arbeitete als Schlosser in der Fabrik, die Mutter war nervenkrank. Zu Hause räumte die Kleine das einzige Zimmer auf. Sie versorgte das Brüderchen, sie brachte dem Vater das Essen in die Fabrik, in der freien Zeit ging sie zur Schule. Sie war immer übermüdet. Die Arztrechnung für die Mutter mußte bezahlt werden. Sylvia gab das Geld.

Und dann kam der ehemalige Bankdirektor Herzberg, ein ängstlicher nervöser Mann. Er war halb blind. Im Krieg hatte er ein Auge verloren. Als Versicherungsagent lief er von Tür zu Tür, um das Brot für seine Familie zu verdienen. Es war schwer. Der Mann konnte seine Miete nicht bezahlen. Schon einmal hatte er mit Selbstmord gedroht. Herzberg hatte Sylvia oft sein Leid geklagt. Von der Straße kam er zu ihr herauf. Er pflegte seiner Brieftasche eine Fotografie zu entnehmen: »Sehen Sie«, sagte er mit einem glücklichen Lächeln, »das war mein Speisezimmer in Berlin! Der Aufsatz auf dem Büffet ist echt Sèvres und die Jardinière Alt-Meißner Porzellan. Meine Frau hatte Brillanten und einen Zobelpelz ...«

Sylvia fand Brillanten, Zobelpelze und Meißner Porzellan nicht unbedingt lebenswichtig in einer Zeit wie dieser. Diese Dinge hatten ihren Sinn verloren. Aber sie sprach den Gedanken nicht aus. Dem Mann mußte geholfen werden. Sylvia gab das letzte: Nun war die Kasse leer.

Im letzten Augenblick, als Sylvia schon schließen wollte, kamen noch zwei ziemlich auffallende Menschen herein: Der Mann, barhäuptig, übernächtigt, in einem zerdrückten weißen Leinenanzug, trug einiges Handgepäck; mit dem freien Arm stützte er die Frau, die schwankte. Sie war sehr jung, gut gekleidet, die feinen Züge waren bleich, mit tiefen Schatten um

die Augenlider, rote Flecken brannten auf ihren Wangenknochen.
»Wir sind gestern mit dem Nachtzug von Rio abgefahren«, sagte der Mann. »Seitdem haben wir nichts gegessen. Meine Frau ist krank. Ich habe eben auf der Straße meine goldene Füllfeder hergegeben, um eine Tasse Kaffee für sie zu bezahlen. Wir wissen nicht, wohin.«
»Mein Gott«, stöhnte Sylvia, »warum sind Sie nicht früher hierhergekommen?«
»Frau Neumann«, schrie sie, »heißen Kaffee, bitte – und Butterbrot – aber rasch! Wir zahlen alles.«
Sylvia hatte kein Geld mehr. Ihr Kredit war erschöpft. Kurz entschlossen rief sie Frau Benario an: »Haben Sie ein Zimmer bereit? Ein Bett nur? Es macht nichts: Ich bringe zwei Menschen nach Hause, aber sie sind mit einem Bett zufrieden. Und etwas Kräftiges zum Abendbrot? Heiße Fleischbrühe – das ist gut! Wir kommen in einer halben Stunde.«
Die Trambahn klingelte lustig. Sie sauste wie ein Schlitten über Höhen und Tiefen. Sie saßen eng zusammen, sie hatten die Koffer zwischen sich. In die blassen Wangen der Frau kam langsam eine leise Röte zurück. Die Luft war rein und frisch. Sie waren am Ziel ...
Nach dem Abendessen begann der Mann, erwärmt und satt, in abgerissenen Sätzen zu sprechen: »Wir hatten in Hannover das größte Warenhaus ... Meerländer ... David Meerländer und Sohn ... Kannten Sie es nicht? ... Am Tag des Judenboykotts kam der Kontorchef, mit der Hakenkreuzbinde am Arm, in der Uniform eines Amtsleiters, zu mir herauf und wollte befehlen ... Ich habe ihn die Treppe hinuntergeworfen ... Ich mußte fliehen, ohne Rock und Papiere ... In Holland konnten wir nicht bleiben, meine Frau und ich ... Wir

kamen nach Antwerpen. Von dort hat man uns nach Rio verfrachtet. Meine Frau wurde krank, die Lunge ist angegriffen ... Wir haben kein Geld.«

Sie packten die Frau in das schmale Bett. Sie fröstelte, ihre Zähne schlugen in einem Schüttelfrost aufeinander. Sylvia hielt ihre heiße Hand. Mager und zerbrechlich wie ein Kind lag sie in den Kissen.

Der Mann fand Arbeit als Tischler in einer Werkstatt. Er war sehr geschickt. Sylvia sah jetzt erst, wie zäh und sehnig er war.

Die Meerländers mieteten ein Zimmer, irgendwo in der Altstadt. Eine Fensterscheibe war zerbrochen. Ein Bett, ein Kleiderrechen mit einem Vorhang davor, ein wackliger Tisch und ein Stuhl, das war die ganze Einrichtung. Und ein Spirituskocher, auf dem eine Suppe brodelte.

Sylvia sorgte dafür, daß die Frau gute Nahrung bekam: Butter, Milch, Eier. Sie kam langsam zu Kräften. Sie wollte arbeiten. Sie hatte so feine, gewandte Finger. Ihre Kleider hatten immer einen bezaubernden Schnitt, und sie hatte sie alle selbst genäht. Sie bestand darauf, eine Nähmaschine auf Abzahlung zu nehmen, und sie begann zu schneidern.

Alles schien gutzugehen.

Der Metzger Hermann Dobraner fuhr nach Rio. Ein Menschenfreund hatte ihm das Geld gegeben, damit er sich eine Prothese machen lassen konnte, statt des fehlenden Arms. Er sollte wieder unter die Normalen eingereiht werden. Später würde sich das kleine Kapital für den erträumten Laden in Bom Retiro finden.

Nach Wochen kam er zurück: ohne Prothese. Er hatte das Geld verspielt.

Wieder saß er in der Bar. Er grübelte, und er spielte. Er spielte Karten, und er spielte »Bicho«, das volkstümliche Lotteriespiel: »Der Schmetterling, der Hund, die Katze bringt Ihnen heute Glück!« Sein Blick war traurig, und sein Wille schlief.

Gustav Wolf hingegen ging beschwingt und mit federnden Schritten einher. Sein rundes rotes Gesicht war eitel Seligkeit. »Meine Frau ist gekommen, mit meinem Jungen«, berichtete er heiter. »Der Junge arbeitet schon. Er ist Schlosser, er hat ein vernünftiges Handwerk gelernt, dem Himmel sei Dank! Ich habe ein Haus gekauft, ein Haus und ein Stück Land. Trinken Sie am Sonntag eine Tasse Kaffee mit uns?«

Sylvia nahm Miriam mit. Das Haus lag in einem der freien ländlichen Vororte, auf der Straße, die zu dem großen Stausee der »Light & Power Company« führt. Rechts von dem breiten Schienenband der Straßenbahn stapften sie querfeldein über lehmiges aufgerissenes Erdreich durch Busch und Gestrüpp, eine Viertelstunde lang. Vorsicht, Dornen! Und gib acht, daß du nicht auf Schlangen trittst!

Da war endlich das Haus, einstöckig, weiß gestrichen, mit blauen Fensterläden, ein Arbeiterhäuschen. Im Garten waren schon Tomaten gepflanzt, Erdbeeren und Kopfsalat. Hinter einem geflickten Lattenzaun jaulte ein ganzer Wurf junger Hunde. Der Junge, der Fünfzehnjährige, hielt einen nach dem anderen spielend ans Licht. »Eigene Zucht!« bemerkte er zärtlich.

Der Tisch war in der Laube gedeckt. Die sanfte blonde Frau hatte Kaffee gekocht und Napfkuchen gebacken. Sie füllte die Tassen. »Wie zu Hause«, sagte sie still.

Gustav Wolf, der ehemalige Weinwirt, stand stämmig und

sicher auf seinem eigenen Grund und Boden. Er wies in die Runde. »Fein – was?« fragte er mit der Würde des Besitzers. »Ein Haus und ein Stück Land, das ist die beste Kapitalanlage! Jeder Fußbreit Boden hat hier eine Zukunft! Und im nächsten Frühjahr kaufe ich vom Nachbarn das brachliegende Feld.« Er war Sozialdemokrat gewesen. Er war ein kleinkapitalistisches Genie.

Aus Rio schrieb Vera Berg: »Der Doktor hat noch keinen Termin für das ärztliche Examen bekommen. Er hat die Hoffnung aufgegeben: Es hat keinen Sinn mehr zu kämpfen.«

»Dr. Romberg ist aus Bahia zurückgekehrt; er hat auch dort nichts erreicht. Der kräftige Mann ist völlig zusammengebrochen: Nachtarbeit, Kummer, Sorge. Er hat sich ein schweres Herzleiden zugezogen.

Ramon ist nicht zurückgekommen.

Wir kommen nach São Paulo: Wir wollen versuchen, uns einzugliedern.«

Sie kamen. Sylvia umarmte Vera schweigend. Den kleinen Blonden wagte sie nicht zu berühren: Er stand scheu und stumm, die strahlenden Blauaugen fremd und fragend aufgeschlagen, die straffe Mähne weißblonder Haare steil über der festen Knabenstirn, ein winziges Bild nordischer Männlichkeit.

»Romberg hat alles auf die letzte Karte gesetzt«, berichtete Dr. Berg. »Er ist nach New York gefahren, mit Frau und Kind. Dort kann er als Arzt arbeiten, wenn er nur ein Sprachexamen besteht. Ich kann das Wagnis nicht unternehmen: Ich muß mit meinen Kräften haushalten und mit meinen Mitteln.

Hier müßte ich von neuem beginnen. Ich müßte fünf volle Jahre an brasilianischen Hochschulen studieren. Ausländi-

sche Ärzte werden nur unter dieser Bedingung zur Praxis noch zugelassen. Wir stehen alle vor dem Nichts.
Ich liebe meinen Beruf mehr als mein Leben; aber ich bin nicht mehr jung, und ich bin nicht allein. Ich muß meine Frau versorgen und meinen Jungen. Ich bin ein Arbeiter; ich werde um das tägliche Brot kämpfen.«

Sie bezogen ein Haus in der Gartensiedlung, in der Avenida das Americas, einen Steinwurf von dem Haus des Dr. Benario entfernt. Sylvia packte die Kisten aus, die Kisten, die aus Deutschland gekommen waren. Sie hatten vergessen und verstaubt auf einem Speicher gestanden. Bücher, medizinische Instrumente, Kinderspielzeug, zerbrochener Hausrat. Eine unentwirrbare Fülle von Gegenständen quoll ihr entgegen, unentbehrliche Dinge und nutzlose, in Hast zusammengerafft.

»Es sieht aus, als hätte es gebrannt, als Sie packten«, bemerkte Sylvia ratlos.

»Es *hat* gebrannt«, sagte Vera Berg ernst.

Dr. Berg richtete ein Laboratorium ein. Er arbeitete Tag und Nacht, um den kleinen Betrieb auszubauen. Er mußte viele Dinge aus Nordamerika beziehen. Er wandte sich an Sylvia: »Ich brauche einen Gehilfen, einen zuverlässigen Arbeiter, der Englisch schreibt.«

»Ich weiß einen, für den ich mich verbürge«, sagte Sylvia rasch.

Sie lief nach Hause und holte Fred Stern. Er konnte sein Glück kaum fassen. Er nahm Abschied von seinen Werkkameraden; er verließ die Fabrik und bezog das Laboratorium des Dr. Berg. Schulter an Schulter arbeiteten sie.

Eines Abends, nach der Arbeit, kam Fred Stern mit Sorgen beladen in Sylvias Zimmer, in der Haltung eines Delinquenten, der eine Beichte ablegen will.

»Ich brauche die Rufpapiere für meine Frau«, gestand er bedrückt. »Und ich habe kein Geld.«

»Ihre Frau?« Sylvia war sehr überrascht. Sie hatte niemals daran gedacht, daß der tolle Bursche verheiratet sein könnte.

»Sie wartet in England, bis ich sie rufen kann, und sie erwartet ein Kind.«

Familien waren auseinandergerissen. Junge Menschen hatten sich getroffen zwischen den Kontinenten; sie hatten rasch geheiratet, zwischen zwei Dampferausfahrten.

»Ich gebe Ihnen das Geld«, sagte Sylvia entschlossen. »Zahlen Sie es zurück, wie Sie es entbehren können.«

Es war das letzte, was sie besaß. Sie hatte nichts zu verschenken, aber sie setzte unbedingtes Vertrauen in diesen hartnäckigen jungen Mann.

Erich Schönberg hatte aus Europa Kisten voller Bilder mitgebracht, die besten Arbeiten aus Jahren: Bilder aus Deutschland, aus Frankreich, aus Italien, Bilder aus dem Orient – Landschaften, in denen Schönheit und Rausch der Erde Gestalt geworden waren. Sie waren sein kostbarster Besitz, die Ernte seines Lebens. Er kannte alle europäischen Hauptstädte: das Parkett der Empfangssäle und das Pflaster der Straßen. Überall hatte man ihn gefeiert, verwöhnt, vergöttert; überall hatte man ihm den Sieg leicht gemacht. Er war seines Erfolges sicher.

Sein Traum erfüllte sich: Auf der Avenida Rio Branco, mitten im Getriebe der Millionenstadt, stellte er seine Bilder aus, in den Räumen eines deutschen Clubs. Eine Gruppe von

Nationalsozialisten versuchte seine Ausstellung zu sprengen. Er wehrte sich; er kämpfte um sein Recht. »Ich bin Deutscher«, erklärte er zornig, »ich habe für Deutschland geblutet; meine Bilder hängen noch heute unangetastet in den glänzendsten Museen meiner Heimat.« Er setzte seinen Willen durch.

Empfänge, Cocktail-Partys, blendende Kritiken – der Ruhm eines Tages. Kein Bild wurde verkauft. Die Deutschen kauften nicht, weil er Jude war, und die Juden mieden seine Ausstellung, weil sie in einem deutschen Club stattfand. Wovon sollte der Maler leben?

Er schrieb an Sylvia ratlose, empörte, anklagende Briefe: Er hatte geglaubt, daß er auf diesem Kontinent rasch Reichtümer erwerben könne, und er war ärmer geworden, als er je gewesen war. Er wollte nicht begreifen, daß er ein Flüchtling war wie Tausende: heimatlos, arm und allein. Er war nicht demütig genug, um das Leben zu erfassen, das sich ihm bot: das Leben, das noch immer eine Gnade war, reich an Wundern.

Sylvia war geschlagen: Sie hatte alles getan, um ihm in São Paulo die Wege zu ebnen. Alles war vergeblich gewesen.

Der Sommer brach ein nach einem kurzen milden Frühling. Es war der erste Sommer, den Sylvia in den Tropen erlebte. Aber in São Paulo waren nur die Tage heiß, strahlend, weißflirrend von Sonnenlicht; die Nächte waren kühl und die Abende lau, leuchtend, berauschend schön.

Sylvia atmete auf, wenn sie spätabends erschöpft aus dem übersättigten, erstickend warmen Dunstkreis der Altstadt in die hochgelegene Gartensiedlung heimkehrte. Sie fühlte sich geborgen.

Es war seltsam: Sie erlebte am Tag alle Nöte, Kämpfe und Tragödien der Menschen, die ihr anvertraut waren; sie bangte und litt mit ihnen, und sie konnte doch in ihren kargen Feierstunden heiter, beschwingt und voraussetzungslos glücklich sein. Sie konnte es selbst kaum fassen.

Es war das Land, das sie berauschte, Erde, Himmel und Sterne – die Gnade, die ihr zuteil ward, diese köstlich reine Luft in Freiheit atmen zu dürfen.

Sie wanderte mit Miriam weite Wege: Jenseits der Hügel lag ein Orchideengarten, ein See leuchtete darin wie das Auge der Nacht. In den Treibhäusern, am Fuß der Berge, dufteten Märchenblumen.

Sie erkletterten die Hügel, und sie sahen zu ihren Füßen die Täler in all ihrer Lieblichkeit gebreitet: die roten Furchen der Straßen, das Weiß der Hütten und Paläste, das satte Grün der Bananenstauden und Mangobäume.

Auch Dr. Hausmann liebte es, unter dem Sternenhimmel zu wandern. Oft begleitete er Sylvia in diesen Stunden. Der Boden klang unter ihren Füßen. Sylvia sprach von jenen anderen Nächten, in denen sie den Frieden ihrer Insel genossen hatte. Sie erzählte von der stillen Meeresbucht, von Windmühlen und leuchtenden Moorseen, von den Liedern aus den Tagen der Mauren. Sie sprach von den Marannen, deren Schicksal sie niemals vergaß, von den Scheiterhaufen, die einst auf den Bergen flammten.

»Von Ihren Vorfahren muß einer auf dem Scheiterhaufen verbrannt worden sein«, sagte Dr. Hausmann nachdenklich.

Sylvia erschrak: Der Mann hatte einen Gedanken erraten, der sie oft gequält hatte. In ihrem Blut brannte Empörung von Urzeiten her. Vielleicht aber hatten ihre Ahnen einst davon geträumt, diese Küste zu erreichen? Vielleicht waren Menschen ihres Blutes, flüchtend wie sie selbst, vor Jahrhunderten auf diesem Boden der Freiheit gelandet? Sie hatte dieses Land in ihren Träumen schon gekannt.

In der Beratungsstelle erschien ein seltener Gast: Ilse Roselius, schön, strahlend und überglücklich. Der Raum wurde hell, als sie eintrat; Sylvia schien es, als hätte sich der Glanz in ihren dunklen Augen noch vertieft.

»Ich hatte einen großen Auftrag«, berichtete sie stolz, »ich habe für einen mächtigen Pressekonzern gearbeitet, ich habe viel Geld verdient.«

»Ach, Geld ...«, wiederholte sie achtlos, »aber ich war so allein, ich hatte Heimweh, jetzt bleibe ich hier!«

Es war eine ihrer plötzlichen Eingebungen.

Der Abend gehörte ihnen: Sylvia nahm das Mädchen mit sich nach Hause, in die Avenida das Americas. An der bescheidenen Tafel des Dr. Benario geriet Ilse in helles Entzücken: das geblümte Bauerntischtuch, die bauchige Teekanne, die Tonvase mit Feldblumen – alles rührte sie, alles erinnerte sie an die verlorene Heimat.

»Ich ziehe zu dir«, entschied sie sofort, »ich bleibe.«

Sie bezog das Zimmer neben dem Sylvias. Mit kindlichem Eifer richtete sie sich ein: Über den Diwan nagelte sie einen farbigen Wandbehang, den sie einst in Ceuta gekauft hatte, auf ihrer ersten gemeinsamen Reise mit Sylvia; überall an den Wänden hingen ihre eigenen Zeichnungen.

Für Sylvia, und mehr noch für Miriam, war das Zusammenleben mit Ilse Roselius eine Quelle reinen Glücks: Sie war so frisch und strahlend wie der junge Tag, wenn sie am Morgen an Sylvias Tür klopfte; der Tag, der so begann, konnte nicht ganz ohne Freude sein. Ilse unterrichtete Miriam. Beide nahmen Klappstühle und Malgerät und wanderten über die Berge, um zu arbeiten.

Sylvia hatte quälende Sorgen. Schwerer und schwerer lastete das Schicksal der vielen auf ihr, aber ihr Blick wurde hell, wenn ihr am Abend schon an der Gartentür das fröhliche Geplauder der Mädchen entgegenklang.

Zu Weihnachten schickte die alte Barbara zwei winzige sternförmige Leuchter, in denen Wachslichter steckten. Sie schickte auch einen Kalender für das neue Jahr, auf dem alle nationalsozialistischen Feiertage sauber verzeichnet waren.

Die Benarios hatten kein Geld, aber sie hatten einen mächtigen Plumpudding, den ihnen ein englischer Freund ins Haus geschickt hatte.

Es war zum Ersticken heiß. Ilse lag reglos auf dem Diwan: Sie litt unter der Schwüle, und sie hatte Heimweh. Auf ihre Bitten kaufte Sylvia ein: Äpfel und Nüsse, Datteln und Feigen, Mandeln und Traubenrosinen. Und Rum: Der Plumpudding wurde mit Rum übergossen und unter dem Jubel der Kinder brennend ins Zimmer getragen.

Es war so heiß, daß die Kerzen in den Leuchtern von selbst schmolzen. Als sie angezündet waren, weinte Ilse Roselius vor Heimweh: Das Licht der Kerzen flackerte auf ihrem blassen Gesicht, und die Tränen quollen unter ihren geschlossenen Lidern hervor.

Als in der Silvesternacht die Glocken läuteten, stellte Sylvia Barbaras Kalender auf ihren Schreibtisch. Sie lächelte: Jeden Tag in diesem Jahr würde sie an die alte Barbara denken.

Das Tal, wo der Teufel Wasser trank ...

Im Tal Anhangabahu standen Reihen schlanker Königspalmen, zitternd im Mittagsdunst hielten sie ihre Kronen in das durchsichtige wolkenlose Himmelsblau. Die Luft war flirrend von Hitze, schwer und träge schienen die Minuten in die Ewigkeit zu rinnen. Auf grauen Steinbänken rasteten müde Menschen. Um die grünen Parkanlagen im Herzen der Stadt brandete der Verkehr, wie tosende Wellen an ein stilles Seeufer schlagen.

Nach allen Richtungen liefen die alten Straßen der Stadtniederung auseinander. In den Häuserreihen klafften Lücken, wie in einem welken Greisenmund. Auf schwebenden Gerüsten standen Arbeiter. Sie rissen die morschen Häuser ein: Mörtel bröckelte, Staub sickerte. Noch standen hier und da die Reste stürzender Wohnstätten: rote, grüne, blaue Zimmerwände, ein kalter Kamin. Eine Stuckdecke, in deren Mitte ein dunkles Loch gähnte, trug noch einen bunten Früchtekranz ...

Dicht daneben schaufelten Männer das Fundament für einen neuen Bau. Hochhäuser wuchsen aus der aufgerissenen Erde wie Rudel von Riesen, schimmerndes, hochstrebendes Mauerwerk aus Stahl und Zement, aus Marmor, Glimmer und Glas. Pausenlos, unaufhaltsam wuchs die Stadt.

Über die Niederungen schwangen sich Brücken, funkelnde Viadukte. Hoch oben am Geländer lehnten müßige Menschen und sahen dem schweren rhythmischen Beugen und Heben der Arbeitenden zu.

»Anhangabahu«, sagte Dr. Benario, »das heißt in der Sprache der Indianer: das Tal, wo der Teufel Wasser trank ...«

Sylvia lachte: Sie glaubte nicht an den Teufel, und sie liebte dieses Tal schon.

Sylvia lief durch die alten Straßen, sie war tief in Gedanken. Sie schaute nicht nach rechts und nicht nach links. Die Zeitungshändler schrien die letzten Tagesnachrichten aus. Die Losverkäufer boten ihre Lotterielose an, für geringe Münze ein winziges Quentchen Glück. Aus Ölküchen drang der schwere Geruch von siedendem Fett.

Vor einer dieser Kneipen stand der Sänger Arnold Saul. Er hatte sich ein Tragbrett an einem Riemen um die Schultern gehängt, er verkaufte Süßigkeiten auf der Straße. Sylvias Fuß stockte. Sie streckte dem Mann die Hand hin; in ihrem Blick lag eine stumme Frage.

»Die Kinderkleider konnte ich nicht verkaufen«, sagte der Sänger mit einem tapferen Lächeln, »und das Geld ist verbraucht. Wir müssen alle um das tägliche Brot kämpfen.«

»Und – Ihr Haus, Ihre Frau, die Kinder?«

»Meine Frau näht in einer Werkstatt. Die Älteste, die Fünfzehnjährige, arbeitet in einem Juwelierladen. Erika, die Dreizehnjährige, versorgt das Haus, sie und die Jüngste gehen zur Schule.«

Sylvia lief weiter. Sie bog in die stille Seitenstraße ein, in der die Meerländers wohnten. Da war die zerbrochene Fensterscheibe, der kümmerliche Garten vor der Tür.

Vor Tagen hatte Sylvia Frau Meerländer eine leichte Näharbeit gebracht. Sie hatte die junge Frau heiter, hoffnungsvoll und mit roten Wangen angetroffen. Heute fand sie sie schwerkrank, fiebernd und erregt in ihrem Bett.

»Ich habe einen Blutsturz gehabt«, erklärte die Frau mühsam, »heute morgen, bei der Arbeit ... Es kam so plötzlich, das Blut ist über die Seide geflossen. Aber seien Sie unbesorgt: Ich habe das Kleid gewaschen.«

Sylvia sah erschüttert und tief entsetzt auf das elende schmächtige Bündel in den Kissen nieder.

»Sprechen Sie nicht darüber«, wehrte sie bekümmert ab. »Sie brauchen jetzt Ruhe, Pflege – Sie müssen gesund werden! Sie hätten nicht arbeiten dürfen, es war ein Fehler.«

»Aber ich halte es nicht aus, müßig zu sein«, beharrte die junge Frau eigensinnig. »Ich habe mich so wohl gefühlt.«

Sie atmete gequält, keuchend; die dünne Bettdecke hob und senkte sich über ihrer Brust. Aber sie wollte nicht schweigen; mühsam, abgerissen, unaufhaltsam sprach sie:

»Hören Sie, ich muß Ihnen ein Geständnis machen. Sie sind gut zu mir gewesen. Ich will Ihnen die Wahrheit sagen: Wir sind nicht verheiratet, Meerländer und ich. Drüben bin ich Pflegerin gewesen, als ich noch gesund und stark war. Ich habe den Mann gepflegt, nach einer schweren Operation. Ich habe ihn liebgewonnen und ich habe mit ihm gelebt. Mein Vater ist Beamter im katholischen Westfalen, er ist fromm, er hat mich verstoßen.

Als der Mann fliehen mußte, damals nach dem Judenboykott, sind sie am nächsten Morgen zu mir in die Wohnung gekommen, in aller Frühe; ich lag noch zu Bett. Sie haben eine Hausdurchsuchung gemacht, aber sie haben nichts gefunden. ›Laß ihn laufen, deinen Itzig‹, haben sie zu mir gesagt, ›du gehörst doch zu uns, dir tut hier keiner was.‹ Aber ich bin heimlich über die Grenze nach Holland zu ihm gegangen. Mein Vater wollte mich mit Gewalt zurückholen, weil ich minderjährig war. Da mußten wir weiter. Ich lasse nicht von ihm, niemals.« Sylvias Hände waren eiskalt; sie legte sie auf die fieberheiße Stirn der Kranken. »Sie dürfen sich jetzt nicht mehr aufregen!« sagte sie fest, und ihre Stimme hatte soviel Gewalt, daß die Frau gehorsam in die Kissen zurücksank. »Vor Gott und den Menschen ist es gleichgültig, ob Sie nach dem Gesetz verheiratet sind! Sie sind gut und tapfer gewesen. Sie haben mehr getan, als Sie konnten. Sie müssen am Leben bleiben für den Mann, den Sie liebhaben: Was soll aus ihm werden, wenn er allein bleibt? Sie müssen folgsam sein, und Sie müssen gesund werden.«

Sie setzte durch, daß die Frau in ein Sanatorium kam, in einen gesunden Gebirgsort. Sie selbst brachte sie mit ihrem Handgepäck zum Bahnhof, und sie war erst beruhigt, als der Zug aus der Halle fuhr.

Wenige Tage später traf sie Frau Meerländer in São Paulo in der Altstadt wieder. Sie war allein, und sie versuchte eben sehr energisch, mit ihrem Koffer auf einen der hohen Straßenbahnwagen zu klettern. Sie sah blühend und glücklich aus.

»Wie kommen Sie hierher?« fragte Sylvia vorwurfsvoll. »Sie hatten versprochen zu bleiben! Wohin wollen Sie?«

»Nach Hause!« antwortete die junge Frau mit einem verschmitzten Lächeln, wie ein ertapptes Kind. »Ich hielt es nicht aus: Das Essen war schlecht, ich mußte in einem Saal mit vielen schlafen, und die Menschen waren so fremd. Ich bin schon ganz gesund.«

Sylvia nahm ihr schweigend den Koffer aus der Hand; schweigend brachte sie sie nach Hause. Sie begriff: Es war sinnlos, hier einzugreifen. Die Frau konnte nicht einen Tag leben ohne den Mann, dem sie ins Elend gefolgt war. Sie hatte ihr Schicksal frei gewählt, und sie würde es tragen bis zum letzten Atemzug.

Die zarte junge Frau erholte sich wieder. Es war unbegreiflich, aber es war die Wahrheit: Sie blühte auf in der Nähe des Mannes, den sie liebte. Sie saß an der Nähmaschine: Die Dinge formten sich unter ihren feinen Fingern. Sie brachte sogar ein wenig Schönheit in das häßliche kahle Zimmer: Blumen standen auf dem Tisch, und Bilder hingen an den Wänden.

Der Mann arbeitete. Jeden Abend brachte er glücklich seinen Lohn nach Hause. Er war fleißig und geschickt, aber er war unstet. Drüben, in seinem großen Betrieb, hatte er selbst Hand angelegt, und er hatte von allem ein wenig gelernt: Er war Tischler, Schlosser und Elektriker, wie sich die Gelegenheit bot. Er war nachts in einer Spielhölle der starke Mann, der die Streitenden hinauswarf.

Wie Blinde lebten die beiden Menschen: blind für die Umwelt, blind für Gefahren, leichtsinnig und unbekümmert. Wenn sie Geld hatten, verschwendeten sie es sorglos. Sie hatten nur Blicke füreinander. Sie würden den Becher bis zur Neige leeren.

»Mendel mit den Kinderchen« traf Sylvia in der Avenida das Americas. Keuchend und klaglos trug er seinen schweren Wäschepacken; der Schweiß rann ihm von der Stirn. Zu Hause quälte sich die Frau. Sie konnte es nicht schaffen, die Kinder verwilderten. Die Kunden klagten über die Wäsche: Die Stückzahl stimmte nicht, ein Kragen fehlte, ein Hemd war nicht gestärkt. Mendel ging unverdrossen seinen Weg.

Er kam auch in das Haus des Dr. Benario: Um die Mittagszeit, wenn die Familie mit den Gästen bei Tisch saß, pflegte er mit seinen schweren lehmbeschmutzten Stiefeln durch das große Eßzimmer zu poltern; mit dem Wäschepacken auf den Schultern verschwand er in den Wirtschaftsräumen ...

Dr. Benario war verbittert und gereizt. Er verbat sich die Störung. Er schrie. Der Mann sollte außen um das Haus gehen und durch den Kücheneingang hereinkommen. Mendel war demütig, er war fleißig und bescheiden, aber er war zäh: Er trug eine saubere Jacke und einen steifen Kragen. Er würde das Haus nicht durch die Bedienstetentür betreten. Jede Woche spielte sich die gleiche kleine Szene ab.

So wurde auch unter den Flüchtlingen der soziale Kampf ausgetragen, kleinlich und im verborgenen, aber hartnäckig. Sie quälten sich. Alle quälten sich, aber nicht alle hatte das Unglück geduldig gemacht.

Der Karneval brauste durch die Straßen der Stadt. Auf dem höchsten Punkt der Avenida São Joao stand das Götzenbild Momos, des Narrenkönigs; grinsend, mit grellgemalten Wangen schaute es auf die wogende aufgelöste Menge zu seinen Füßen nieder. Garben von Licht flammten an den Abenden auf und spannten sich in einer Kette bis zu den fern verdämmernden Hügeln am Horizont.

Seit Wochen zogen in den Nächten Banden fiebernder erregter Menschen tanzend und singend zu den aufwühlenden Klängen einer eintönigen Sambamusik durch die Straßen. Neger in buntfarbigen seidenen Gewändern schritten feierlich gemessen in dem schweren hämmernden Takt des Gongs dahin. Wochenlang in den Nächten hallte der geisterhafte Takt der Buschtrommel durch die Straßen der Stadt, der dumpfe Klang der Urwälder.

Andere trugen im Haar den seltsamen phantastischen

Federputz der Indianer; ernsthaft, mit maskenstarren Gesichtern folgten sie den hüpfenden wiegenden Rhythmen der Musik.

Langsam fuhren im Korso schnittige elegante Wagen an den Gehsteigen entlang, vorbei an den dichten, drängenden Reihen der Schaulustigen. Darin saßen lächelnde, geschminkte Frauen, gepflegte Herren in Atlas und Samt. Strahlend in Festfreude strömten die schöngeputzten Kinder der Reichen zum Maskenball in die weitgeöffneten funkelnden Hallen des Opernhauses.

Aber was zählte, war nur die Masse – die dunkle, kompakte Masse: kindhafte Menschen, deren Seelen, einmal in jedem Jahr, sich im Rausch verloren; bronzebraune Körper, zuckend in Ekstase den uralt vertrauten Rhythmen hingegeben.

Drüben, in Europa, fegte in der Karnevalszeit oft noch der Frosthauch des Winters durch die Städte. Hier aber fiel das Fest in die heißeste Zeit des Jahres, und die Glut des Sommers steigerte den Taumel ... Die Menschen spritzten einander eine duftende kühle Äthermischung in die erhitzten Gesichter; eine süßliche Wolke von Duft lagerte über der Stadt; grell fiel der flackernde Schein der Laternen auf emporgeworfene verzerrte Antlitze, in denen das Weiß der Augen schimmerte, das brennende Rot aufgerissener Münder.

Ilse Roselius war verwandelt. Eine Hand hatte sie sacht in den schwingenden gleitenden Rhythmus gezogen. Sie hatte träumende Augen und lässige Bewegungen. Immer hatte sie am Morgen eine Samba-Melodie auf den Lippen.

Wenn das Telefon klingelte, zuckte sie zusammen, und einmal hörte Sylvia sie zärtlich in die fühllose Muschel hineinsagen: »Nao quero nada ... so quero falar ...« Sinnlose Worte, aber es klang wie Musik.

Dann wieder war sie verwirrt und gereizt. Sie stritt um Nichtigkeiten. Zornige Tränen standen in ihren Augen. Am Abend kam sie zerknirscht zurück, die Arme voller Blumen für Sylvia. Sie klagte: »Ich bin hart zu dir gewesen, und du bist so zart. Ich durfte es nicht. Niemand darf so zu dir sprechen ... Verzeih mir ...«
Sylvia strich still über den gesenkten Scheitel.

An einem dieser Abende fuhr Ilse Roselius zum Maskenfest, in der schlichten Tracht eines süddeutschen Bauernmädchens: im gesteiften weißen Mieder und faltigen bebänderten Rock, auf dem dunklen Haar einen bunten Feldblumenkranz – Kornblumen, Maßliebchen und Mohn über glänzenden Augen und blühenden Wangen. Nie hatte Sylvia sie so schön gesehen ... Vielleicht auch würde sie nie wieder so schön sein wie heute: Sie strahlte im triumphierenden Glanz siegender Jugend, und keiner von uns weiß, wann er den Gipfel erreicht.

Täglich hielt ein großer grauer Wagen vor dem Haus des Dr. Benario und entführte das Mädchen. Der Schlag wurde geschlossen, der Wagen fuhr an. Sylvia sah im Fluge ein schön gemeißeltes männliches Profil, eine Hand im Fahrhandschuh griff in das Steuerrad.

In der Avenida das Americas gab der kleine Blonde ein Kinderfest für die Knaben und Mädchen der Straße. Sylvia hatte am Morgen geholfen, bunte Papierkränze, Girlanden und Lampions im Garten aufzuhängen. Nun lehnte sie am Gitter und sah, wie die Kinder mit eifrigen Mienen in ihren närrischen Kitteln aus der Nachbarschaft herbeiströmten: Betteljungen und Ritter, Zwerge und Dominos, kleine Prinzessinnen und Aschenbrödel. Es war ein hübsches Bild.

Sie spielten Stockschlagen und Sackhüpfen, Suchen und Fangen. Ein wenig später standen alle auf der oberen Terrasse und angelten unter lautem Jubel mit langen Ruten kleine Geschenke aus einer Regentonne im Garten. Der Geschickteste war Sieger.

Peter Benario hatte eine Weile versonnen und stumm dem Treiben der anderen zugeschaut. Nun mischte er sich unter die Kinder und sprach eines nach dem anderen an: Ernsthaft und gründlich prüfte er ihre portugiesischen Kenntnisse.

»Du«, sagte der kleine Blonde fassungslos erstaunt, als die Reihe an ihn kam, »du weißt doch alles: Weißt du vielleicht auch, wie der große Hund heißt, der den kleinen Mond gefressen hat?«

Die Kinder lachten. Sie stoben in alle Windrichtungen auseinander.

Da stand Peter. Er war fremd und allein, und es war nicht seine Schuld. Er war wie der Vater ein finsterer Pedant.

In diesen Tagen kam Erich Schönberg aus Rio, enttäuscht und im Innersten entmutigt. Trotzdem versuchte er von neuem sein Glück. Er opferte das Letzte. Er mietete einen Laden in der elegantesten Straße der Stadt und stellte seine Bilder aus. Er hatte gekämpft, und er hatte gearbeitet: Herrliche brasilianische Landschaften waren entstanden.

In dem hellen weiten Saal stauten sich die Menschen vor einer mächtigen Leinwand, in die der Blick von den Felsen von Santa Thereza auf Stadt und Golf von Rio de Janeiro magisch gebannt schien: die strahlende Einheit von Gebirge, Himmel und Meer.

Begeistertes Lob der Presse, ehrende Besuche der Kritiker – kein Bild wurde verkauft.

Der Maler faßte es nicht. Verzweifelt klagte er einem Kritiker sein Leid. Der Brasilianer legte ihm in überströmender Herzlichkeit beide Hände auf die Schultern.

»Schauen Sie«, sagte er tröstend, »jeder hat hier seinen Kreis: die Italiener stützen sich auf die italienische Kolonie; die Ungarn kaufen von den Ungarn; die Franzosen ...«

»Und wo ist mein Kreis?« fragte der Künstler bitter. »Wohin gehöre ich?«

Tag und Nacht blieb er in seiner Ausstellung; er aß nicht; er schlief nicht. Sylvia kam am Abend, um ihn abzulösen.

Der Raum war taghell erleuchtet, und die Menschen kamen von der Straße herein. Sie gingen an den Wänden entlang und blieben angeregt, lebhaft diskutierend vor den Leinwänden stehen. Hunderte von Menschen kamen und gingen.

»Du hast mich hierhergelockt«, sagte Erich Schönberg böse. »Ich war so sicher in Holland ... es war Europa ...«

Sylvia zuckte die Achseln: Sie erinnerte sich nicht, ihn gerufen zu haben. Sie schwieg.

Noch immer strömten Menschen in die Beratungsstelle. Sie kamen einzeln. Sie kamen nicht mehr in Gruppen: Kaum einer unter tausend erreichte die rettende Küste. Drüben, in Europa, belagerten Zehntausende die Konsulate, und die Länder sperrten ihre Grenzen.

Aus Berlin kam der Geheime Justizrat Heinrich Lederer, ein berühmter Lehrer des Rechts, ein Sechzigjähriger mit dem Kopf eines Jünglings: eisgraues Haar über einer hohen freien Stirn, durchdringend kluge blaue Augen, das Lächeln eines guten Humors um den ausdrucksvollen Mund.

Er hatte ein winziges Kapital gerettet und im Staat São Paulo ein kleines Landgut gekauft – Milchwirtschaft, Maisbau, Schweinezucht.

»Glauben Sie, daß Sie mit der Wirtschaft fertig werden?« fragte Sylvia staunend.

Der Mann sah auf seine starken schönen Hände nieder: »Wir sind kräftig, meine Frau und ich. Wir sind reif für ein Leben in der Einsamkeit. Mein Sohn hat in Spanien die Landwirtschaft gelernt.«

Er blieb nur wenige Tage in der Stadt. Er kaufte Werkzeuge und Saatgut. Dann verschwand er im Innern des Landes, und Sylvia hörte lange nichts von ihm.

Aus Ostpreußen kam der ehemalige Rechtsanwalt Dr. Franz Oppler mit seiner jungen Frau: Annemarie Oppler, zwanzig Jahre alt, Kunstgewerblerin, Reimann-Schule, Berlin ... Tapfere Kameraden. Sie hatten geheiratet, bevor sie sich einschifften; sie hatten sich für einen harten Kampf verbunden. Sie wußten, was ihnen bevorstand: Sie hatten nur für wenige Wochen Geld zu leben, und sie erwarteten keine Hilfe.

Sylvia bangte ein wenig um den jungen Anwalt: Er hatte feine, vergeistigte Züge und schmale Hände. Er war vornehm und verschlossen. Würde er die Kraft haben, mit dem reißenden Strom eines fremden Lebens zu schwimmen?

Aber die Frau war ganz Wille und gesammelte Energie; man sah es an dem knabenhaft festen Schnitt des jugendfrischen Gesichts, dem warmen Glanz der dunklen Augen.

Sie suchten Arbeit. Es war schwer für den Mann. Er lief von Kontorhaus zu Kontorhaus und kam am Abend müde und entmutigt zurück: Was konnte ein deutscher Anwalt ohne Geld, ohne Sprachkenntnisse in Brasilien beginnen? Die

Frau zeichnete Entwürfe; sie dekorierte Schaufenster; es gab immer nur Brot für Tage.

In einem jungen Land ist es gut, Kopf und Hände zu nutzen, um Dinge zu erzeugen, die gebraucht werden. Viele Waren werden täglich verbraucht, und der Markt ist nicht übersättigt mit den Gütern eines erreichbaren Luxus wie in den Ländern der Alten Welt.

An einem glutheißen Mittag dieses Sommers traf Sylvia Dr. Franz Oppler und seine junge Frau in der Avenida das Americas; sie schleppten gemeinsam einen schweren Koffer von Haus zu Haus. Sie verkauften Parfümeriewaren: Lavendelwasser, Eis-Eau-de-Cologne. Es war drückend schwül, und fast alle kauften.

»Wollen Sie meine Fabrik sehen?« fragte Annemarie Oppler lachend. »Kommen Sie heute abend.«

Sie wohnten in einer bescheidenen Pension. Ihr einziges Zimmer war puritanisch einfach: ein Bett, ein Tisch, ein Stuhl. Sylvia sah sich suchend um. Die Fabrik befand sich im Hof. Sie hatten aus Möbelkisten der Emigranten einen Schuppen gezimmert. Darin stand Annemarie und filtrierte die Essenzen. Sie füllte die duftende Flüssigkeit in schöngeformte Gläser. Das Warenschild hatte sie selbst entworfen.

»Ein Freund hat uns die Rezepte anvertraut«, berichtete sie froh. »Der Versuch ist geglückt: Wir leben. Mein Franz braucht keine Stellung mehr zu suchen, er ist mein unentbehrlicher Gehilfe.«

Sie war Herstellerin, Reklamechefin und Verkäuferin in einer Person. Sie lernte die Psychologie der Kunden von Grund auf kennen. Es gab verschiedene Arten von Kunden: solche, die sie in der brennenden Sonne vor den Türen warten ließen, solche, die sie in die kühle Halle hineinriefen, und solche, die ihr einen Cafézinho anboten. Sie ging in diesen Monaten von Tür zu Tür, in der Haltung einer kleinen Königin. Manche fanden sie hochmütig, aber sie war nur stolz: Sie glaubte an die eigene Kraft.

Aus Köln am Rhein war ein ungewöhnliches Paar gekommen: zwei Freunde, der Jude Kurt Salomon und der Christ Anton Schmitz. Sie traten gemeinsam vor Sylvias Arbeitstisch. Sie waren seit der Kindheit unzertrennlich gewesen. Der Jude mußte auswandern, und der Christ ging mit ihm.

Jeder von ihnen hatte ein Handwerk gelernt. Der Jude war Schneider, sein Gefährte Sportlehrer und Heilmasseur.

Mr. André strahlte vor Wohlwollen, die Augen funkelten hinter den runden Brillengläsern.

»Ich freue mich, Sie zu sehen«, sagte er herzlich. »Wir helfen allen: ob Jude oder Christ, das ist hier gleich. Sie können gleich morgen anfangen, mich zu massieren! Ich kann eine Auffrischung brauchen, ich werde ein wenig steif, im letzten Winter hatte ich einen Anfall von Ischias.«

Sylvia füllte lächelnd ihren Bogen aus: daß Mr. André an Ischias litt, war ihr neu.

In den Hauptstädten der Alten Welt sammelten sich die Flüchtlinge, Zehntausende, Hunderttausende – eine trübe Legion Vertriebener. Nach den Russen waren die Ungarn gekommen, die Italiener, die Spanier, die Deutschen. Die Länder konnten sie nicht fassen. Europa war ein Krankheitsherd: Arbeitsnot, Hunger, Revolten – das Fieber ging um. Es war ansteckend, und niemand wußte, wo es enden würde.

Noch herrschten Frieden und Freiheit jenseits des Ozeans, in den Ländern der Neuen Welt.

Ein Abgesandter des Völkerbunds bereiste die Länder Amerikas. Er suchte Land, Arbeit, Zuflucht für Tausende von Heimatlosen. Im Flugzeug durchquerte er die riesigen Weiten Brasiliens, vom Norden bis zum Süden. Er kam auch nach São Paulo.
»It is the coming country«, sagte er hingerissen, »das Land der Zukunft! Ein gesegnetes Land, ein Land verwirrender Möglichkeiten!«
»In den Ländern Europas warten Hunderttausende sehnsüchtig auf Rettung. Millionen werden in den kommenden Jahren auswandern, aus Deutschland, aus Polen, aus Rumänien ...«
»Brasilien gibt heute vierzig Millionen Freiheit und Brot. Es kann in zwanzig Jahren zweihundert Millionen ernähren.«

Aber die Flüchtlinge quälten sich auch hier. Viele quälten sich; sie waren wie Bäume, die man in fremde Erde verpflanzt hat, und niemand weiß, ob sie Wurzeln schlagen werden.
Mr. André wollte es nicht begreifen. »Fünfzehn Jahre lebe ich hier!« sagte er zornig. »Das Land ist groß, die Erde ist unermeßlich, verschwenderisch reich. Ich bin in dieser Zeit nach Europa gereist, nach Nordamerika; jedesmal habe ich den Boden Brasiliens geküßt, wenn ich zurückkehrte!«

Ein junger Mensch, der als Maurer auf einem Bau arbeitete, hatte den Arm gebrochen. Er hatte Hilfe erhalten: ärztliche Behandlung, Verpflegungsgelder. Jetzt war er geheilt. In der Tür wandte er sich zurück, als er die Beratungsstelle verließ: »Da arbeitet ein alter Mann auf unserem Bau«, berichtete er kopfschüttelnd. »Ein deutscher Jude. Der Mann ist schwer krank, er ist verloren. Er ist zweiundfünfzig Jahre alt: Wie konnte die Beratungsstelle einen solchen Mann als Maurer auf einen Bau schicken?«

Sylvia zuckte zusammen; der Vorwurf traf sie wie ein Peitschenhieb. Nachdenklich zog sie die Brauen zusammen.

»Wie heißt der Mann?« fragte sie scharf. »Ein Maurer? Zweiundfünfzig Jahre alt? ... Lehmann? ... Siegfried Lehmann? ... Aber das ist unmöglich: Er war stark, gesund; er war sein Leben lang Bauarbeiter gewesen! Und er war so glücklich, als er diese Arbeit fand, so dankbar. Nie hat er geklagt, daß sie zu schwer für ihn war.«

»Ich weiß es nicht«, sagte der junge Mann achselzuckend. »Der, den ich meine, ist ein Wrack!«

»Schicken Sie ihn zu mir!« rief Sylvia in plötzlicher Angst. »Schicken Sie ihn rasch!«

Ein eisiger Schatten fiel auf ihr Herz, eine nie gekannte Unruhe: die Verantwortung für fremdes Leben.

Er kam. Er wartete mit den anderen in der Bar, als Sylvia am nächsten Morgen ihren Arbeitsraum betrat. Sie sah zuerst nur seinen Rücken, dunkel und gebeugt gegen das helle Fensterviereck. Er saß ganz allein an einem Tisch, verloren und schon gemieden. Die Gesunden sind grausam wie das Leben.

»Geben Sie ihm nicht die Hand«, raunte Frau Neumann ängstlich. »Er hustet, ich glaube, er spuckt Blut.«

Es war Lehmann, Siegfried Lehmann, der aus Frankreich gekommen war. Damals war er gesund und stark gewesen, strotzend von Leben, ein Kerl, der Bäume ausreißen konnte. Heute war er ein gebrochener Mann, gelb das Gesicht, die Wangen eingefallen, die Augen lagen tief in den Höhlen.

»Ich kann die Arbeit nicht mehr schaffen«, flüsterte er heiser. »Ich bin am Ende mit meinen Kräften.«

»Warum sind Sie nicht früher gekommen?« fragte Sylvia

verzweifelt. »Warum haben Sie sich Monate hindurch gequält, ohne ein Wort, ohne ein Zeichen? Wir hätten Ihnen geholfen – wir sind hier, um zu helfen!«

Der Mann legte beide Hände geballt auf den Tisch. In diesen nervigen Fäusten lag alle Kraft, die noch in dem zerrütteten Körper lebte.

»Ich wollte durchhalten«, sagte er eigensinnig. »Ich wollte es zwingen! ›Alles wird gut sein, wenn du erst die Sprache dieses Landes beherrschst‹, habe ich oft zu mir selbst gesagt. Ich habe geschuftet wie ein Tier. Tag und Nacht habe ich gearbeitet. Am Jom Kippur habe ich dreizehn Stunden lang bis zu den Hüften im Wasser gestanden. Ich kann nicht mehr: Geben Sie mir eine leichtere Arbeit!«

»Sie brauchen jetzt keine Arbeit«, sagte Sylvia traurig. »Sie brauchen einen Arzt! Sorgen Sie sich nicht: Wenn Sie erst gesund sind, werden wir eine Lösung schaffen.«

Er wurde am gleichen Abend in ein Hospital eingeliefert. Er hatte Lungenentzündung, Gelenkrheumatismus, verschleppte Dysenterie. Sylvia flehte die Ärzte an, den Mann zu retten. Sie wußte nicht, daß ihn die Ärzte aufgegeben hatten.

Um sieben Uhr in der Frühe klingelte das Telefon im Haus des Dr. Benario. Sylvia wurde gerufen. Siegfried Lehmann war in der Nacht gestorben.

Sylvia rief Senhor Arthur an. Sie erstattete Bericht, sie empfing Weisungen: Es war der erste Tote

Mit Senhor Arthur zusammen bestellte Sylvia das Grab. Sie war starr und stumm. Es war, als sei eine Saite in ihrem Innern zersprungen. Senhor Arthur hatte Tränen in den Augen, es zuckte um seinen Mund. »Auch der ist ein Hitler-Opfer«, sagte er voll Ingrimm

Allein fuhr Sylvia ins Hospital. In der Eingangshalle zeigte man ihr den schmalen Koffer, der das dürftige Gepäck des Toten barg. Sie besorgte den Totenschein, den Leichenwagen, den Sarg. In Hitze und Lärm hastete sie durch die Straßen, zum erstenmal einsam und verloren in der fremden großen Stadt. Ihre Kehle war trocken, und ihre Schultern drückte eine unsichtbare Last.

Da war eine Stimme in ihr, die nicht schweigen wollte. »Ich habe es nicht gewollt«, sprach die traurige Stimme. »Wie konnte ich es ahnen? Ich habe das Gute gewollt. Immer habe ich versucht, das Beste zu tun. Wie können wir helfen? ...«

Der Metzger Hermann Dobraner wusch die Leiche. Er kleidete sie in das Totenhemd. Mit den anderen sprach er die Sterbegebete. Er hatte sich als erster zu diesem barmherzigen Dienst gemeldet. »Mein Vater ist ein frommer Mann«, sagte er stolz. »Wir waren fromm in meiner Heimat.«

Es dunkelte schon, als Sylvia erschöpft in der Beratungsstelle ankam. Dort erwartete sie Frau Lehmann, schwarz gekleidet, das Gesicht von einem schwarzen Schleier verhüllt. Sie warf sich schluchzend in Sylvias Arme.

Die Frau war stattlich und schwer, und Sylvia war schmächtig. Sie atmete kaum unter der Last. Sie spürte die fremden Tränen an ihrem Hals. Sie hielt ganz still; mit bebender Hand streichelte sie den zuckenden Rücken, lange, lange ... Sie mag sich ausweinen, dachte sie bekümmert, es wird ihr guttun.

Die Witwe räumte das Haus. Sie verkaufte die Möbel. Mit dem nächsten Schiff fuhr sie nach Deutschland zurück. Sie würde nicht allein sein. Ihre alte Mutter reinigte seit fünfzig Jahren Mietshäuser in Berlin.

Von dort erhielt Sylvia nach Wochen einen Brief. »Ich bin angekommen«, schrieb Frau Lehmann, »nach einer schönen Reise. Es ist herrlich in der Heimat. Das Leben ist wieder wert, gelebt zu werden. Der Führer hat Deutschland groß gemacht! Ich danke Ihnen für alles Gute, das Sie an mir getan haben, Heil Hitler!«

Der einarmige Metzger Hermann Dobraner brach auf. Er reiste ins Innere des Landes, er trieb sich herum, er war in Minas, in Bahia. Eine Zeitlang blieb er verschollen. Zuletzt wurde er in Curityba gesehen, im Staat Parana. Von dort kam eines Tages die Nachricht, daß er im Streit erschossen worden war, beim Spiel ...

Und dann brach der Typhus aus. Es wurde nicht viel darüber geredet. Der Krankheitsherd war rasch eingegrenzt. Es gab nur wenige Fälle, in den dichtbesiedelten Arbeitervierteln, am trüben Fluß.

Das Fieber ergriff die kleine Hilde Rosenfeld; es befiel auch die nervenkranke Mutter. Im Isolierhospital starb die Kleine; allzu sehr war der zarte Körper von Arbeit und Unterernährung geschwächt. Die sieche Mutter genas, und niemand wagte, ihr vom Tod des Kindes zu erzählen. Viele weinten, als der schmale Sarg in die Erde gesenkt wurde.

Das Leben war eine sichere Gewohnheit gewesen, die Zeit ein Erbe, mit dem man sorglos, verschwenderisch umging. Das Leben war fragwürdig geworden; der Tod ging um. Heute trifft es dich, Bruder, Schwester, wen trifft es morgen? Wenn der Tod umgeht, ist es Zeit, sich um die Lebenden zu kümmern.

Sylvia sorgte sich um Frau Meerländer. Die Frau war

schwach; ihre flackernde hungrige Lebensfreude war allzu trügerisch. Sie brauchte Pflege. Weil sie sorglos und leichtsinnig war, durfte man ihr kein Geld anvertrauen. Man räumte ihr Kredit beim Krämer ein, dafür sollte sie kräftige gesunde Nahrung entnehmen: Milch, Butter, Eier, stärkenden Wein ...
Frau Meerländer saß an der Nähmaschine, als Sylvia eintrat. Unter ihren Händen entstand ein Wolkengebilde aus lichtem Tüll. Sie trug ein Morgenkleid aus leuchtend buntem Stoff. Sie sah blühend aus wie das Leben; ihre Wangen waren rot.

»Schauen Sie nur«, sagte sie eifrig, »das habe ich mir alles selbst genäht!« Sie öffnete Koffer und Kommode. Sie zeigte stolz auf ihren Vorrat an duftiger Seidenwäsche, Bändern, Spitzen ...

Sylvia sah sich in der ärmlichen Kammer unsicher um. Ihr Blick kehrte zurück und verweilte auf den hübschen offenen Zügen der jungen Frau, den hektischen roten Flecken über den Wangenknochen.

»Wozu brauchen Sie das alles?« fragte sie nachdenklich.

»Es ist so schön!« sagte Frau Meerländer glücklich. Sie drehte sich eine Weile vor dem Spiegel, eitel und kindlich lächelnd.

»Ich habe ein Abkommen mit dem Krämer getroffen«, flüsterte sie geheimnisvoll. »Die Hälfte des Guthabens zahlt er mir in barem Geld aus.«

Ein krankes Kind, lebenshungrig, eitel, unverbesserlich. Es war hoffnungslos: Ihr war nicht zu helfen.

Dann wieder stichelte Frau Meerländer an einem Pagenkostüm. Sie legte eben letzte Hand an, prüfend, mit halbgeschlossenen Lidern hielt sie ihr Werk von sich.

»Fein«, stellte sie befriedigt fest. »Für die kleine Frau Mendel, es sitzt ihr wie angegossen.«

Ein Knabenanzug aus brennend rotem Tuch, die schmale Weste spitz zugeschnitten, mit goldenen Tressen und zwei Reihen blitzender Uniformknöpfe.

»Für ... Frau Mendel?« fragte Sylvia ziemlich ratlos. »Wozu, in aller Welt, braucht sie eine Uniform? Ist sie Fahrstuhlführerin geworden?«

»Nein – wußten Sie das nicht? Sie verkauft Zigaretten in einem Nachtlokal: »Chez Sylvestre«, am Largo Riachuelo. Sie geben die Wäscherei auf; es lohnte sich nicht mehr.«

Sylvia suchte »Mendel mit den Kinderchen« auf. Der Möbelwagen stand vor der Tür. Die Träger trugen den letzten dürftigen Hausrat der Familie über die Schwelle.

»Erfahrungen werden teuer bezahlt«, sagte Mendel achselzuckend. »Wir haben gelebt und gearbeitet, und das Geld ist zerronnen. Zum Glück ist meine Frau ein ›Reißer‹, sie hat einen rasenden Absatz. Und ich arbeite als Nachtportier in dem gleichen Lokal.

Die Kinderchen? Die sind gut untergebracht, bei einer portugiesischen Familie. Nein, wir durften sie nicht bei uns behalten, das erlaubt die Polizei nicht, in Wohnungen, die mit Nachtlokalen verbunden sind.«

Ilse Roselius warf die Fahrhandschuhe auf den Tisch.

»Ich kann schon Auto fahren«, sagte sie mit abgewandtem Gesicht. »René hat mir einen Heiratsantrag gemacht. Er brachte das sehr hübsch heraus: ›Schau, Ilse‹, sagte er, ›wenn du meine Frau wirst, schenke ich dir einen Wagen, ich baue dir im Garten eine eigene Garage und über die Garage ein Atelier für dich.‹«

»Liebst du den Mann?«

»Er ist so gut, immer werde ich bei ihm geborgen sein, mein Leben lang. Aber ich muß arbeiten, und ich habe Heimweh. Ich bin noch nicht reif. Ich brauche Zeit. René ist es recht so. Er will warten. Ich fahre nach Hause.«
»Du fährst – nach Deutschland?«
»Ich fahre heim. In den Alten Winkel, wo ich geboren bin, in das weiße Haus über der Elbe und zu den Menschen, die ich liebhabe.«
In der Nacht packte Ilse Roselius die Koffer. Sie ordnete, schrieb, zerriß Wertloses. Sylvia half ihr. Sie war überwach.
»Sei nicht traurig«, bat das Mädchen, »ich komme zurück! Wir verlieren uns nicht. Deutschland: Das sind wir, nicht die anderen.«
Ilse war erschüttert; der Abschied fiel ihr schwer. Vieles war auf sie eingestürmt, entscheidend Neues. Noch einmal sprach sie von ihren Kämpfen, ihren Plänen und Hoffnungen. Sie sprach zögernd von ihrer Liebe.

René Fabrizius war in Brasilien geboren. Der Vater war Deutscher gewesen, die Mutter Französin. Die Familie hatte riesige Besitzungen im Innern des Landes: Güter, Baumwollplantagen, Fabriken, in denen die Rohstoffe des Landes verarbeitet wurden. Sie verfügte über Wälder, Flüsse, Kraftwerke, Flugplätze – Gebiete, die in Europa ein Herzogtum wert waren. Hier war René ein Bürger seines Landes, auf eigenem Boden schaffend wie der ärmste seiner Arbeiter, der verantwortliche Verwalter eines Erbes, das Tausenden Raum gab.

Er war der jüngste seiner Brüder. Er war vierzig Jahre alt geworden, ohne zu heiraten. Er schien spröde, verschlossen. Er liebte Ilse Roselius, weil sie jung war, stark, unabhängig. Sie sollte sich frei entfalten, arbeiten, formen. Sie hatte zu entscheiden.

Am Morgen sah Sylvia schweigend dem Wagen nach, der Ilse ein letztes Mal entführte. »Da geht unsere Freude«, dachte sie müde. »Das letzte Stück Heimat.« Miriam schlang tröstend die Arme um ihre Schultern. Da wandte sie sich aufatmend um und ging ins Haus zurück.

In der Beratungsstelle gab Dr. Benario Portugiesisch-Unterricht. Anfangs hatte er viele Schüler, Männer und Frauen, die arbeiten wollten und die die Sprache des Landes so rasch wie möglich erlernen mußten. Aber er verstand nicht, sie zu halten. Er war ein Gelehrter, der in seinem Studierzimmer saß und über den Feinheiten und Schwierigkeiten einer subtilen Grammatik grübelte. Er verschmähte es, mit dem Mann der Straße zu reden; er verachtete die Sprache des Volkes.

»Sie sind keine Lateiner«, sagte er zu dem Metzgergesellen Grün. »Ihnen kann ich das Gerundium nicht erklären.«

Der Metzgergeselle Grün wollte Sandwiches verkaufen, so viele Sandwiches wie nur möglich. Das Gerundium brauchte er dazu nicht. Er schämte sich auch ein wenig, weil er kein Lateiner war. Er blieb in Zukunft dem Unterricht fern. Und wie ihm ging es vielen anderen.

Sylvia überließ Dr. Benario den Raum, wenn ihre Arbeit am Abend beendet war. Sie wußte nicht, was in seinen Unterrichtsstunden vorging. Aber sie verwaltete die Kasse, und sie mußte Rechenschaft ablegen.

»Wie viele Schüler haben Sie?« fragte sie am Ende eines Monats Dr. Benario.

Sein Gesicht nahm den Ausdruck eines Menschen an, dem man ein lange gehütetes Geheimnis entreißen will. Zögernd griff er nach einem großen Schlüsselbund. Er öffnete seinen Sekretär, kramte in Schubfächern. Endlich brachte er

umständlich einen Aktendeckel ans Licht und blätterte in Listen.
»Zweiundfünfzig sind eingeschrieben«, erklärte er mit wichtiger Miene.
»Der Unterricht von Dr. Benario muß heute abend ausfallen«, berichtete Frau Neumann ein paar Tage später. »Hans Meyer hat abgesagt.«
»Der Unterricht muß ausfallen?« wiederholte Sylvia, ohne zu begreifen. »Hans Meyer hat abgesagt? Was soll das heißen?«
»Aber er war doch der letzte Schüler!« platzte Frau Neumann mit lautem Lachen schadenfroh heraus. »Alle anderen sind längst ausgeblieben.«
Sylvia geriet in einen ernsten Gewissenskonflikt. Sie war verantwortlich für die Verwendung der Gelder, gewiß. Aber sie war in das Leid und die Not der Menschen schon so tief hineingewachsen, daß die Begriffe sich wandelten. Durfte sie Dr. Benario die letzte Hilfe entziehen? Er war bedürftiger als andere. Sie schwieg.
Sie mußte freilich auch schweigen, als nach wenigen Wochen Mr. André die Tätigkeit von Dr. Benario nachdrücklich für beendet erklärte.

Nach Ilse Roselius' Abreise war das Haus in der Avenida das Americas leer geworden. Es verödete immer mehr. Fred Stern fuhr eines Tages mit strahlendem Gesicht nach Santos hinunter, um seine junge Frau abzuholen. Er mietete ein kleines Haus im Grünen, am Rande der Stadt.
Dr. Benario hatte keine Schüler mehr; er hatte kein Geld. Die Miete war seit Monaten nicht bezahlt. Der Termin für die Möbelraten verfiel. Der Mann wurde immer finsterer, sein

dunkles Gesicht verhärtete sich, die Lippen waren schmal und böse zusammengepreßt, und die scharfen Linien um die Mundwinkel gruben sich tiefer ein. Er quälte seine Frau, er zog sich mit seinem Knaben in sein Studierzimmer zurück und erfüllte die Seele des Kindes mit Haß und Bitterkeit.

Er schlief nicht mehr in den Nächten. In seinem dunkelroten Schlafrock geisterte er stundenlang durch das Haus, ein grotesker und dämonischer Schatten. Sylvia hörte ihn über die Treppen schleichen. Die Dielen knarrten, Türen schlugen zu.

Es versetzte den Mann in rasende Wut, daß seine Frau schlafen konnte. Sie war schwach. Sie arbeitete von früh bis spät. Sie lag in bleierner Erschöpfung. Er schüttelte sie, er rüttelte sie wach, er schlug, als sie sich wehrte.

Peter war wach geworden. Er richtete sich von seinem Lager auf, seine Augen weiteten sich, dunkel und starr.

»Warum stirbt Mutter nicht?« fragte der Knabe.

Noch immer händigte Sylvia Frau Benario an jedem Monatsersten ihren Beitrag für Miete und Kost im voraus aus: die einzige Einnahmequelle der Familie. Sie wußte nicht, wie lange sie noch ein Dach über dem Kopf behalten würde. Aber sie hielt aus; ein dumpfes ohnmächtiges Mitleid erfüllte sie. Sie blieb.

Einmal fand Sylvia Frau Benario zusammengesunken in der Küche. Die Frau hatte sich mit dem Oberkörper über den rohen Holztisch geworfen und schluchzte haltlos. »Er ist ein Ungeheuer«, klagte sie verzweifelt. »Wie konnte ich mich an ein Ungeheuer binden?«

»Warum ertragen Sie diese Schmach?« fragte Sylvia schonungslos. »Warum gehen Sie nicht fort und bauen für sich ein neues Leben auf? Sie können arbeiten!«

Sylvia hatte Peter nicht vergessen. Sie wußte, daß der Gedanke an das Kind jetzt fast körperhaft dicht zwischen ihnen stand. Sie wußte, daß seine Seele der Mutter verloren war und daß sie in seiner Nähe zugrunde gehen mußte.

Frau Benario richtete sich auf, sie trocknete ihre Tränen. Ein fremdes Leuchten erhellte ihr verweintes Kindergesicht.

»Ich bin glücklich über jede Stunde, die ich in der Nähe meines Knaben verweilen darf«, flüsterte sie demütig, in tiefer Zärtlichkeit.

An den Abenden suchte Sylvia jetzt oft Zuflucht in Lotte Hausmanns Garten. Die Nächte waren so klar und kühl. Der Wind strich weich wie Geigenton durch die hohen Wipfel, und die Sterne funkelten so gletscherrein. Alles Leid versank in der Tiefe dieser Stunden.

Sie hatten endlose Gespräche unter dem Kastanienbaum. Dort traf Sylvia einen steinernen Gast. Er saß einen ganzen Abend lang neben ihr, ohne ein Wort, ohne ein Zeichen der Teilnahme. Die heiße lebendige Rede und Gegenrede der anderen schien an seiner eisigen Unnahbarkeit abzugleiten wie an einer unsichtbaren Wand. Er hatte eine eckige bedeutende Stirn und tiefliegende Augen, das Haar war ergraut über einem jungen Gesicht. Der mächtige Oberkörper war vornübergeneigt, die Hände ruhten auf den Lehnen des Sessels, als gehörten sie nicht zu ihm.

»Nehmen Sie sich seiner an«, bat Lotte Hausmann flüsternd. Sie hatte Sylvia in das Dunkel eines Gartenwegs gezogen und den Arm um ihre Schultern gelegt.

»Dr. Ekberg ist drüben Staatsanwalt gewesen, Erster Staatsanwalt in einer süddeutschen Stadt. Er lebt von dem Rest eines geretteten kleinen Vermögens, und er leidet noch keine Not. Aber er findet keine Arbeit. Er hat sich als Versicherungsagent versucht, er hat als Vertreter Schokolade angeboten und Liköre. Unmöglich. Seine Kraft liegt brach. Seine Ruhe ist Maske.«

Sylvia reichte Dr. Ekberg zum Abschied die Hand. »Kommen Sie morgen in die Beratungsstelle«, sagte sie. »Kommen Sie um vier Uhr nachmittags! Ich bin dann frei. Ich werde alles für Sie vorbereiten, so gut ich kann.«

Er kam nicht. Sylvia erwartete ihn vergeblich auch am nächsten Tag. Am Abend lief sie in Lotte Hausmanns Garten.

»Ekberg ist nicht gekommen.«

»Er ist tot«, sagte Lotte Hausmann hart.

»Nein«, schrie Sylvia in sinnloser Abwehr. Sie hob den Arm, als gelte es, einem Schlag zu begegnen. »Wir wollten ihm helfen. Noch gestern ...« Sie konnte sich niemals mit dem Gedanken abfinden, daß ein Mensch nicht mehr atmen sollte, dessen Bild sie noch lebendig auf der Netzhaut ihres Auges zu spüren wähnte.

»Er hat sich in der Nacht mit Arsen vergiftet.«

Aus Arabien schrieb Harald Terstegen: »Eigentlich wollte ich Sie in den Harems dieser Wüstenstadt verschwinden lassen. Erschrecken Sie nicht: Sie sollten einen Unterricht für die Frauen einrichten und dafür die großartige Gastfreundschaft dieses Volkes genießen. Sie würden ein eigenes Haus und Dienerschaft erhalten und frei leben können. Ich habe mit dem Außenminister gesprochen: Erst wenn Sie Ihre Bereitschaft erklärt hätten, würden wir die Einreiseerlaubnis für Sie vom König erwirken.

Aber nun ist unter den Araberstämmen der Wüste ein neuer Krieg entbrannt, und alles ist unsicher geworden. Ich hätte Ihnen auch zuvor in den schwärzesten Farben die Gefahren dieser abenteuerlichen Reise schildern müssen. Denken Sie noch immer an unseren Pakt?«

Es war der Traum, der sie niemals verließ, die Sehnsucht eines ungestillten Lebens. Vielleicht aber war gerade dies die Wirklichkeit, die hinter den Zufällen einer fragwürdigen Existenz für sie bereit war? Wer mochte noch unterscheiden zwischen Traum und Wirklichkeit? Die Wand war dünn.

In der Nacht stand Sylvia an Miriams Bett. Miriam schlief, ihr Atem ging ruhig, ihre Stirn lag im Schatten. Sylvia schützte das Licht mit der Hand. Sie sah Miriam lange an, in tiefen Gedanken. Sie vergaß Zeit, Raum und Gegenwart, sie las ihr Schicksal in diesen Zügen. Immer hatte sie im Antlitz des Kindes Trost, Ruhe, Zuflucht gefunden, immer, in Jahren des Kampfes, in einem Leben ohne Heimat und Rückhalt.

Sie braucht mich noch, dachte Sylvia gequält. Sie barg das Gesicht in den leeren Händen. Sie konnte nicht weinen.

Mr. André zog die Brauen hoch; er trommelte nervös mit den Fingern auf der Tischplatte. »Ich begreife das nicht«, sagte er gereizt, »ich verstehe diese deutschen Juden nicht mehr! Können Sie mir etwa erklären, warum dieser Dr. Ekberg Selbstmord begangen hat?! Es ging ihm nicht schlecht, er litt noch keinen Hunger, er hat ein ganz hübsches Vermögen hinterlassen: in brasilianischer Währung fünfzig *contos de réis*. Er hätte noch jahrelang bequem davon leben können. Wie kann man sich vergiften, solange man noch Geld hat?«

Sylvia antwortete nicht sofort. Es arbeitete in ihr, alle Nerven waren gespannt. Geld, dachte sie verbittert, immer nur Geld! Sie reden eine andere Sprache. Sie leben in einer anderen Welt. Es ist eine Mauer zwischen ihnen und uns. Wie soll ich es ihm verständlich machen? Ich könnte genausogut Chinesisch reden.

»Warum können Sie niemals psychologisch denken?« fragte sie nach einer Weile langsam. »Sie sehen immer nur die klaren Fälle: Das sind die jungen Leute, die zu Ihnen kommen und Geld, Nahrung, Obdach verlangen. Denen kann geholfen werden. Sie können sie in die Fabriken schicken. Aber da sind die anderen, feiner organisierten Menschen, die sich scheuen, um Hilfe zu bitten. Menschen, die ihre seelischen Probleme nicht bewältigen.

Dr. Ekberg war noch jung, er war zweiunddreißig Jahre alt. Er ist drüben Staatsanwalt gewesen, Erster Staatsanwalt. Wissen Sie, was das heißt? Sicher war er begabt und rasend ehrgeizig. Hier hat er mit Schokolade gehandelt und mit Likören. Er hat das heiße Pflaster dieser Straßen betreten. Er hat alles versucht, und es hat nichts genützt. Er konnte nichts mehr mit seinem Leben anfangen. Es hatte keinen Sinn. Darum warf er es hin.«

Jetzt schwieg Mr. André. Er fand keinen Einwand. Mit gerunzelter Stirn wandte er sich zum Fenster und starrte über die schwärzlichen Dächer der Nachbarhäuser hinweg in den sinkenden Abend, in die milchigen Schleier, die sich allmählich durch aufflammende Lichter rosig färbten. Sein knabenhafter Optimismus war verflogen, sein seelisches Gleichgewicht gestört, selbst sein Rücken schien hilflos.

Ihm geschah Unrecht: Er war gut und wohlwollend. Er tat alles, was er konnte; er tat mehr als seine Pflicht. Es war nicht seine Schuld, daß diesen Menschen so schwer zu helfen war.

Sylvia aber hatte nun einmal begonnen, die Wahrheit zu

sagen; da war kein Halten mehr. »Das eine erkläre ich Ihnen«, brach sie in plötzlichem Zorn aus, »der nächste ist Dr. Benario! Er arbeitet nicht, er schläft nicht, seine Familie hat nichts zu essen. Mag sein: Sie schätzen ihn nicht. Er ist schwierig. Er ist vielleicht nicht besonders liebenswert. Aber er leidet, er quält sich unsagbar, und er ist stolz. Der kommt nicht zu Ihnen. Er bettelt nicht um Hilfe – und ich sage Ihnen: Ich täte es auch nicht!«

Als Sylvia an diesem Abend heimkehrte, herrschte helle Aufregung in der Avenida das Americas, im Hause von Dr. Benario. Ein Auto war vorgefahren. Der Chauffeur hatte viele gute und nützliche Dinge im Haus abgeladen. Fleischkonserven, Gebäck, Dosenmilch, Marmeladen. Dr. Benario hatte alle Vorräte unter seine ganz besondere Obhut genommen und sie hinter den Glasscheiben des Anrichteschranks im Speisezimmer sicher verwahrt – eine Vorsicht, die Sylvia ein Lächeln entlockte –, und Peter stand bewundernd mit verlangenden Blicken vor den ausgebreiteten Herrlichkeiten.

Für den nächsten Vormittag war Dr. Benario von Mr. André zu einer persönlichen Aussprache in dringender Angelegenheit gebeten worden. Sie hatten eine längere Unterredung ohne Zeugen in Mr. Andrés hellem Privatkontor, in den Fabrikhallen des Schlachthauskonzerns, draußen am trüben Fluß, und Dr. Benario kehrte wenige Stunden später in der triumphierenden Haltung eines Siegers in die Avenida das Americas zurück. Man hatte ihm eine gutbesoldete Stellung als Übersetzer angeboten, und er schien schon jetzt ganz davon überzeugt, daß die Verantwortung für den Konzern in Zukunft allein auf seinen Schultern lastete. Sein ganzes Wesen strahlte Würde und Selbstbewußtsein aus. Am Nachmittag erklärte er seinem Knaben in der Geborgenheit des Studierzimmers mit der Überlegenheit eines Feldherrn die Schwierigkeiten seiner neuen Aufgabe.

Sylvia prüfte ihr Rechnungsbuch. Die Kasse war leer, und die Flüchtlinge verlangten Geld, Nahrung, Obdach – es war seit Monaten immer das gleiche. Aber Mr. André mußte noch eine letzte Reserve haben.

»Geben Sie mir das Geld«, bat Sylvia dringend. »Ich halte es nicht aus, den Menschen mit leeren Händen entgegenzutreten, ohne helfen zu können! Es ist eine Qual.«

»Wie lange haben Sie kein Gehalt genommen?« fragte Mr. André streng.

»Zwei Monate«, antwortete Sylvia leise. »Aber ich kann noch warten.«

»Schreiben Sie eine Quittung über Ihr Gehalt«, sagte Mr. André in einem Ton, der keinen Widerspruch duldete, »und nehmen Sie ohne Aufschub, was Ihnen zusteht! Ich gebe Ihnen das Geld unter dieser Bedingung. Und suchen Sie sich eine andere Arbeit, wir haben kein Geld mehr.«

Dr. Benario blieb heute länger als gewöhnlich bei Tisch. Er pflegte sonst seine Mahlzeiten rasch und schweigend einzunehmen und als erster die Tafel aufzuheben.

»Ich möchte noch mit Ihnen reden«, sagte er ein wenig bedrückt. Seine Stimme klang unsicher.

Sylvia blickte erstaunt auf. Sie war tief in ihre eigenen Gedanken versunken.

»Ich habe ein anderes Haus gemietet«, fuhr Dr. Benario fort. »Ein Haus für uns allein. Es ist ein hübscher kleiner Bungalow in einem Garten, und es ist dort kein Platz für Miriam und Sie. Sie werden begreifen: Ich brauche eine bessere Verbindung zu meiner Arbeitsstätte. Wir hätten uns auch sonst wohl gewiß nicht getrennt.«

»Ich freue mich für Sie«, sagte Sylvia herzlich. »Ich verstehe vollkommen. Und ich hoffe, Sie werden endlich zur Ruhe kommen.«

Lange wanderte Sylvia an diesem Abend mit Miriam unter dem funkelnden Sternenhimmel der Avenida das Americas über die aufgebrochene rote Erde, die sie liebte. Die Erde war hart. Ihre Schritte hallten wider in der Stille, der Wind fegte eine Staubwolke vor ihnen her. Hinter den Fenstern der Wohnungen wurden jetzt die letzten Lichter ausgelöscht. Sylvia fröstelte. Der Winter war gekommen, und sie war allein, ohne Arbeit, und ohne Dach.

Leben oder Tod

Sylvia fand mit Miriam Unterkunft in einem jener düsteren Häuser der Altstadt, in denen sie viele Monate lang auf rätselhafte Weise ihre Schützlinge untergebracht hatte. Sie schliefen in einem abgetrennten Winkel eines dunklen Korridors neben der Küche. Die Küchendünste drangen herein, Teller klapperten, die schwarzen Küchenmädchen sangen, das Telefon schrillte bei Tag und bei Nacht. Es war nur gerecht, fand Sylvia, daß sie den Becher bis zur Neige leerten. Bis zur Neige? Dies war noch menschenwürdig, es bedeutete Freiheit. Die Straße war frei, sie lag vor ihnen, sonnenbeschienen, von Leben berstend, von Zukunft trächtig.

Für Miriam fand Mr. André einen Freiplatz in einem der besten Gymnasien der Stadt. Sie sollte in der Familie des Direktors leben und mit den Kindern des Hauses Deutsch sprechen. Viele Brasilianer lernten jetzt Deutsch.

Der Vorschlag überraschte Sylvia. Sie verstummte, sie war sehr blaß, aber sie wagte keinen Einwand. Es war furchtbar hart, sich von Miriam zu trennen, dem einzigen Kameraden, der ihr geblieben war. Aber es war nur vernünftig, es war ein Weg.

Die Schulsiedlung lag auf einem Hügel, weißflirrend im Licht, ein mächtiges Bienenhaus aus Beton, Stahl und Glas, zweckmäßig und schön gegliedert, mit weiten Rasenflächen,

Sportplätzen und Schwimmbecken. Helle Klassenräume, hallend von betriebsamem Fleiß und jugendlicher Heiterkeit, blitzende Laboratorien, weiße Schlafsäle und Refektorien – ein modernes Sanatorium der Arbeit. Viele Fazendeiros aus dem Innern des Staates schickten ihre Söhne hierher, um sie für ein nützliches Leben als Landwirte, Ärzte, Chemiker und Ingenieure vorzubereiten. Hier würde Miriam wieder ein winziges Glied in einem fremden Ganzen sein, ein Zugvogel, von ferner an diese gastliche Stätte verschlagen. Würde sie sich einfügen?

Sylvia sprach mit dem Direktor Silva Frade. Dankbar aufatmend empfand sie seine bestrickende Herzlichkeit und gütige Hilfsbereitschaft. Er war klug und warmherzig, er hatte offene, männlich schöne Züge unter schlohweißem Haar und die untadelige Haltung des vornehmen Brasilianers. Dona Maria, seine Frau, war noch jung; sie war behäbig, unendlich rührig, eine lebhafte Portugiesin. Sie leitete das Hauswesen, sie beaufsichtigte das Gesinde, die Wirtschaftsräume, die Gemeinschaftsküche, die Linnenkammer, die Rasenflächen, auf denen die Wäsche der Zöglinge in der Sonne bleichte.

»Wollen Sie an der Mittagstafel teilnehmen? Esta servida! Dort in der Ecke ist noch ein Platz!« Der Saal brauste von Leben. Junge Stimmen schwirrten wie Vogelgezwitscher, alles atmete Entspannung und sorglose Fröhlichkeit. Diener in weißen Jacken servierten Quittenmarmelade und duftende Cafézinho auf blitzenden Tabletts. Da waren auch die Kinder des Hauses: die siebzehnjährige Mercedes, lebhaft und energisch wie die Mutter, selbstsicher und reif; der stattliche dreizehnjährige Themistocles, das Nesthäkchen der Familie, das Sorgenkind des Vaters. Er liebte Landleben und Fußballspiel mehr als das Studium der Klassiker.

Sylvia war entschlossen. Am Abend lieferte sie Miriam mit ihrem schmalen Koffer an der Eingangspforte ab, über der in goldenen Lettern der Wahlspruch Brasiliens stand: »Ordem e Progresso«, »Ordnung und Fortschritt«.
Dona Maria nahm Miriam bei der Hand. »Sie ist kein Kind mehr«, sagte sie ernsthaft. »Sie ist eine ›mocinha‹ – ein eben erwachsenes Mädchen.« Miriam war vierzehn Jahre alt. Sie war tapfer. Sie würde sich durchschlagen.
Allein ging Sylvia durch den hereinfallenden Abendnebel zurück. Ihre Füße waren schwer. Sie hielt die Tränen nicht mehr zurück. Sie vergrub sich in dem Winkel neben der Küche wie ein verwundetes Tier. Nun, da sie allein war, durfte sie weinen.

Alles wechselte rasch in diesem Land, blitzartig, atemraubend: Heim, Arbeit, Freunde, ein Leben, das für die Dauer gegründet schien – das alles verschwand kulissenhaft, wie in der Versenkung eines Bühnenraums, und wie durch einen Zauber ging der Alltag weiter. In Brasilien war noch keiner verhungert.
Sylvia fand Arbeit im Kontor eines Deutschen, der den Mut hatte, ihr die Sorge für seine ausgedehnten Betriebe anzuvertrauen. Herr Wenzel verfrachtete Baumwollabfälle, Schiffsladungen der weißen leicht entzündbaren Flocken, nach Deutschland und nach England. Er besaß im Arbeiterviertel Braz, draußen am trüben Fluß, Fabriken, in denen Baumwolle und Gummi verarbeitet wurden. Dort standen in riesigen Schuppen Maschinen, in denen die Baumwolle gereinigt und gepreßt wurde, und dicht daneben funkelten die Bahngeleise, auf denen die Güter verladen wurden.
Mit dem Fabrikherrn war Sylvia im Auto hergekommen.

Sie schritt neben ihm durch die Hallen, in denen Halbwüchsige und Frauen arbeiteten, dunkelhäutige und weiße. Er hatte ein Tempo, das alle in Atem hielt. Im Wagen hatte er schweigend die äußerste Geschwindigkeit gehalten. Jetzt griff er überall selbst mit ein, er erteilte Befehle, prüfte und verwarf Arbeiten, erklärte Handgriffe. Es war offenbar, daß er jede Maschine genauer kannte als der Arbeiter, der sie bediente.

»Dies ist Günter von Bernau«, erklärte Herr Wenzel und zeigte Sylvia einen kräftigen, schlanken Burschen in einem blauen Overall, der die Frauen in der Wattefabrik beaufsichtigte: ein Deutschbrasilianer, der Sohn eines Offiziers und ein glühender Anhänger des neuen deutschen Regimes. Aber der Leiter der Gummifabrik war ein deutscher Jude, ein Flüchtling aus Herrn Wenzels Heimatdorf in Hessen. Der Fabrikant hatte ihn eines Tages in São Paulo von der Straße aufgelesen und zu einem nützlichen Arbeiter erzogen. Er kümmerte sich nicht um die Gesinnung seiner Leute, ihm galt nur die Leistung.

Herr Wenzel war ein self-made-man, vom Scheitel bis zur Sohle. Er gefiel Sylvia, als sie ihm später an seinem Arbeitstisch in dem kalten nüchternen Fabrikkontor gegenübersaß: ein junger Mann in einem locker sitzenden weißen Leinenanzug, ein Dreißiger vielleicht, mager und zäh, das energische Gesicht unter dem straff aufwärtsgebürsteten hellen Haar fast knabenhaft schmal, ein eigenwilliges Kinn, feste arbeitsgewohnte Hände.

In dem Kontorraum türmten sich an den Wänden Berge unerledigter Akten bis zur Decke; überall, auf dem Tisch, auf dem Fußboden, häuften sich die weißen flockigen Warenproben.

»Sehen Sie«, sagte Herr Wenzel, »hier fehlt jemand, der

Ordnung schafft! Ich möchte, daß Sie mit der Arbeit vertraut werden und mit den Menschen. Zehn Jahre lang habe ich hier ohne Pause gearbeitet. Ich habe alles allein, aus dem Nichts geschaffen. Meine Kinder sind in São Paulo geboren, meine Frau ist nie aus der Stadt herausgekommen. Ich möchte einmal ausspannen können. Ich möchte nach Deutschland fahren. Ich will der Frau und den Kindern meine Heimat zeigen. Dazu brauche ich hier einen Menschen, auf den ich mich verlassen kann! Sie haben noch nie einen Fabrikbetrieb geleitet? Buchhaltung, Kasse, Rechnungswesen, Banken? Das schadet nichts, das kann man lernen!«

Sein Vertrauen in ihre Fähigkeit schien unbegrenzt.

Sylvia bangte gerade vor diesem Vertrauen: Durfte sie es annehmen, konnte sie es verdienen? Ihr Verstand war abstrakt. Sie hatte immer nur Erkenntnis gesucht, Einsicht, Wissen. Sie haßte Geschäfte, sie verabscheute Zahlen.

»Sie werden immer leben können«, hörte sie Herrn Wenzel noch sagen. »Mehr kann ich Ihnen nicht versprechen als dies: Wenn Sie sich bewähren, werden Sie bei mir keine Not leiden. Ich habe selbst ganz unten begonnen, ich weiß, was es heißt, zu kämpfen. Mein Grundsatz ist: leben und leben lassen.«

Sylvia wußte: Er würde Wort halten. Er war ehrlich und großzügig, er war ein Arbeiter. Um Miriams willen mußte sie annehmen, sie wußte, daß sie es tun mußte. Das Land war groß und reich, und das Leben war neu. Alle Voraussetzungen waren anders. Sie mußte sie meistern, und sie wollte dienen. »Ich will es versuchen«, sagte sie offen, und sie streckte dem Mann die Hand hin.

Alle Fäden liefen zusammen in dem hübschen kleinen Privatkontor, das Sylvia selbst einrichten durfte, in einem der funkelnden neuen Hochhäuser, im Herzen der Stadt. Am ersten Tag hatte sie nicht einmal einen Stuhl. Dann kamen die Möbel, die Lampen, der Telefonapparat. Es kamen die unerledigten Akten. Und dann kam der schwere feuersichere Geldschrank, der sich nur auf eine Geheimchiffre öffnete. Sylvia hatte von Anfang an Angst vor diesem Ungetüm. Der winzige Schlüssel drückte sie wie ein Gewicht, und anfangs vergaß sie täglich die magische Zahl. »Öffnen Sie den Geldschrank!« verlangte Herr Wenzel, und Sylvia drehte hastig, im Innern bebend, die verhängnisvolle Scheibe. Trotzdem war sie stolz auf ihr Werk. Die Verantwortung steigerte ihre Kräfte. Sie wurde wieder froh in diesen Tagen.

In der Morgenfrühe saß sie ganz allein vor dem mächtigen Diplomatenpult. In den schwarzen Kolonnen der Morgenblätter studierte sie die Kurse, die Verschiffungen, die Baumwollpreise. Sie entzifferte Codedepeschen. Dann drehte sie, Muschel am Ohr, die weiße Scheibe des Hörapparats, bis sie in einem der Betriebe Herrn Wenzel fand. Sie gab die Depeschen durch: »Telegramm aus Southampton, aus Liverpool, aus Hamburg ...« Sie sprach mit dem Wechselagenten, kabelte Angebote, Preise, Abschlüsse zurück. An jedem Geheimwort hing ein Vermögen. Sylvia erfuhr, wie waghalsig die Spekulation täglich spielte.

Um zehn Uhr früh pflegte Herr Wenzel in die Stille einzubrechen, mit Spannung geladen wie ein Dampfkessel vor dem Platzen. Sylvia begriff täglich besser, warum der Mann in einer ständigen Erregung lebte: Er spannte Kräfte und Mittel bis zum Äußersten an. Er wagte stündlich Summen, über die er kaum verfügte; jeder Fehlschlag konnte ihn ruinieren.

Dann kamen die Händler: Italiener, Portugiesen, Brasilianer, Deutsche. Sie breiteten die weißen flockigen Warenproben auf der Tischplatte aus, sie feilschten in allen Zungen.

»Bis ich Sie hier allein lasse, müssen Sie lernen, die Muster zu erkennen.«, forderte Herr Wenzel. »Sie müssen selbständig verfügen können!« Vor Sylvias Augen begannen die Flocken zu tanzen.

Draußen an der Straße nach Santo Amaro, in einem der ländlichen Vororte unweit des Seeufers, hatte sich Herr Wenzel ein weißes Landhaus gebaut, ein Schwarzwälder Haus in einem weiten Garten. Hohe Koniferen beschatteten die Einfahrt, üppige Sommerblumen wucherten auf den Rasenflächen. Der Traum jedes Deutschen, dachte Sylvia, war in friedlichen Zeiten solch ein Heim, und Herr Wenzel hätte diesen Traum in der Heimat niemals verwirklichen können. Der rastlose Arbeiter, der in harten Tagewerken und gewagten Spekulationen seine Kraft ermüdete, brauchte zur Ergänzung die Idylle.

Auf der Landstraße, die zum Haus führte, traf Sylvia an einem Sonntagvormittag Herrn Wenzel, strahlend und braungebrannt, und nur mit einer Badehose bekleidet. An jeder Hand führte er ein flachsblondes, nacktes, kleines Mädchen. Die drei hatten eben ihr morgendliches Bad im See beendet. Hildegard und Helga, die Kinder des Hauses, waren Sylvia nicht ganz unbekannt, denn die pausbäckigen Original-Badepuppen, die Herrn Wenzels Gummifabrik auf den Markt brachte, liefen durch alle Listen mit den Rufnamen seiner Töchter.

»Sie sprechen nur Deutsch«, bemerkte Herr Wenzel zufrieden, als Sylvia die winzigen Hände schüttelte. Er war sichtlich stolz darauf, daß die Kinder, die in Brasilien geboren waren, noch nicht ein Wort Portugiesisch verstanden.

»Was werden Sie tun, wenn sie zur Schule gehen müssen?« fragte Sylvia kopfschüttelnd.

»Wir haben im Dorf eine deutsche Schule«, antwortete Herr Wenzel gelassen. Inzwischen hatten die Kleinen eine Wärterin aus Santa Catharina, die sie in einem kuriosen fehlerhaften Deutsch unterwies.

Herr Wenzel und seinesgleichen, fand Sylvia, trugen die Heimat mit sich wie ein unsichtbares Schneckenhaus, in dem ihnen die seelische Berührung mit der Umwelt verwehrt war. Aber schleppten nicht andere – Engländer, Franzosen, Nordamerikaner – die gleiche Last? Und war sie nicht selbst mit tausend Erinnerungen beladen? Rascher wurzelten die Menschen der Mittelmeerrasse, Portugiesen, Spanier, Italiener, in dem heißen Boden dieses Landes.

»Achten Sie auf meinen Mann!« bat die hübsche, zierliche Frau Dora Wenzel, als Sylvia sich eine Stunde später am Gartentor verabschiedete. »Er ist schwer überreizt. Der Arzt hat ihm Ruhe und Diät verordnet. Er soll viel Milch trinken, darf nur wenig rauchen.« Sylvia versprach, sich darum zu kümmern, und sie wachte in den kommenden Monaten fast mütterlich über Herrn Wenzels Wohlergehen.

Es war schwer. Dampfer fuhren aus. Die Verschiffungen mußten vorbereitet werden. Tagelang erstickte Sylvia in einem Wust von Rechnungen und Dokumenten. Zweimal im Monat wurden die Löhne bezahlt. Die Lohntüten häuften sich auf Sylvias Tisch. Fast alle Arbeiter hatten Vorschüsse erhalten. Ihre Quittungen waren schmutzige, zerknitterte Fetzen, mit verwischten, schwer lesbaren Zahlen bedeckt. Statt des Namens hatten viele nur mit einem Kreuz unterzeichnet. Stundenlang brütete Sylvia am Abend über den Büchern, die nicht stimmen wollten. Am schlimmsten waren die Zahlungstermine. An solchen Tagen pflegte Herr Wenzel, vor Aufregung rot wie ein gesottener Krebs, in das kleine Privatkontor

zu stürmen: »Wie stehen unsere Bankguthaben? Haben wir Bargeld? Haben wir Wechsel, die wir beleihen können? Laufen Sie zu meiner Schwiegermutter, Günter, aber laufen Sie rasch. Sie soll uns die fehlende Summe borgen.«
An einem Stand in der Markthalle verkaufte Doras Mutter Wurstwaren aus Rio grande do Sul. Diesem Handel verdankte sie das hart erarbeitete Vermögen, das in kurzfristigen Darlehen durch Herrn Wenzels Bücher lief.
»Ich bin sehr zufrieden«, sagte Herr Wenzel aufatmend nach wenigen Wochen. »Es gefällt mir, daß Sie mir die Sorgen abnehmen. Ich kann mich um meine Betriebe kümmern und nur durch das Telefon Verbindung mit Ihrem Hauptquartier halten. Sie leben von Ihrer Arbeit? Ich werde schon jetzt das Gehalt für Sie erhöhen.«

Auf dem Hügel, den Miriams Schulsiedlung krönte, lag mit baumbestandenen Straßen ein stilles Wohnviertel. Dort fand Sylvia wie durch ein Wunder, was sie brauchte: zwei winzige Puppenstuben in einem verlassenen Landhaus. Alte, mattschimmernde Mahagonimöbel, ein riesiges Himmelbett. Durch die blankgeputzten Fensterscheiben mit den duftigen Mullgardinen sah Sylvia am Abend über die Palmenwipfel des Gartens hinweg wie eine Fata Morgana das leuchtende Panorama des Stadtkerns: Die funkelnden Hochhäuser, in eine einzige Silhouette verschmolzen, lagen in rosenfarbenen Nebel getaucht, Konturen und Zinnen von den schrägen Strahlen der untergehenden Sonne vergoldet, unwirklich und zauberhaft.
Wie ein verwunschenes Schloß aus dem Märchen war das Haus. Die Besitzer lebten fern auf ihren Gütern im Innern des Landes. Isolina, die alte schwarze Dienerin, war allein zurück-

geblieben. Lautlos und ungesehen waltete sie im Erdgeschoß. Nur am frühen Morgen tauchte sie in ihrem grellbunten Kattunkleid, einen blendendweißen Turban über dem krausen, schwarzen Wollhaar, aus der Tiefe des Hauses auf, um auf silbernem Tablett das Frühstück für Sylvia zu bringen.

Dieses Haus wurde für Miriam das Ziel sehnsüchtiger Träume im Schlafen und im Wachen. Jede freie Minute weilte sie hier, und an den seltenen Festtagen, die die Familie des Professors Silva Frade auf ihrem Landgut verbrachte, durfte sie bleiben und neben Sylvia in dem großen Himmelbett übernachten. In der Geborgenheit dieser Stunden vergaß sie alles Leid, das sie in langen Wochen der Einsamkeit stumm und unzugänglich machte. Sie war vor der Zeit ernst und reif geworden. Sie wurde wieder ein ungebärdiges Kind, das jede List nutzte, um einem verhaßten Zwang zu entrinnen.

Miriam war nicht glücklich. Sie lernte; spielend, mit brennendem Eifer erfaßte sie alles dargebotene Wissen; sie wurde der Stolz ihrer Lehrer, die nicht begreifen konnten, wie sie, die Fremde, mühelos die ersten Klassenplätze eroberte. Aber sie war nie mehr froh. Einst war sie, unter Gefährten, sonnig und sorglos gewesen. Jetzt blieb sie allein, scheu und grüblerisch.

Früh am Sonntagmorgen brach sie in Sylvias Schlafzimmer ein, mit glühenden Wangen und fliegenden Locken, erhitzt vom rasenden Lauf. »Mütterchen, ich bin davongelaufen!« erklärte sie atemlos. »Die Mädchen sind zur Kirche gegangen ... Sie sind gut zu mir ... alle sind sehr gut ... Aber ein Mädchen ist niemals frei! ... Die Knaben dürfen Sport treiben ... und die Mädchen müssen im Zimmer hocken ... Sie lernen. Um fünf Uhr früh stehen sie auf in den Winternächten ... Der Wecker schrillt ... Bei Lampenlicht sitzen sie über den

Büchern. Sie büffeln für ein Examen ... Immer haben sie Examen ... In der Freizeit drehen sie einander Locken. Sie polieren die Fingernägel glänzend rot. Manchmal dürfen sie in Begleitung ein Kino besuchen. Themistocles darf radfahren, und mein Rad rostet im Schuppen ... Nie darf ich allein ausgehen ... Sie wissen nicht, daß ich hier bin ...«
»Sei geduldig«, bat Sylvia, »sei einsichtig und dankbar. Du wirst lernen, aus jedem Leid und aus allem Überwinden.«
»Ich soll Deutsch sprechen«, beharrte Miriam trotzig, »aber die Kinder verstehen mich nicht. Sie hören mich nicht einmal an – ich will frei sein!«
Sylvia nahm die nächste Trambahn. Sie führte ihr Kind ins Freie. Wo die roten Straßen die Hügel hinanklettern, liefen sie selig gegen den Wind, Hand in Hand, glückliche Verschwörer. Ich sollte es nicht tun, dachte Sylvia mutlos. Miriam hatte keinen Urlaub.

In dem Turmzimmer, das einst Sylvia bewohnt hatte, über dem stillen alten Platz mitten in der Brandung des Verkehrs, hatte sich Erich Schönberg ein Atelier eingerichtet. Er hatte ein Abkommen mit dem Wirt getroffen, das ihn aller Sorgen enthob. Er zahlte seine Rechnungen mit Bildern. Nun standen an den Wänden seine Leinwände und Rahmen. Ein durchdringender Geruch von Farben und Firnis erfüllte den Raum. Von der Höhe seines Turms übersah der Maler den Menschenstrom und die Lichtfülle der Avenida São Joao; er sah farbenglühende Kreise, Prismen und Pfeile am brandroten Himmel spielen. Über die gefiederten Kronen der Königspalmen hinweg schaute er bis zu der lichterflirrenden Kette der Hügel am Horizont. Bei Tag und Nacht lief er durch die Straßen. Seine Anzüge wurden schäbig, seine Schuhe waren staubig, er achtete nicht darauf. Er sah, und er malte. Er malte das einmalige Panorama dieser Stadt, die geschwungenen Linien der blauen Berge, das krause Gewirr verschachtelter Dächer die Hügel hinauf und hinab, Schutthalden und Bauplätze, baufällige alte Hütten neben funkelnden neuen Hochhäusern.

Seltsame Menschen gingen in seinem Turmatelier ein und aus: Modelle jeden Alters und Charakters, Rahmentischler, die ihren Lohn forderten, Trödler, die Raritäten feilboten, ein Schneider, der ein Bild gegen einen Anzug eintauschte, Kritiker, Literaten, Sammler – und Maler, Maler vor allem.

Die Künstler bildeten in diesem Land noch keine Gilde. Es gab einige berühmte Namen, Künstler, die in Paris und New York ihre Arbeiten ausstellten und die in den Galerien und Salons der Alten und der Neuen Welt zu Hause waren. Und es gab die anderen, die Unbekannten. Da war der Maler Alberto, der irgendwo am Rande der Stadt in einem winzigen Häuschen lebte, bedürfnislos und bitter arm. Er verdankte seinen Stil keiner Schule, er hatte nie etwas gelernt. Er malte Muscheln, Blumen, Früchte, braune Menschen unter fruchtbeladenen Orangenbäumen, Menschen, deren Hände Früchte hielten. Er war ein großer Künstler.

Ein Mann saß den ganzen Tag im Kassierraum einer Bank. In der Freizeit schnitzte er aus den edlen Hölzern seines Landes Skulpturen von erschütternder Eindringlichkeit. Regierungsbeamte waren Architekten, Musiker, Dichter. Sie hatten Muße, sie hatten Liebe zu den Dingen.

Sylvia lernte einen alten Mann kennen, einen feinen weißhaarigen Herrn mit brauner Haut und hellen Augen, der eines Tages aus Pernambuco kam. Er mietete in der Stadt einen Laden; er stellte kleine, sauber und kindlich gepinselte Bilder in der Malweise des »Douaniers« aus. Darauf lebten in triumphierender Echtheit die bunten Volksfeste und Riten seiner Heimat. Menschen im grellen Licht, dunkle Menschen im Taumel des Tanzes, Kirchplätze, auf denen sich die Prozession entfaltet, die Madonna, von harten braunen Händen getragen, das Licht der Kerzen auf gläubigen Gesichtern.

Alles war im Anfang, die Beginnenden waren im Land verstreut, das Bewußtsein des Eigenen erwachte erst auf dieser Erde.

Dann verschwand Erich Schönberg plötzlich aus der Stadt. Er hatte ein altes Auto gegen ein Bild eingetauscht, und er reiste ins Innere des Landes. Bilder, Rahmen und Koffer standen verstaut in dem verlassenen Turm, und der Maler wurde auf den Landstraßen umhergetrieben. Im schaukelnden Gefährt durchmaß er riesige Gebiete, Wälder, Wüsten, Gebirgspässe. Er überquerte reißende Flüsse, über die nur schwankende, morsche Holzbrücken führten. Er rastete in den kleinen Städten und Flecken, die als Oasen in die weite, unerschlossene Wildnis eingesprengt waren. Er kehrte auf den großen Gütern ein, und er malte die alten Herrenhäuser im Kolonialstil, Kaffeestauden auf der roten Erde, Kinder, Pferde und Lieblingshunde. Die Fazendeiros saßen selbstherrlich wie Könige auf ihrem Grund und Boden. Sie erwiesen dem Umherschweifenden großzügige Gastfreundschaft. Sie kauften ihm seine Bilder ab, die überall im Land, in vornehmen Sälen, über Kaminen, in verschwiegenen Gartenzimmern als farbenleuchtende Spur einer fernen und fremden Lebensform zurückblieben.

Und wieder tauchte der Maler eines Tages in São Paulo auf, von der Sonne rotbraun gedörrt, strotzend vor Gesundheit, mit dem Staub der Landstraße bedeckt. »Ich fahre zurück«, erklärte er verbissen, auf jeden Widerstand gefaßt. »Ich habe das Geld für die Rückreise verdient. Ich fahre nach Deutschland.«

Sylvia fühlte, wie sie rot und blaß wurde; eine Blutwelle strömte ihr zum Herzen. So oft schon hatte sie kommendes Unheil vorausgeahnt, ohne es jemals aufhalten zu können. Sie schauderte. »Sie werden dich fangen«, sagte sie müde. »Sie werden dich einsperren ...«

Der Mann begehrte auf; er verhärtete sich, blind und taub für die Stimme der Vernunft. »Das ist nicht wahr!« antwortete er heftig. »Laß uns nicht darüber streiten. Wir werden uns niemals verstehen ...«

Sylvia kämpfte mit ihm, sie bat, sie warnte. »Geh nach Frankreich«, riet sie. »Geh nach Italien, in die Schweiz. Geh wohin du willst, aber geh nicht nach Deutschland.« Und sie nannte ihm die Namen der Freunde, die in Zuchthäusern und Konzentrationslagern lebendig begraben waren. Alles war vergeblich.

»Ich fahre«, beharrte Erich Schönberg starr. »Ich verlasse mich auf mein Glück. Ich kann nicht leben ohne Freunde, ohne Erfolge, ohne seelischen Widerhall! Lieber in der Heimat in einem Konzentrationslager verrecken, als hier auf der Landstraße verdorren und verkommen!«

Er reiste. Der Abschied von Miriam fiel ihm schwer, aber er hatte Bindungen nie anerkannt. Er küßte sein Kind flüchtig auf die Stirn. Er wußte, Sylvia würde Miriam nichts geschehen lassen.

Sylvia stand am Kai, als der Dampfer ausfuhr. »Laß dich nicht einsperren!« sagte sie eindringlich. Es war ihr letztes Wort, und es verhallte, im Stampfen der Maschine, im Geheul der Sirenen, im Rasseln der Ankerkette.

Sylvia arbeitete. Ihr blieb zum Grübeln keine Zeit. Sie sah ihr Kind nur in ihren kargen Feierabendstunden. Manchmal klingelte sie noch am Abend am Portal des Gymnasiums, um zu einem flüchtigen Besuch hineinzuschlüpfen.

Im Empfangssalon der Familie Silva Frade war es dämmrig und kühl. Die Jalousien blieben den ganzen Tag geschlossen, um die Hitze nicht einzulassen. Die Stühle waren in Reih und Glied an den Wänden aufgereiht, und auf dem Klavier stand, neben einem dürren Strauß künstlicher Blumen, eine Herde geschnitzter Elefanten in allen Größen, die Rüssel der Wand und die Ringelschwänze der Eingangstür zugekehrt. Das brachte dem Haus Glück ... Im Speisezimmer standen immer Körbe voller Orangen und Eier herum, die die Familie an den Sonntagen von ihrem Landgut heimbrachte. Es war kein Heim, wie Sylvia es kannte. Alles war unfertig, alles war immer in Bewegung. Es kam vor, daß noch ein Flügel angebaut wurde, wenn der Raum für den Zustrom neuer Zöglinge nicht reichte, ohne daß darüber viel geredet wurde. Dann hatte Dona Maria alle Hände voll zu tun, und Mercedes saß inmitten der allgemeinen Unordnung am Flügel und übte Etuden. Man schätzte das Haus nur als Zuflucht vor der Straße und als Ruhepunkt nach der ermüdenden Arbeit des Tages.

An den großen Festtagen des Jahres blieben die Türen weit geöffnet für den Strom der Gäste. Dann gab es Truthahn und eine Unmenge von Süßigkeiten, die Dona Maria in mühevoller Arbeit tage- und nächtelang selbst zubereitet hatte.

Zuweilen begleitete Miriam die Familie auf ihr Landgut hinaus. Dort durfte sie mit den Kindern reiten und schwimmen, und sie genoß die lange entbehrte Ungebundenheit in vollen Zügen. Im Garten gab es unzählige Orangenbäume, und auf dem Hof stolzierten Hühner und Enten, Truthähne und Pfauen in Freiheit einher. Für Miriam aber wurde es zum größten Erlebnis, als sie die Erlaubnis erhielt, mit dem Kutscher über Land zu fahren, um Eier und Geflügel in die nächste Stadt zu bringen. Sie hielten vor dem Asyl der Leprösen, und sie lieferten milde Gaben ab, als schuldigen Tribut der Nächstenliebe für die Aussätzigen, mit denen jeder seinen Überfluß teilte.

In der Bibliothek des Professors Silva Frade standen viele Bücher in französischer, englischer und deutscher Sprache. Da waren alle wesentlichen Werke über Pädagogik und Neuerscheinungen aus vielen Gebieten des Wissens. Der Professor hatte sie alle gelesen. Er war klug und gebildet.

»Ich liebe die deutsche Sprache«, sagte Professor Silva Frade. »Ich bewundere die Deutschen. Ihre Sprache ist die Sprache der Wissenschaft! Ich achte die Führung Ihres Landes. Deutschland war machtlos nach dem Großen Krieg, Hitler hat ihm seine Stellung in der Welt zurückgegeben. Wir brauchen starke Männer überall in der Welt.«

»Ich will niemals zurückkehren!« rief Sylvia glühend, mit steifem Nacken. »Sie haben uns vertrieben, aber das ist hier nicht die Frage. Was sind wir? Wir sind ein Nichts vor der Geschichte; wir sind wie Staubkörner im Wind. Aber sie haben das Recht gebeugt und die Freiheit ausgelöscht.«

»Arme Miriam«, hörte sie Professor Silva Frade später zu Dona Maria sagen. »Sie hat kein Vaterland.«

Auf dem Nürnberger Parteitag, im Herbst des Jahres 1935, verkündete Deutschland die Rassengesetze, durch die weite Schichten seiner Bevölkerung geächtet wurden, eine Million Unschuldiger oder mehr; auf den Tribünen hörten die Abgesandten vieler Kulturländer die neue Botschaft mit höflichem

Lächeln an. Sie sahen die braunen Legionen, endlose blitzende Formationen in der starken leuchtenden Septembersonne unter dem rasenden Jubel der Massen aufmarschieren. Deutschland verfolgte Juden, Protestanten, Katholiken; Pazifisten, Sozialisten, Demokraten – und jene Patrioten von gestern, die auf ihren Schultern, verratene Verräter, die neuen Machthaber emporgetragen hatten. Jede freie Gesinnung wurde ausgerottet, jeder aufrechte Wille gebrochen. Zuchthäuser und Konzentrationslager konnten den traurigen Zug der Verdammten nicht fassen.

Hitler war stark. Die Jugend fiel ihm zu; eine Jugend, die kein Gestern mehr kannte.

Damals schrieb die alte Barbara: »Ich freue mich, daß du nicht auf meinen Rat gehört hast. Alles wird schwerer von Tag zu Tag. Ich bin alt und schwach, und ich fürchte, ich werde euch nie mehr sehen. Aber ich freue mich, daß ihr in der Freiheit lebt ...« Sylvia hielt den Brief. Sie erkannte die einfachen, ungelenken Schriftzüge, die Unterschrift war nicht zu entziffern.

Es galt, stark zu sein. Es galt, den Glauben nicht zu verlieren. Es konnte ein Leben währen, es würde unzählige Leben kosten. Aber noch niemals in der Geschichte hatte die Menschheit eine Tyrannei ungerächt ertragen. Druck erzeugte Gegendruck, Kampf weckte verborgene Kräfte. Die Freiheit des Menschengeistes war der Sinn der Geschichte.

Deutschland rüstete. Deutschland erzeugte Kanonen statt Butter. Deutsche Truppen marschierten im Rheinland ein, jenseits der französischen Grenzen. Die Welt sah zu. Die Welt hatte andere Sorgen. Sie wollte leben. Ein Hunger nach Leben hatte die Völker erfaßt, die den Großen Krieg überdauert hatten.

»Ich bin kein Nationalsozialist«, sagte Herr Wenzel. »Ich bin kein Antisemit. Ich verstehe, daß Sie die neuen deutschen Lebensformen ablehnen müssen. Aber das müssen doch selbst Sie zugeben, daß Hitler Deutschland groß gemacht hat. Der Vertrag von Versailles hat uns geknechtet. Die Abrüstung hat uns wehrlos gemacht. Wir waren Parias in der Welt, wir dürfen wieder Deutsche sein.«
»Trinken Sie Ihre Milch«, sagte Sylvia seufzend. »Und rauchen Sie nicht so viel.« Es hatte keinen Sinn, zu streiten. Streiten konnten nur Menschen, die eine gemeinsame Ausgangsbasis für ihre Ideen hatten.

Sylvia rechnete mit schmerzendem Kopf. Das Blut hämmerte in ihren Schläfen. Immer häufiger rechnete sie bis in die Nacht hinein. Die Bücher wollten nicht stimmen. Löhne, Wechsel, Zahlungen verdichteten sich zu drohenden Kolonnen, die als Alpdruck durch Sylvias Träume zogen. Ihre Nerven waren zum Zerreißen gespannt. Und Herr Wenzel war immer gereizt. Sein Zorn entlud sich über Gerechte und Ungerechte.

Das erste Opfer war Günter von Bernau. Er hatte einen Fehlbetrag in seiner Kasse. Zögernd gestand er ihn; er gelobte Besserung. »Ich entlasse ihn«, schrie Herr Wenzel. »Ich werfe ihn auf die Straße. Ich habe ihn aus dem Dreck gezogen, ich habe seine Wirtin bezahlt und seinen Schneider. Aber er hat nichts im Kopf als Fußballspiel und politische Versammlungen. Ich habe keinen Diskutierclub in meiner Fabrik.«

»Können Sie ihn entlassen?« fragte Sylvia vorsichtig. »Haben Sie Ersatz für ihn? Er kennt den Betrieb, versteht seine Arbeit.«

Das hätte sie nicht sagen sollen. Sie hatte eine empfindliche Saite berührt. »Ich brauche ihn nicht!« tobte Herr Wenzel, hochrot vor Zorn. »Ich stelle mich wieder selbst an die Maschine! Nie war ich glücklicher als damals, als ich noch an der Maschine stand und meine Frau die Arbeiterinnen in der Fabrik beaufsichtigte. Ich brauche niemanden. Ich setze ihm den Stuhl vor die Tür.« Er hatte einen harten Schädel. Man mußte ihn achten.

Der junge Mann mußte auf der Stelle gehen. Herr Wenzel zahlte ihm einen vollen Monatslohn aus.

Aber dann konnte auch Otto, der Emigrant, seine Ausgaben nicht ausweisen. Die Lohnlisten stimmten nie. Er war so verzweifelt, daß Sylvia den Fehler auf sich nahm. Sie bat selbst um ihre Entlassung.

»Buchen Sie den Betrag auf ›kleine Spesen‹«, sagte Herr Wenzel gutmütig. »Mir ist immer noch lieber, Sie haben zuwenig in Ihrer Kasse als zuviel. Denn wenn Sie zuviel haben, dann fehlt ganz bestimmt etwas! Und versuchen Sie es noch einmal. Sie haften in Zukunft für jeden Fehler.«

Sylvia schlief nicht mehr. In der Dunkelheit tanzten die Zahlen um ihr Kopfkissen, grauenhafte Phantome, die ihr Angst einjagten, riesengroß und verzerrt. Sie biß die Zähne zusammen, verkrampfte ihre Hände. Ich darf jetzt nicht schwach werden, es geht um unser Leben, ich muß kämpfen für Miriam und mich.

Am Sonntag fuhr sie in die Avenida das Americas hinaus. Sie brauchte Trost, Entspannung, menschliche Wärme. Sie war krank vor Sehnsucht nach einem einfachen starken Leben.

Auf der Terrasse ihres Hauses empfing sie Vera Berg mit verstörtem Gesicht. »Ein Brief aus New York«, sagte sie mit zuckenden Lippen. »Ein Brief mit traurigen Nachrichten. Dr. Romberg ist gestorben, plötzlich, an einem Herzschlag. Es

war zuviel für ihn. Eva ist ganz allein, sie arbeitet in einer Fabrik. Sie verdient das Brot für sich und ihren Knaben.«
  Eva Romberg – sie hatte an Bord der »Almanzora« gestanden, als Sylvia sie zum letzten Mal sah, eine junge Frau, unbeweglich und starr, den zarten blonden Pedro im Arm. »Ich habe eine Ahnung kommenden Mißgeschicks ...«
  Sylvia sah grübelnd auf ihre Hände nieder, schmale feste Hände; sie hatten immer helfen wollen. Bringe ich allen Unglück, die ich berühre? dachte sie bitter. Sind wir alle schon gezeichnet? Wir sind wie dürre Blätter; ein Wirbelwind erfaßt uns, der Wind vor dem großen Sturm.
  Sie zog die Klingel an Lotte Hausmanns Tür. Es klang schrill in der Stille, und niemand antwortete. Ein Fenster öffnete sich; eine Nachbarin schaute heraus: »Das Haus ist geräumt«, berichtete sie eilig. »Dr. Hausmann ist aufs Land gezogen – unbekannt, wohin.« Das Fenster schlug wieder zu.

Eine Nachricht von Erich Schönberg – eine einzige – erreichte Sylvia. Er schrieb: »Ich bin in Deutschland; im Kreis meiner Freunde und Kollegen habe ich endlich gespürt, was es heißt, wieder in der Heimat zu sein.« Und, an den Rand geschrieben: »Mir hat hier noch niemand Böses getan.«
  Sylvia bewahrte den Brief. Mit einer traurigen Sicherheit wußte sie, daß ihr Gefühl sie diesmal nicht trog.

Noch immer arbeitete Sylvia verzweifelt. Sie schlief schlecht, und sie erwachte müde und ohne Hoffnung. Das Frühstück, das die schwarze Isolina brachte, blieb unberührt, und Sylvia lief gehetzt durch die Straße, die um diese Stunde noch menschenleer war. An der Ecke der prächtigen Avenida blieb sie aufatmend stehen, um die Trambahn zu erwarten. Gerade dort stand ein ungeheurer grauer Palast mit Säulen, Türmchen und Zinnen ... aus griechischen und maurischen Stilelementen grotesk gemischt, schien er dem Gehirn eines kranken Zuckerbäckers entsprungen. Darüber war der Himmel grau. Es regnete in Strömen. Vor Wochen schon hatte die Regenzeit eingesetzt. Die Feuchtigkeit durchdrang Haare, Kleider und Schuhwerk, und Sylvia war im Nu bis auf die Haut durchnäßt. Jetzt bog die Trambahn sausend wie ein Schlitten in einer Kurve um die Ecke, von einem riesigen weißhaarigen Neger gesteuert.

Ich bleibe, dachte Sylvia unvermittelt, in einem Anfall von trotziger Entschlossenheit. Bis mich Herr Wenzel hinauswirft, bleibe ich. Ich tue, was ich kann. Mir bleibt keine Wahl. Wechsel, Löhne, Zahlungen und Ebbe in der Kasse. Eine Krise erschütterte den Markt. Das Geschäft stockte. Herr Wenzel schien schwer beherrscht, jeder Nerv angespannt.

Mittags aß Sylvia rasch in einer Bar. Sie schob, wie schon oft, den Teller von sich. Ein Ekel würgte sie. Die Speisen in den billigen Restaurants waren fade, geschmacklos, schlecht gewürzt, und Sylvia wußte selbst nicht, daß sie schon lange hungerte.

Am Abend hatte sie einen Überschuß in ihrer Kasse. Das war mehr, als Herr Wenzel ertragen konnte. »Suchen Sie sich eine andere Arbeit«, sagte er schwankend, mit mühsam bewahrter Fassung.

Am nächsten Morgen freilich klärte sich der Fehler rasch wieder auf. Aber es war schon zu spät. »Wann soll ich gehen?« fragte Sylvia bescheiden. »Nehmen Sie ein Monatsgehalt«, antwortete Herr Wenzel mit höflicher Entschiedenheit. »Und gehen Sie sofort. So haben Sie, denke ich, Zeit und Ruhe, einen geeigneteren Arbeitsplatz zu finden.«

Da stand Sylvia wieder auf der Straße. Sie war diesmal gar nicht so traurig, das heiße Pflaster dieser Straßen unter ihren Füßen zu fühlen. Eine schwere Last war von ihrer Seele genommen. Sie hatte noch eine kleine Weile Zeit. Zeit, fand sie, war der kostbarste Besitz, und Freiheit das Stigma dieses Landes. Es gab für die Heimatlosen, die als Strandgut auf diesen Boden geworfen wurden, keine Sicherheit, keine Dauer, keine Stetigkeit, aber niemand nahm diese Dinge tragisch. Es gab Brot und Bananen. Unverdrossen lief sie Straßen auf und Straßen ab, in Fabriken und Kontore, auf der Suche nach Arbeit.

Dann bestand Miriam das Abschlußexamen dieses Jahres. Sie eroberte die silberne Medaille für den ersten Klassenplatz. Hoch aufgeschossen, ernst und sehr blaß stand sie in der Aula des Gymnasiums, um die Auszeichnung in Empfang zu nehmen, fremd und scheu vor den vielen Augen, die auf sie gerichtet waren.

Nach der Feier rief Professor Silva Frade Sylvia zu sich. »Miriam ist überaus begabt«, sagte er lächelnd. »Sie ist wißbegierig, freundlich und willig, von untadeliger Haltung; wir haben sie alle gern. Aber sie ist nicht heimisch unter uns. Sie bleibt einsam und verschlossen. Und sie spricht nie mehr Deutsch. Es hat keinen Sinn, daß wir sie in unserer Mitte behalten. Ich bedaure das tief.«

Miriam schlief wieder in dem großen Himmelbett. Sie schlief fest und tief. Das Licht der Lampe fiel auf ihre reinen kindlichen Züge. Sie lächelte im Traum, sie war heimgekehrt. Sie war sehr froh. Es war eine unschuldige Freude, man durfte sie nicht trüben.

Sorge, schlafraubende, atembeklemmende Sorge. Sie ist allgegenwärtig. Sie schläft auf deinem Kopfkissen. Sie erwacht mit dir am Morgen. Sie sitzt mit dir zu Tisch, ihr Schatten geht neben dir auf dem Pflaster.

Sylvia vertraute niemandem ihre Not an, sie verschloß sie schweigend in ihrem Innern, sie wollte sie bezwingen. Bob war der einzige, der ihr hätte helfen können. Bob, ihr Bruder. Einst hatte sie auf ihn ihre Hoffnung gesetzt; es war lange her. Sie waren gemeinsam Kinder gewesen, glückliche Gespielen. Sie hatten einander vertraut. Das vergaß Sylvia nie. Sie hatten aus den Kissen ihrer Kinderbetten traumbeladene Schiffe geformt, mit denen sie in ferne Länder fuhren.

Bob schwieg. Einmal hatte Sylvia, tief beunruhigt, dringend um Nachricht gebeten. Dann kam ein Telegramm: »Helen schwer erkrankt ...« Helen. Eine Frau, die Bob liebte. Ein Wesen, das Sylvia gleichen sollte. Eine fremde Frau ... Das Schweigen war ein Abgrund, tiefer als Ozeane.

Sylvia verließ die Wohnung in dem feudalen Landhaus. Sie hatte gehungert, um sie halten zu können. Sie hatte in ihrem Leben oft gehungert, um sich schöne Dinge leisten zu können. Miriam durfte nicht hungern.

Sie zogen in eine billige Durchgangspension, die Einwanderer aufnahm. Vornehm war an diesem Haus nur die Fassade. Alles andere war grau und häßlich, die Zimmer, die Möbel, die Mahlzeiten, selbst die Gesichter und die Jacken der Kellner. Sylvia bewohnte mit Miriam einen Saal im Erdgeschoß, der Licht nur über eine Terrasse erhielt. Auf dieser Terrasse spielte sich das trübe Leben des Hauses ab. Gäste, Bedienstete, Kinder, Hunde und Katzen hielten sich dort auf, bei Tag und Nacht. Nichts bedrückte Sylvia so sehr wie dies: daß sie nie mehr allein war.

Durch die Ritzen des Fußbodens schimmerte am Abend Licht: Dort unten im Keller wohnten in dunklen Verschlägen Dienstboten, Neger, Soldaten. Menschen, für die ein Raum im Licht des Tages unerreichbarer Luxus war. Dann drang, zu gewissen Stunden, durch Ritzen und Löcher ein beißender Qualm nach oben, eine höllische Mischung aus Karbid und übelriechendem Fett: Die Neger kochten.

Was sollte geschehen? Noch immer trat Sylvia das heiße Pflaster der Straßen, auf der Suche nach Arbeit. Als sie fast am Ende ihrer Kräfte war, traf ein Luftpostbrief von Bob ein: »Ich habe ein sehr schlechtes Gewissen ... Ich weiß, daß ich dich allein gelassen habe ... Aber ich habe meine nächste Reise so eingerichtet, daß ich nach São Paulo komme ... Erwarte mich. Bob.«

Sylvia lief über die Avenida São Joao. Sie war selig. »Ich soll meinen Bruder wiedersehen«, sang es in ihr. »Ich habe ihn seit acht Jahren nicht gesehen. Ich werde Bob wiedersehen. Er kommt.«

Fast hätte sie »Mendel mit den Kinderchen« überrannt. Sie raste so blind ins Blaue wie ein Segelschiff vor dem Wind. »Nicht so stürmisch!« sagte der kleine Mann mit einer tiefen Stimme. »Kennen Sie Ihre alten Freunde nicht mehr?« Und er hielt Sylvia an einem Zipfel ihres wehenden Mantels zurück.

Sie erwachte. »Natürlich«, antwortete sie. »Ich kenne Sie gut. Wie leben Sie? Und wie geht es den Kinderchen?«

Sie sah den Kleinen staunend an: Mendel hatte Hamsterbäckchen bekommen. Die Augen waren in Fettpolster gebettet, seine gedrungene Gestalt war in die Breite gewachsen.

»Glänzend«, berichtete er zufrieden. »Ich bin Ökonom geworden. Ich leite bei ›Sylvestre‹ den ganzen Betrieb. Das Lokal ist jede Nacht zum Bersten gefüllt. Und meine Frau hat immer noch den Zigarettenstand. Die Kinderchen? Die dürfen wir freilich nur an den Sonntagen sehen. Aber sie entwickeln sich prächtig. Wir schicken sie in ein feines College. Auf Wiedersehen, entschuldigen Sie mich, ich muß eilen. Ich habe viel zu tun. Ich verhandle mit Lieferanten und Behörden.«

Sylvia wartete, sie erwartete Bob. Es ist schrecklich, zu warten, mit allen Nerven und Sinnen ins Leere zu horchen, auf einen Brief, ein Telegramm, einen Anruf. Wochen waren verstrichen, Schiffe waren gekommen und wieder ausgefahren. Sylvia hatte vergeblich in den Schiffslisten gesucht. Dann kam eines Tages ein Ferngespräch, von der Strecke irgendwoher zwischen Rio und São Paulo. Bob war in Rio ausgestiegen. Er hatte mit dem Wagen einen Unfall gehabt, er war auf der Landstraße aufgehalten worden. »Um zwei Uhr heute nachmittag«, sagte eine Stimme, »in São Paulo, im ›Atlantic‹-Hotel ...«

Sylvia überquerte mit Miriam den Theaterplatz. Ihr Herz klopfte. Es war zehn Minuten vor zwei. »Es ist zu früh, er wird ohnehin Verspätung haben, er kann noch gar nicht hier sein.« Da waren die Palmen des Parks, da war die große Rampe, die Auffahrt der Automobile – und da stand Bob. Er war kräftiger als früher, breitschultrig, ein Mann, und das Haar, das voll und glänzend gewesen war, hatte sich gelichtet. Er hob den Arm, winkte. Sylvia warf sich in seine Arme.

Sie standen mitten im Gewühl, ein paar verlorene Minuten. Mit beiden Armen hielt Bob Miriam von sich. Sie war ein zartes Kind gewesen, als er sie verließ. Sie war schön geworden, ein heranreifendes Mädchen, mit ebenmäßigen Zügen und einem schmerzlich ausdrucksvollen Mund.

Autos rollten vor die Auffahrt des Hotels. Der Portier, in goldbetreßter Uniform, öffnete jedesmal den Schlag. Sylvia kannte ihn. Er war ein russischer Baron, ein ehemaliger hoher Offizier. Einst war er selbst im Wagen vorgefahren, Diener hatten vor ihm die Türen aufgerissen. Jetzt stand er, hochgewachsen und stattlich, vor der Auffahrt des Hotels; er verbeugte sich höflich, lächelte ein wenig starr, nahm das Gepäck in Empfang. Er gab den Eingang frei, die Drehtür schwang. Der Fahrstuhl sauste, sie fuhren nach oben, betraten eine Luxuswohnung.

»Is it a good one?« fragte Bob zerstreut. Er sprach Englisch. Sylvia schwieg ein wenig hilflos. »Das Zimmer«, erklärte Bob. Er sprach jetzt Deutsch, »Ob es gut ist, meine ich.« Sylvia war noch nicht auf den Gedanken gekommen, daß es schlecht sein könnte. Es war jedenfalls das Beste, was diese Stadt zu bieten hatte. Flüchtig stand vor ihrem inneren Auge der Raum, den sie bewohnte. Sie rümpfte die Nase, als sie sich erinnerte, wie die Neger kochten. »Ich denke doch, daß es gut ist«, sagte sie, und ihre Stimme klang ein wenig spröde.

Bob begann zu sprechen, als sie am Abend in der Halle des Hotels saßen. »Helen ... ja, sie ist dir sehr ähnlich, leider ist sie sehr zart. Sie hat viel gelitten. Ihre Gesundheit ist erschüttert. Es ist vor allem eine seelische Krise, eine Krankheit des Gemüts. Sie ist Konzertpianistin gewesen, damals, vor ihrer ersten Ehe, aber sie war ganz gebrochen, als ich sie fand. Sie glaubte, daß sie nie mehr spielen würde. Ich habe sie in Behandlung eines Psychiaters gegeben. Jetzt beginnt sie wieder zu musizieren, ganz zaghaft, wie ein Kind. Ich habe ihr einen neuen Flügel gekauft.« Bob legte seine Hände flach auf den Tisch. Jetzt sprach er wie früher, wenn er Sylvia seine Nöte geklagt hatte. »Die Ärzte, die Medikamente, die Sanatorien, das alles verschlingt ein Vermögen. Es kostet mehr, als ich aufbringen kann. Ich habe immer Schulden.«

»Wäre es nicht gut, wenn Helen wieder ein Kind hätte?« fragte Sylvia behutsam.

»Sie will ja nicht«, sagte Bob mit verschleierter Stimme. Er reiste als Manager eines großen Maschinenkonzerns. Heute war er in Mexiko, morgen in Venezuela, übermorgen in Kanada. Von Brasilien würde er nach Argentinien fahren, nach Bolivien, nach Chile, um den südamerikanischen Markt zu erobern. Es gab nur noch Märkte.

»Du sollst dich nicht sorgen«, sagte Bob. »Du sollst dich jetzt nicht quälen. Warte nur noch ein wenig, hab Geduld ... Wir werden eine Lösung finden ...«

Sylvia wartete, sie hatte Geduld. Sie hatte aufgehört, Arbeit zu suchen, weil Bob es so wünschte. Sie saß in dem häßlichen grauen Pensionszimmer, und sie hatte Zeit. Es kann eine Qual sein, Zeit zu haben. Die Kinder lärmten, die Katzen und die Hunde, die Dienstboten stritten, Teller klapperten. Es war feucht und kalt.

Sylvia wartete auf Bob, er hatte versprochen zu kommen. Er hatte wenig Zeit. Besuche, Empfänge, Konferenzen, tagelange Reisen. Wenn er kam, war er unruhig und zerstreut. Er arbeitete angestrengt. Er vertrug das Klima nicht. Er hatte schlecht geschlafen. Er litt maßlos unter der Entfernung von Helen. Er litt, wenn Briefe kamen, und er litt, wenn sie ausblieben. Über allem schwang immer der Gedanke an die Frau.

Allmählich gewann für Sylvia das dürftige Alltagsleben ihrer Umgebung Gestalt. Ihre Blicke waren schon geschärft für das Leid anderer. Auf der Terrasse vor ihrem Zimmer zogen die Menschen vorbei wie die Schauspieler auf einer Bühne: Menschen, die sich quälten, Menschen, die ihre Not sorgfältig vor den Augen ihrer Nachbarn verbargen. Da waren Witwen mit bleichsüchtigen verhungerten Kindern. Sie lebten immer in grauen Hinterzimmern, und sie kamen nie mit ihren Renten aus. Da war ein uraltes englisches Ehepaar, vertrocknet wie Pflanzen in einem Herbarium. Sie hatten ihre Stuben mit dem altfränkischen Hausrat aus vielen Jahrzehnten vollgestopft. Ihre einzige Freude war ein grüner Papagei, der krächzte. Da war Madame Joujou, eine dunkle, zierliche Brasilianerin, die Tochter eines verkrachten Kaffeekönigs, die Gattin eines schweigsamen Amerikaners, der sein Vermögen in Baumwollspekulationen verloren hatte. Sie ging schwarz gekleidet. Sie trauerte immer um irgendein Mitglied ihrer zahlreichen Familie. Sie hatte keine Kinder. Ihr Herz hing an einem weißen Rassepudel, der so vornehm war, daß er niemals mit gewöhnlicheren Hunden spielen durfte. Eines Morgens saß vor Sylvias Tür eine blonde, robuste Fremde, die an einem hauchzarten Hemdchen stichelte. Das war, wie sich herausstellte, Frau Jutta Nyhoven, eine junge Holländerin, die offenbar sehr bald schon ein brasilianisches Baby erwartete. Einsam und tapfer nähte, stickte, strickte sie an all den winzigen Sächelchen, während der Gatte fern im Norden reiste, um das Brot für die wachsende Familie zu suchen. Bald sammelte sich die gespannte Aufmerksamkeit der Pensionsgäste um die werdende Kreatur: Alle Nachbarinnen wollten nähen, stricken, sticken. In dem Zimmer der Holländerin lagen die feinen, duftigen Wäschestücke geschichtet, mit farbigen Seidenbändern sauber zusammengebunden. Das ganze Haus erwartete ein Kind.

An Sylvias Tür klopfte es am Nachmittag mit dünnem Knöchel: »Wünschen Sie Tee? Dann kommen Sie nach drüben.« Im Zimmer der Nachbarin brodelte der Teekessel, bald dampfte das duftende Getränk in den Tassen. Es war warm und behaglich. Immer kochte irgendeine der Nachbarinnen Tee. Aus allen Winkeln brachten die Frauen die sorgsam gehüteten Vorräte herbei: Süßigkeiten, Gebäck, Früchte. So halfen sie einander, die Kälte und den Hunger zu vertreiben. Es gab keine Zelle in diesem menschlichen Termitenbau, in der sich nicht zäher Lebenswille mit Hilfsbereitschaft paarte.

Miriam zeichnete. Sie wünschte keinen Tee, sie verschmähte jede Gesellschaft. Ernsthaft, mit gespanntem Blick, saß sie vor der Glastür der Terrasse und beobachtete scharf. Was sie sah, wurde lebendig unter ihren Händen. Spielende Katzen, drollige Mulattenkinder, der Sohn der schwarzen Köchin. Sie hatte schlanke biegsame Hände mit langen gelenkigen Fingern. Künstlerhände, die Hände ihres Vaters, und wie er war sie in Form und Farbe verliebt.

»Ich will malen«, sagte Miriam leidenschaftlich. »Ich will lernen. Ich will nicht mehr zur Schule gehen! Ich bin kein Kind mehr.«

Sylvia begriff die Schwere der Verantwortung. Die Seele ihres Kindes war aus kostbarem Stoff geformt; sie mußte zur Vollendung reifen oder zerbrechen. Wie konnte sie ihr helfen? Nie in ihrem Leben hatte sie sich so ohnmächtig gefühlt.

Bob hob nachdenklich die Brauen, als er an diesem Abend in Miriams Skizzenbuch blätterte. »Ich könnte sie mit mir in die Staaten nehmen«, sagte er tastend. »Ich habe keine Kinder, und Miriam ist mir nahe wie ein eigenes Kind. Ich würde für sie sorgen. Sie könnte alles lernen, was sie will. Aber es ist grausam, ich fürchte, es ist zu schwer für dich. Ich kann euch nicht beide rufen. Es wäre mehr, als ich verantworten kann. Du würdest allein zurückbleiben ...«

Diesmal schwankte Sylvia nicht lange. Sie durchwachte

noch eine Nacht. Es war sehr bitter. Immer verlangte das Schicksal diesen äußersten Verzicht von ihr. Immer mußte sie das Liebste hergeben, was sie besaß. Am Morgen war sie kühl und klar. Für Miriam sollte der Weg geebnet sein, sie würde keine Sorge kennen. Bob, dachte sie tapfer, ist ja kein Fremder; er ist wie ein Stück von mir. Zu ihrer Verwunderung ergab sich Miriam nicht so leicht. Sie kämpfte, sie wehrte sich verzweifelt, sie klammerte sich an Sylvia. »Ich will dich nicht allein lassen«, erklärte sie entschieden. »Ich kenne dich, du wirst hungern, du wirst darben, du wirst schweigend zugrunde gehen. Ich weiß, daß du mich brauchst!«

Es kostete Sylvias ganze Kraft, den Widerstand des Kindes zu brechen. »Ich werde arbeiten«, versprach sie. »Ich werde mich durchschlagen. Ich werde das Geld für die Reise aufbringen. Ich komme zu dir!« Und endlich mußte Miriam begreifen, daß kein Ziel ohne Opfer erreicht werden kann. Wir zahlen immer mit dem Teuersten, was wir haben. Vielleicht, erwog sie, konnte sie Sylvia rufen. Sie mußte eisern arbeiten, sie würde es schaffen. Schon lächelte sie tröstend unter Tränen. Sie wollte stark sein. So suchten sie einander die Trennung leicht zu machen.

Sylvia bereitete Miriams Reise vor: die Koffer, die Wäsche, die Kleider. Das Mädchen wuchs, nichts paßte mehr von all den kindlichen Dingen, die sie aus Europa mitgebracht hatte. Auch das ist schwer in der Fremde, wenn man arm ist, und Helen durfte keine Mühe haben, wenn Miriam ankam. Allmählich erwachte Miriams Abenteuerlust, ihre Freude an neuen Eindrücken.

»Wir wohnen draußen am Hudson«, hatte Bob erzählt. »Wir haben einen freien herrlichen Blick über den Fluß. Oft habe ich am Morgen das Gefühl, daß ich irgendwo an der Riviera erwache. Du kannst zeichnen und malen, soviel du willst. Du kannst in Abendkursen das College beenden. Du wirst lernen, ein Auto zu lenken. Ich habe einen wundervollen Wagen. Und an jedem Wochenende fahren wir in die Berge hinaus.«

Sie schmiedeten phantastische Pläne ...

Ich nehme eine Stellung als Erzieherin an, überlegte Sylvia, in einer brasilianischen Familie. Ich werde alles Geld für die Überfahrt sparen.

»Nein«, sagte Miriam unvermittelt heftig. »Vielleicht komme ich doch zurück. Ich liebe dieses Land schon. Ich kann es dir nicht erklären. Ich werde Sehnsucht haben nach der roten Erde. Dann kann ich arbeiten. Wir werden ein reizendes Haus haben in einem Garten, und du wirst nur noch Bücher schreiben ...«

Ein Luftpostbrief an Frau Sylvia Schönberg, ein Brief aus New York. Helen schrieb: »Es tut mir leid, daß ich dich enttäuschen muß. Ich kann die Sorge für Miriam nicht übernehmen ... Der Arzt hat mir jede neue Last untersagt. Es könnte meine Genesung verzögern ... Nie würde ich das geschehen lassen ...«

Schweigen. Sie hatten sich so schwer entschieden. Dann hatten sie ihre ganze Kraft an einen Traum gehängt. Das Schloß in den Wolken stürzte zusammen.

»Mütterchen«, sagte Miriam endlich mit einer fremden Stimme, »ich habe soviel heimliche Angst gehabt. Brasilien kann die Einreise sperren, und Nordamerika kann das gleiche tun. Dann hätten wir Jahre hindurch nicht zueinander kommen können. Wir wollen uns nie mehr trennen! Und glaub mir: Ich schaffe es auch allein!«

Sie saßen lange Hand in Hand, und sie schwiegen. So blieben sie, bis die Dämmerung einfiel. Ein rascher Schritt klang draußen im Korridor, eine Tür fiel ins Schloß. Bob stand auf der Schwelle, heiter und lächelnd. »Ich wollte euch zum Abendessen in mein Hotel abholen«, sagte er froh. »Ich habe den ganzen Abend frei. Aber ihr sitzt ja im Dunkeln? Und ihr habt so seltsame Gesichter. Etwas ist geschehen ...«
Sylvia reichte ihm schweigend den Brief. Er verfärbte sich, er preßte die Lippen zusammen. Dann schüttelte er ungläubig den Kopf. »Helen ist so gut«, sagte er träumerisch. »Sie hat Angst, mich zu betrüben, wenn sie nicht ganz rasch gesund wird. Sie ist unberechenbar, das ist nur eine von ihren Launen. Sie hat eine fabelhafte Auswahl von Komplexen. Im nächsten Brief wird sie alles widerrufen.«
Mit großen Schritten lief Bob im Zimmer auf und ab. Er wischte sich den Schweiß von der Stirn. Sylvia sah wohl, daß er unsicher war. Er glaubte nichts von allem, was er sagte. Plötzlich blieb er mitten im Raum stehen, seine Nasenflügel blähten sich: »Was ist das für ein teuflischer Geruch?« fragte er gereizt.
»Jetzt kochen die Neger«, erklärte Sylvia schlicht.

Im Speisesaal des Hotel »Atlantic« spielte die Jazz-Kapelle. Die Musiker saßen mit unbewegten Gesichtern wie Marionetten auf der Galerie. Herren im Smoking und Dinner-Jackett, blendende Frauenrücken in großen Abendtoiletten. Licht fing sich in starken Diamantsteinen. Ein schwerer Geruch von Speisen, von Wein, von exotischem Parfüm, von Orchideen, die in geschliffenen Gläsern auf weißem Damastlinnen glänzten. Wortfetzen aus vielen Sprachen klangen auf, sehr leise und gedämpft. Überall an den Wänden warteten glatte Bedienstete, um auf einen Blick aus dem Augenwinkel herbeizustürzen. Der Maître d'Hôtel näherte sich servil mit der Speisekarte.

Bob berührte die Speisen kaum. Nach jedem Gang jagte er den Rauch einer Zigarette durch die Lungen. Sylvia spürte, wie ihr schwindlig wurde. Eine Wolke trug sie durch den Raum. Nur Miriam schien arglos und unbeschwert. Nach Tisch wurde der Mokka in der Halle serviert. Sylvia fühlte, wie sich die Wolke verdichtete. Sie ließ sich ganz leicht in den Sessel zurücksinken: Ihr wurde dunkel vor den Augen. Als sie wieder zu sich kam, sah sie Bob weit vorgeneigt in seinem Armstuhl sitzen. Er starrte sie unverwandt an. Das Blut war ihm ins Gesicht geströmt. »Du bist verhungert«, sagte er stark. »Du konntest das Dinner nicht mehr vertragen. Warum, um des Himmels willen, hast du mir nie etwas davon gesagt?«

Sie konnte nur matt abwehren. Ihre Hände lagen blaß und blutleer in ihrem Schoß.

»Ich sollte es nicht sagen«, gestand Bob schwermütig, als er Sylvia in der Nacht im Wagen nach Hause brachte. »Ich dürfte es dir nicht sagen, aber ich möchte mich am liebsten auf ein Schiff setzen und nach Hause fahren. Ach, nach Hause – ich habe Sehnsucht nach Helen ...«

»Helen, immer Helen!« klagte Sylvia bitter. »Ich habe dich so viele Jahre nicht gesehen, und du bist nie mit deinen Gedanken bei mir.«

»Du bist nur eifersüchtig«, antwortete Bob zerstreut. »Aber das hat gar nichts mit dir zu tun. Es ist ganz etwas anderes.«

Sylvia schwieg. Sie schwieg noch, als der Wagen hielt. Sie

reichte Bob flüchtig die Fingerspitzen, aber er küßte sie auf die Stirn. Dann drehte sie den rostigen Schlüssel im Tor. Ein schwerer Geruch schlug ihr entgegen, ein Geruch von ranzigem Öl, von Scheuerseife und Bohnerwachs. Der Geruch der Armut.

Sylvia grübelte noch lange im Dunkeln. Sie hatte den Schlüssel verloren, den Schlüssel zu ihrem früheren Ich; sie konnte ihn nicht wiederfinden. Sie fiel, mitten durch ein Loch im Fußboden hindurch, in ein dunkles Nichts. Sie träumte: arabische Wüste. Sie zog mit einer Kamelkarawane durch den Sand. Endlos lange. Sie neigte sich über einen Brunnen, und sie trank durstig. Sie erwachte, als das Sonnenlicht durch die Fensterritzen in ihr Gesicht fiel. Ich werfe einen Stein in die Tiefe eines Brunnens, dachte sie müde. Aber sie konnte den Traum nicht mehr zurückrufen.

Das Leben ging weiter. Über dem Mikrokosmos des geschäftig wimmelnden menschlichen Termitenbaus wölbte sich ewig der grausame Makrokosmos des größeren Weltgeschehens, fern und fühllos wie die Sterne am Firmament. Das Schicksal vollzog sich. Monate hindurch erschienen in allen Tageszeitungen riesige fette Schlagzeilen: »Italien fällt in Abessinien ein« ... »Bomben auf Addis Abbeba« ... »wehrlose Frauen und Kinder erschlagen« ... »der Völkerbund tagte« ... »Völkerbundsrat beschließt Sanktionen« ... »Rache für Adua« ... »Italien siegt« ... »Der Negus flüchtet« ... »Bankrott des Völkerbunds«.

Der Vorhang fiel über dem vollzogenen Akt der Gewalt; der leidenschaftliche Kampf der Meinungen verebbte. Das Leben ging weiter ...

»Hailé Selassie kümmert mich nicht«, bemerkte Bob trocken. »Ich habe kein Mitleid mit diesem Theater-Negus, der seinen Vorgänger auf barbarische Art umgebracht hat. Ordnung kann nicht schaden in einem Land, in dem man noch im 20. Jahrhundert diebischen Sklaven die Hände abhackt.« Gegen diese Logik ließ sich schwer etwas einwenden. Und doch wußte Sylvia, daß die Rechnung nicht stimmte. Es ging nicht um Ordnung, es ging um Rohstoffe, es ging um Heeresstraßen, es ging um den Sieg der sanktionierten Gewalt. Sie schwieg.

»Wo steht geschrieben, daß die weiße Rasse das Schicksal der farbigen Menschen bestimmen darf?« fragte Miriam plötzlich mit klingender Stimme. »Die weißen Völker sind hochmütig, sie sind habgierig und grausam, die Mittel, die der Geist geschaffen hat, haben sie der Zerstörung dienstbar gemacht. Alle Menschen, weiße und farbige, sind Brüder, alle sollen frei sein auf der Erde, und niemand hat das Recht zur Unterdrückung.«

Sylvia staunte: Dies war die Lehre Brasiliens. Sie sah: In den Kindern wuchs ein neues Lebensgefühl. Ihnen entwirrte sich mühelos das Chaos, in dem die Völker zu ersticken drohten. Sie waren die Hoffnung einer aufsteigenden Welt. Das Leben hatte noch einen Sinn.

Die Pension hatte einen neuen Gast erhalten, eine ziemlich auffallende Erscheinung, wunderlich, wie aus einem Roman von Jean Paul entsprungen. Ein Mann, vierschrötig, untersetzt, blaue Kinderaugen in einem gramzerfurchten Gesicht; wirre blonde Locken; grobe rote Hände steckten linkisch in zu kurzen Rockärmeln. Er ging leicht gebückt, seine Augen suchten den Boden, er schien Blicken und Fragen auszuweichen. Aber am zweiten Tag blieb er nach dem Mittagessen grüßend an Sylvias Tisch stehen: »Sie kennen mich nicht mehr?« begann er zögernd.»... Richter ... Dr. Hans Richter ... Ich bin einmal durch Ihre Beratungsstelle gegangen ...« Seine Augen hafteten an einem Rotweinfleck auf dem Tischtuch.

Richter ... Dr. Hans Richter ... Doktor der Philosophie ... Doktor der Jurisprudenz ... Landrichter und Historiker ... Er stammte aus Baden. Sylvias Gedächtnis hatte längst gelernt, Menschen und Schicksale zu verzeichnen wie eine Wachsmatrize. Damals, nach Dr. Ekbergs Tod, hatte man unvermittelt begonnen, sich um die kürzlich aus Deutschland eingewanderten Juristen zu kümmern, die auf das Pflaster von São Paulo geworfen worden waren. Man hatte sie eine Zeitlang in den Häusern begüterter Familien zum Abendessen eingeladen, aus Angst vor einer Selbstmordepidemie. Auch Dr. Richter gehörte zu den so Ausgezeichneten. Ein Sonderling, gescheit und zerfahren, ein einsamer Junggeselle.

»Natürlich ... verzeihen Sie ... ich erinnere mich schon ... Sie sind Jurist, nicht wahr?«

»Ich war Jurist«, antwortete Dr. Richter mit schmerzlicher Betonung. »Sagen Sie bitte niemandem, daß ich hier wohne«, fuhr er geheimnisvoll flüsternd fort. »Niemand weiß, wo ich stecke, nicht einmal meine Freunde, nicht einmal meine Brüder – ich habe Brüder hier, aber sie kennen mich nicht. Ich hänge mich auf«, schloß er düster.

Sylvia sah mit einem Blick Unordnung und Zerstörung. Unrasierte Wangen, ungekämmtes Haar, der Anzug war faltig, die Schuhe seit Wochen nicht geputzt. Das linke Augenlid zuckte.

»Sie werden sich nicht aufhängen«, sagte sie fest. »Sie werden leben. Sie brauchen Ruhe, Ordnung. Sie brauchen ein Ziel. Wollen Sie einmal am Abend zu mir herüberkommen?«

Er kam. Er rauchte schwere dunkle Zigarren und schnippte die Asche auf den Fußboden. Er trank unzählige Flaschen Bier. In der Folge leistete er Sylvia manchmal Gesellschaft, an den endlos langen Abenden, wenn sie auf einen Anruf von Bob wartete. Er war kein schlechter Gesellschafter. Er hatte viel gelesen und viel gedacht. Sein Zimmer war mit zerlesenen Büchern und verstaubten Zeitschriften angefüllt wie ein Trödlerladen.

»Ich bin Sozialist«, erklärte Dr. Richter. »Ich bin schon im Februar 1933 über die Grenze gegangen, mit nichts als den Kleidern, die ich auf dem Leib hatte. Meine gute Mutter hatte mir ein paar Goldstücke in meinen Rock eingenäht. Ich war in Straßburg. Eine Zeitlang war ich Journalist. Hier bin ich Versicherungsagent gewesen. Jetzt habe ich begonnen, mit Büchern zu handeln.«

An lauen Abenden gingen sie zu dritt unter den riesigen dunkelgrünen Baumkronen des nahegelegenen Parks spazieren. Sie atmeten sacht. Ein tropischer Duft fiel einhüllend wie sanfter Regen, ein Duft von Zimt, von Mandeln, von Vanille und Lianen. Ein Vogel sang ganz verschlafen aus seinem Traum. Über den nachtdunklen Teich wölbte sich der schön geschwungene Bogen einer Brücke, an seinem Ufer hob eine breitgefiederte Agave eine ungeheure märchenhafte Blüte an ihrem kerzengeraden baumstarken Stengel in die blaue Luft – eine einzige schneeweiße Blüte, bevor sie starb.

Auf rohen Holzbänken saßen Liebespaare und dunkle Kindermädchen. Zu ihren Füßen spielten zierliche, schwarzlockige Kinder im feuchten Sand. In den Tropen erwachen selbst die Kinder in dieser Stunde zwischen Tag und Nacht.

»Ich muß Zeit gewinnen«, sagte Dr. Richter leise. »Vielleicht fahre ich nach Europa. Meine Mutter hat geschrieben: Sie will mich in der Schweiz treffen, sie schickt die Passage.« Er schien verjüngt wie ein Liebender. Es gab nur eine Frau, von der er mit Ehrerbietung, mit Zärtlichkeit und voller Sehnsucht sprach: seine Mutter.

Der Termin von Bobs Abreise näherte sich. Sylvia fürchtete sich dumpf vor diesem Abschied. Sie empfand die Trennung als endgültig, als ein unabwendbares Schicksal, sie wußte selbst nicht, warum.

»Ich möchte nach Buenos Aires fliegen«, sagte Bob wehmütig, »aber ich darf ja nicht. Ich habe Helen versprechen müssen, nicht zu fliegen. Ich muß mit dem nächsten Schiff reisen.« Er runzelte die Stirn. »Helen ist so hilflos: Was soll aus ihr werden, wenn ich sterbe?«

Bob hatte Angst um sein Leben. Sylvia hatte es längst gefühlt. Angst vor Krankheit, Angst vor Gefahren – ihr großer, starker Bruder hatte Angst! Er war in seiner Jugend ein gewandter Fechter gewesen, ein wilder Fahrer, ein tollkühner Bergsteiger – und er hatte Angst.

»Auch ich war hilflos«, sagte sie trotzig, in ohnmächtiger Traurigkeit. »Das vergeht, wenn wir kämpfen müssen.«

Zum letzten Mal überhörte Bob den schmerzlichen Ton, der in ihrer Stimme so dunkel wie der Klang einer geborstenen Glocke schwang. »Du bist stark«, antwortete er zuversichtlich, und er dachte schon an etwas anderes.

Am letzten Abend saß Sylvia noch spät mit Dr. Richter in dem halbdunklen Speisesaal der Pension, dicht unter dem braunen Holzkasten des Telefons an der Wand. Sie wartete.

Ein trübes Licht brannte. Alle Lampen waren ausgedreht bis auf eine.

Im Nebenzimmer war Miriam endlich eingeschlafen. Sie hatte Fieber, sie hustete. Die Jahreszeit war gefährlich in diesem Bergklima. Ein ununterbrochener Wechsel von sengender Hitze und durchdringender Kälte, von Regen und jähem Wind. Dr. Richter hatte heute seinen düsteren Tag. Er rauchte schweigend, er starrte vor sich hin, er trank sein schales Bier. »Ich hänge mich doch noch auf«, bemerkte er seufzend. »Es ist hoffnungslos, es hat alles keinen Sinn.«

»Warten Sie noch ein wenig«, tröstete Sylvia, so gut sie konnte. »Wenn Sie nur einen Fuß auf das Schiff gesetzt haben, sind Sie schon gesund.«

Die Zeit verging schleppend, eine Stunde, zwei Stunden. Bob meldete sich nicht. »Trinken Sie«, sagte Dr. Richter gutmütig, mit einer linkischen kreisrunden Bewegung seiner groben Hand. Sylvia verzog die Lippen. Sie mochte kein Bier. »Schon der Geruch macht mich seekrank«, erklärte sie schaudernd. Aber dann lächelte sie den Mann tapfer an. Sie war ihm ja dankbar, daß er sie nicht allein ließ. Und sie bestellte bei dem verschlafenen Kellner im fadenscheinigen Jackett eine Limonade.

Spät klingelte das Telefon. Bobs Stimme, sehr müde: »Ich kann heute nicht mehr kommen ... Nein, es ist zu spät ... Ich fahre morgen mit dem Nachtzug nach Rio. Dort nehme ich das Schiff ... Wie? Miriam hat Fieber? ... Du mußt sofort einen Arzt rufen ... sofort, hörst du? ... aber einen Brasilianer, der sich auf Tropenkrankheiten versteht ...« Sylvia schüttelte den Kopf. Angst vor Krankheit, Angst vor Gefahren ... ist dir unser Leben wirklich so wichtig? Sie nahm ein Schlafpulver und ging zu Bett.

Wieder stand Sylvia in der zugigen Bahnhofshalle in der häßlichen Fabrikvorstadt. Bob hatte Miriam von der Tür ihres Zimmers aus nur flüchtigen Abschied zugewinkt. Er hatte Angst vor Ansteckung. Krankheit ist ansteckend, Elend ist ansteckend. Jetzt stand er, wenige Schritte entfernt, im Gespräch mit dem Bevollmächtigten, den er in Südamerika zurückließ. Der silberne Expreß rollte ein, schmal, schnittig, mit Schnelligkeit geladen wie ein Flugzeug. Sie stiegen ein, die Männer nahmen in den breiten Sesseln des Luxuscoupés Platz. Sie bestellten Whisky. Bob zog Papiere aus der Ledertasche und versank sofort in Berechnungen. Er hatte im Zug noch eine Konferenz. Sylvia sah, er war schon weit entfernt ... Argentinien ... Bolivien ... Chile. Märkte, Ziffern, Pläne ... Dahinter stand das Schiff ... Nordamerika ... sein Heim ... Helen ... Das Signal zur Abfahrt ertönte.

Sylvia erinnerte sich später nur noch, daß sie mit Fieber nach Hause gekommen war. Ah, kühle Leintücher, weiche Kissen; jemand deckte sie zu. So hat mich meine Mutter zugedeckt, als ich ein Kind war. Es tut gut. Wenn ich sterben soll, will ich in Europa sterben.

Wochenlang lag Sylvia im Fieber. Sie wußte nur noch undeutlich, daß sie ihren Bruder verloren hatte, und daß Miriam neben ihr mit der Krankheit kämpfte. Schattenhaft, wie im Traum, zogen die Gestalten ihrer Umgebung an ihr vorüber. Madame Joujou hatte einen brennend heißen Tee gebraut, aus Orangenblättern und stark duftenden Kräutern. »Trinken Sie«, sagte sie. »Das wird Ihnen guttun.« Jutta Nyhoven brachte Früchte. Sie hatte die weichen, schmelzenden Züge der Wöchnerinnen. Ihr Leib war stark vorgewölbt. An einem kühlen Morgen streckte ihr Dr. Richter die grobe rote Hand zum Abschied hin. Sein breites Gesicht strahlte. Er war reisefertig, er fuhr nach Europa.

Einmal kam Dr. Berg und legte seine kühle feste Hand auf ihre glühende Stirn. Sein Gesicht erschien ihr streng, und seine Stimme klang barsch: »Seien Sie tapfer, nehmen Sie sich zusammen, das Leben geht weiter.« Später erkannte Sylvia das Geheimnis: Wille ist alles; ohne den Willen zum Leben wird niemand je gesund.

In einer dieser Nächte wurde das Kind der Holländerin geboren. Sylvia hörte seinen ersten Schrei; ihre ersten schwankenden Schritte führten sie an sein Bettchen. Es war ein Mädchen: Luise Emma Friederike Wilhelmine. Ein helles, rosiges Wesen aus nordischem Geblüt. Eine geborene Brasilianerin, Bürgerin eines freien Kontinents.

Hilf dir selbst, dachte Sylvia, als sie zum ersten Mal mit Bewußtsein die Luft des Tages atmete. Hilf dir selbst, oder du bist verloren. Das Fenster war weit geöffnet. Draußen fuhr ein frischer Wind durch die Bäume, die Luft war Balsam. Miriam lächelte sie an. Sie ordnete Blumen in einer Schale. Sie war schon genesen.

Als Sylvia zum ersten Mal ausging, war sie noch so schwach, daß sie sich zuweilen an den Mauern entlangtasten mußte. Sie schritt unbeirrt weiter. Sie sah nicht nach rechts und nicht nach links. Sie wollte leben, sie würde Arbeit suchen.

Die Häuserfronten waren ganz weiß von Sonnenlicht. Es war ein Tag im Juli. Es war noch Winter, aber die Mittagsglut brannte; es war sengend heiß. Sonne, Sand, Durst. Und plötzlich stand der Traum vor ihrer Seele, der Traum von Arabien, der sie an einem fernen Morgen geweckt hatte. Ihr schien es, als sei es schon eine Ewigkeit her ... Arabische Wüste ... Harald Terstegen, blond und hager, zog mit einer Kamelkarawane durch den Sand ... Denken Sie noch an unseren Pakt? Das ist jetzt Rassenschande, dachte Sylvia mit einem wehen Lächeln. Und sie ging weiter.

Auf dem Viaducto do Cha, der Teebrücke, die sich über das Anhangabahu-Tal schwingt, schoben, stießen, drängten sich die Menschen. Jetzt ballten sie sich zu einem Knäuel zusammen. Sie reckten die Hälse, sie rissen sich Extrablätter aus den Händen. Die Zeitungsverkäufer schrien die letzten Tagesnachrichten aus. Schlagzeilen leuchteten, grell und schwarz. Sylvia drängte sich durch. Sie las, sie starrte auf das Papier: In Spanien war der Bürgerkrieg ausgebrochen.

»Ich schwimme ...«

Sylvia lief durch die Straßen des »Triangulo«. Sie suchte Arbeit. Sie sah nicht nach rechts und nicht nach links. Menschen plauderten, lachten und umarmten einander; sie tranken ihren Cafézinho an den Marmortheken der Cafés. Die Schaufenster glänzten und der Asphalt, Blumen dufteten im Gewühl. Es war Frühling auf diesem Kontinent, es war Herbst in Europa, und in Spanien war Krieg.

Sylvia stockte. Eine heiße Welle von Traurigkeit überflutete sie, und eine hellsichtige, unsagbar schmerzliche Erkenntnis durchzuckte sie: Die Schönheit stirbt.

Aber schon nahm sie der Menschenstrom wieder in seine Mitte: Sie wurde fortgerissen; der Polizist an der Ecke hob seine weiß behandschuhte Rechte: Weitergehen ... nicht anhalten ...

»Seien Sie tapfer ... nehmen Sie sich zusammen«, sagte eine harte, eindringliche Stimme. »Das Leben geht weiter.«

Und Sylvia fühlte: Das Leben ist stark. Das Leben ist ein Strom, und der Strom trägt mich. Einige von uns müssen übrigbleiben, um die Wahrheit zu bewahren. Die Wahrheit in einer Welt der Lüge, die Güte in einer Welt der Gewalt, den Glauben in einer Welt der Schwäche. Sie wußte noch nicht den Weg, aber sie wußte wieder, daß sie kämpfen wollte.

In einem Schaufenster leuchteten rotgoldene Orangen auf einem Plakat: »Verbringt den Winter an der Riviera.« Und aus aufgeschlagenen Faltblättern lockten schöngewachsene Badenixen an den Palmenstrand von Florida. Sylvia ging geradewegs in den Laden hinein. Hinter einem Schalter saß ein freundlich lächelnder Mann, der Kunden witterte. Sylvia legte ihre Papiere auf den Tisch: »Ich will werben«, sagte sie. »Ich will für Reisen in Südamerika werben. Ich kann ...«
Der freundliche Mann schob die Papiere mit einer Handbewegung beiseite. Er sah Sylvia abwägend an. »Ich habe für Sie keinen Posten frei«, erklärte er kurz. »Aber ich gebe eine Reisezeitschrift heraus. Sie können für die Zeitschrift Annoncen werben. Ich zahle Ihnen kein Gehalt und keinen Spesenzuschuß. Ich kann Sie nur an Ihrem eigenen Umsatz beteiligen. Versuchen Sie es. Ich werde meinen Arbeitskreis vergrößern. Vielleicht ergibt sich für Sie später eine andere Möglichkeit.«

Sylvias Mut sank. Die Straße, die heiße mitleidlose Straße, keine Sicherheit, keine Stetigkeit, keine Dauer und der Kampf um das nackte Leben. Bevor sie den Laden verließ, wandte sie sich noch einmal um: »Ich will es überlegen«, antwortete sie, halb wider Willen. »Ich gebe Ihnen noch Bescheid.« Der Mann nickte.

Zwei Tage grübelte Sylvia. Dann kehrte sie entschlossen in das Reisebüro zurück. »Ich will es versuchen«, sagte sie trocken. »Ich nehme an.« Der freundliche Mann strahlte vor Wohlwollen. Sein Lächeln enthüllte zwei Reihen blitzend weißer Zähne. Seine Wangen waren rot und gesund, und seine Augen funkelten schwarz wie Kohlen. Er stand auf. Er war stark und breitschultrig wie ein Kosake. Seine Haltung war sehr gerade und frei. Er reichte Sylvia seine große weiße

Hand. Er hieß Iwan, einfach Iwan, und er war Russe, ein russischer Jude.

»Mut!« sagte Iwan. »Ich habe als Fahrstuhlführer angefangen, vor acht Jahren, unten in Santos. Brauchen Sie Vorschuß? Wir helfen Ihnen gern.«

»Danke«, sagte Sylvia. »Ich brauche nichts.« Sie konnte gerade noch ihre Pension bezahlen.

»Lassen Sie sich sofort Besuchskarten drucken«, fuhr Senhor Iwan sachlich fort, »an einem Druckerstand irgendwo auf der Straße: ›Frau Sylvia Schönberg, Werbeleiterin‹. Das kostet fast nichts, und es macht immer einen guten Eindruck. Es ist das einzige Kapital, das Sie brauchen.«

Zuerst ging Sylvia in das größte Warenhaus der Stadt. Sie schickte ihre Besuchskarte hinein und ließ sich bei dem Leiter der Werbeabteilung melden. »Ich bin Werbeleiterin.« Der Mann zuckte die Achseln. »Wir sind Konkurrenten«, sagte er bedauernd. »Wir haben ein eigenes Reisebüro.« Daran hatte Sylvia nicht gedacht. Ohne Zögern lief sie in das nächste Warenhaus. Dort vertröstete man sie. »Kommen Sie wieder, in ein paar Monaten, vielleicht.« Sylvia notierte es.

An jedem Morgen stand sie nun schon früh unter der großen Leuchtuhr auf dem Theaterplatz, einen fertigen Plan in der Tasche. Sie ging in Läden, Hotels und elegante Restaurants, in Modenhäuser und Schönheitssalons, in Wechselstuben und Schiffahrtskontore. Sie war überall, wo auf Tischen und hinter Glas die Luxusgüter aller Kontinente lockten: Pelze, Juwelen, Pariser Toiletten, feines Silber und Porzellan, erlesene Speisen, französische Weine und kostbare Parfüms: »Ich bin Werbeleiterin.«

Fast niemand sagte »Nein« in diesem Land. Alle sagten: »Vielleicht ... In ein paar Monaten ... In der Sommersaison ... Im neuen Jahr ...« Sylvia notierte es. Sie notierte alles, und sie kam immer zurück.

Nach wenigen Besuchen wurden fast alle Freunde – »amigos«. Sie fragten nach Sylvias Befinden und nach ihren Erfolgen, und manche boten ihr einen Cafézinho an. Aber sie hatten alle unendlich viel Zeit. Sylvia war hartnäckig; sie verrannte sich in ein Ziel. Sie kam auf den Einfall, Bücher und Zeitschriften in ihrem Gepäck mitzuführen. Sie las, sie wartete, sie hatte schon lange nicht mehr soviel gelesen.

Es wurde ein Sport wie jeder andere, und er rüttelte alle ihre Energien wach. Da war ein großer wortkarger Deutscher. Er verkaufte Schrankkoffer, Lederetuis und feine Necessaires, lauter Dinge, die anspruchsvolle Reisende brauchen. Sylvia besuchte ihn an einem glühendheißen Mittag. Er hatte sie schon zum drittenmal bestellt, und er hatte wie immer keine Zeit. Sylvia seufzte. Sie las geduldig. Sie prüfte die Uhr an ihrem Handgelenk. Und wenn ich hier übernachten muß, dachte sie grimmig, ich gehe heute nicht ohne eine Entscheidung vom Platz. Der Mann wurde endlich gefügig. Er unterschrieb. Wie er waren viele. Nur ein Schweizer wurde einmal grob, aber gerade von ihm bekam Sylvia ihren größten Auftrag.

Nach einer Woche machte sie ihren ersten Überschlag. Es ging; vielleicht konnte sie sich durchschlagen.

Miriam besuchte die amerikanische Schule. Bob hatte es so gewollt: Vielleicht, meinte er, konnte er sie später rufen. Sylvia glaubte nicht mehr daran. Sie wußte nicht einmal, ob sie es wünschen sollte, aber sie wollte ihm diese letzte Bitte erfüllen.

Und Miriam lernte Englisch, wie sie einst Spanisch gelernt hatte, Italienisch, Holländisch oder Portugiesisch: aufmerksam, wach, mit gesammelter Energie. Sie fand Kameraden, stolze, freie, aufrechte Jugendliche. Sie fand Lehrer, die ihr Freunde und Helfer wurden, und sie räumten jedes Hindernis aus ihrem Weg. In den Herbstprüfungen dieses Jahres übersprang sie drei Jahresstufen auf einmal, spielend, in einem einzigen Anlauf. Sie würde die Reifeprüfung mühelos bestehen. Das Leben lag vor ihr. Amerika bot ihr die Chance, die es für alle bereithält: freie Entfaltung im Spiel ungehemmter Kräfte. Und doch blieben auch jetzt ihre Augen ernst, ihr Mund verschlossen. Niemand ahnte die Gedanken, die hinter der streng gemeißelten Stirn arbeiteten.

Sylvia kannte ihr Kind. »Wirst du nie mehr froh werden?« fragte sie traurig. »Kannst du niemals jung sein unter glücklichen jungen Menschen? Sie bauen dir Brücken ...«

Miriam hob hilflos die Schultern. Eine Falte stand zwischen ihren Brauen. »Mütterchen«, sagte sie gequält, »ich bitte dich, laß mich gewähren! Ich weiß noch nicht, was ich tun kann, aber ich werde es bald wissen. Wie könnte ich sein wie die anderen? *Sie haben keine Sorgen*, sie haben nicht gelitten. Sie haben eine Heimat, ein Volk, ein Vaterland. Wir haben das alles verloren, und keine Brücke führt dahin zurück.« Sie fühlte, daß sie die Reifeprüfung des Lebens bestehen mußte.

Sylvia sah wohl, daß sie ein Heim brauchten, einen winzigen Fußbreit Boden, in dem sie wurzeln konnten. Sie waren Jahre hindurch umhergetrieben worden, fremd unter Fremden; sie hatten alle Bitternisse gekostet; sie mußten wieder eine Zelle bauen, in einem lebendigen Organismus.

Sie arbeitete, sie kämpfte, sie suchte einen Weg. Sie lief durch die Straßen, sie sah den Menschen, die ihr begegneten, forschend in die fremden Gesichter. Manche schienen gehetzt, zerstreut, beschäftigt, andere heiter und erfüllt; einige lächelten. Sie wußte nicht, warum. Die haben alle eine Heimat, dachte Sylvia, seltsam erregt, sie sind irgendwo zu Hause. Tagelang schaute sie in alle Häuser, in die Höfe und Gärten hinein. Am Abend kehrte sie müde und erschöpft in das häßliche graue Pensionszimmer zurück. Sie schwieg, sie hütete ein Geheimnis.

Nach einer Woche lief Sylvia eines Abends, magisch angezogen, in eines jener funkelnd neuen, strahlend hellen Hochhäuser hinein, die in jenen Jahren eines fieberhaft tollen Aufbaus wie Rudel von Riesen aus der Erde wuchsen. Das Haus war blendend weiß, schön gegliedert; mit hundert spiegelklaren Fenstern und weit ausladenden Balkonen strebte es schwebend in den durchsichtigen Abendhimmel empor, der sich sacht opal, türkisblau und lichtgrün färbte. Es schien unbewohnt, noch unberührt von Menschenmühe und Menschenschicksal, und es lag an einem jener grünen Parks, die mit fremdartig blühenden Bäumen, mit den weißen Kerzen der Agaven und den breitgefiederten Kronen der Palmen einen Hauch von Urwaldnähe in die schwere, elektrisch geladene Atmosphäre der Tropenstadt tragen. Es war ein Abend spät im Frühling; die Luft war lau; hübsche, dunkellockige Kinder wurden von schwarzen Bonnen in weißgestärkten Kleidern auf den gepflegten Kieswegen des Gartens spazierengeführt. Das betäubend anschwellende Konzert von Tausenden unsichtbarer Vögel kündete schon die anbrechende, schnell herabsinkende Nacht an.

Sylvia stürmte atemlos die wenigen Marmorstufen hinauf, die in das mächtige marmorgetäfelte Vestibül führten. Nie zuvor hatte sie davon zu träumen gewagt, in einem dieser unwirklich schimmernden Paläste zu wohnen. Sie wußte nicht, woher sie heute den Mut dazu nahm.

»Haben Sie – ganz oben – eine Wohnung frei?« fragte sie eilig, mit klopfendem Herzen den Portier in betreßter Livrée. »So hoch Sie wollen«, antwortete der Uniformierte beflissen. »Es ist noch alles frei. Sie könnten als erste hier einziehen.« Und er führte Sylvia im sausenden Fahrstuhl in das dreizehnte Stockwerk empor.

Sylvia sah von allem zuerst nur die Terrasse: Sie hatte die ovale, sanft geschweifte Form eines Schiffsleibs, und sie schwebte über der Stadt, über den hundert wuchtig aufstrebenden Hochhäusern des Stadtkerns, über Dächern und Türmen, über Gärten und Hügeln, über spiegelglatten Straßenzügen und breit angelegten Avenidas, über den weißen Vierecken der Wohnviertel, in denen das Leben brandete und brauste. Sie fing die Blicke in einem magischen Zirkel und gab sie erst weit draußen wieder frei, weit draußen, wo die Kette der blauen, schön geschwungenen Berge am goldklaren Horizont verebbte. Sylvia atmete tief. Ihre Augen weiteten sich. Ihre Hände stützten sich leicht auf das schimmernd weiße Pfeilerwerk des Geländers. So stand sie frei, hoch über der Stadt, glücklich im Abendwind, trunken von Schönheit und Licht. So hatte sie einst auf der grauen steinernen Plattform des Micalet gestanden, über der weiten fruchtbaren Ebene von Valencia. So hatte sie geträumt über den bizarren gotischen Ornamenten, über den wasserspeienden Teufeln und Dämonen von Notre Dame de Paris. Auch damals lag die Welt zu ihren Füßen, auch damals hatte sie den Rausch einsamer Kraft gefühlt, verloren in der Unendlichkeit des Raums. Aber dies hier war anders. Das Leben, das dort unten flutete, hatte keine Beziehung mehr zu jener Vergangenheit, die tief und schmerzhaft in ihr verankert war. Es war eine Welt im grellen Licht der Tropen, eine Welt schärfster Kontraste, eine Welt ohne Romantik. Sie wandte sich um. Sie kehrte aus dem Traum entrückter Sekunden in eine neue Wirklichkeit zurück. Auf diese Terrasse öffnete sich ein einziger Raum. Er war hoch und weit, und er schien nur durch Fenster und Glastür von dem seidenglatten Himmel getrennt, der sich über jenes Panorama spannte. Sonst hatte die Wohnung nur noch ein kühles Badezimmer, dessen Wände und Boden in der Farbe fließenden Meerwassers glänzten, und eine winzige dämmerige Halle, die in das marmorne Treppenhaus mündete, gerade gegenüber dem sausenden Fahrstuhl, der aus dieser lichten Höhe jäh in die Unterwelt zu stürzen schien.

Nächtelang träumte Sylvia von Wolkenschlössern. Sie zögerte, sie mißtraute dem eigenen Mut, sie wußte weniger als je, was ihr der nächste Tag bringen würde. Und doch hatte sie im Grunde nur Angst, daß vor ihr ein anderer in jener luftigen Höhe wohnen könnte. Ihre unwahrscheinlichsten Entschlüsse standen immer schon fest, bevor sie es selbst ahnte. Endlich ging sie zu Senhor Iwan. Sie bat um Rat, und sie wollte doch nur ein einziges Wort hören.

»Unterschreiben Sie den Kontrakt«, sagte der Russe gutmütig. »Es wird Ihnen niemals fehlen, was Sie brauchen.«

Als sie einzogen, hatten Sylvia und Miriam nur einen Diwan, ein paar Sessel, einen Tisch – die primitivsten und notwendigsten Gegenstände. Aus Koffern und Kisten, die in Jahren nicht geöffnet worden waren, quollen ihnen die wenigen Güter entgegen, die sie einst aus der Alten Welt gerettet hatten: Bücher, Bilder, Wäsche, Hausrat – von Würmern zerfressen, von Rost und Schimmel überzogen. In den Tropen ist das Klima der Feind der Dinge. Sylvia war zuerst ganz starr, verwirrt und entsetzt. Dann tröstete sie sich leichten Herzens über den Verlust: »›Haben wir alles verloren, so können wir auch noch diesen letzten Besitz verschmerzen. Wir werden aus dem Nichts wieder aufbauen.‹« Und sie ließ aus mattem Zedernholz einen kantigen Arbeitstisch zimmern, den sie dicht vor das Fenster der Terrasse rückte: »Ich werde wieder schreiben«, beschloß sie strahlend. »Ich werde da anfangen, wo ich aufgehört habe.«

Sylvia war glücklich. Sie lebte wieder im Rhythmus der Elemente. Sie konnte die Stunden, die Monate, das Jahr am Stand der Sonne, am Gang der Gestirne ablesen. Es gab nicht einmal einen Vorhang zwischen ihr und der Unendlichkeit. Das Fenster blieb nackt und spiegelte das Erhabene. Was bedeuteten vor diesem Hintergrund die Sorgen des Alltags?

Früh, wenn das erste Licht des Tages auf ihr Kopfkissen fiel, erwachte Sylvia; auf leichten Sohlen lief sie an die Brüstung der Terrasse. Sie sah, wie der Sonnenball glutrot über den Hügeln, über Dächern und Balkonen aufstieg. Jenseits, über der Stadt, teilte sich jetzt langsam die Nebelwand. Noch war das Licht fließend und perlgrau. Sylvia weckte Miriam: »Schau«, rief sie schnell atmend, »ist es schön? Bist du glücklich?« – »Ja«, sagte Miriam nachsichtig lächelnd, »es ist wunderschön!« Sie wußte schon, daß sie täglich vor die gleiche Frage gestellt wurde, und nie wurde die Mutter müde, die Antwort zu hören.

Später fuhr Sylvia im gleitenden Fahrstuhl in die Unterwelt hinab. Sie lief durch die Straßen, in Sonne und Regen, in Hitze und Wind. Sie ging in Läden, Hotels und elegante Restaurants. Sie verhandelte in Vorzimmern und Chefkontoren. »Ich bin Werbeleiterin ...« Sie hatte in dieser Stadt jetzt einen Hafen, von dem sie ausgehen konnte, einen Ruhepunkt, um den zu kämpfen sich lohnte. Sie glaubte in dieser Zeit über

Riesenkräfte zu verfügen. Sie handelte – und niemals zweifelte sie am Wert der eigenen Tat. Groß oder gering, stolz oder demütig – was lag daran? Es galt, die Probe zu bestehen.

Mit ruhigen Augen sah sie am Abend über den Hochhäusern des Stadtkerns die Prismen und Leuchträder der Lichtreklamen kreisen. Sie leuchteten spielerisch in allen Farben des Regenbogens. Sie stoben unter ihren Füßen platzend wie Meteore auseinander. Dann ging zu ihren Häupten der Mond auf, gerade über ihrem einsamen winzigen »Luginsland«. Er begann als schmale silberne Sichel, später hing er träumerisch als halber Mond am dunklen Nachthimmel, eine Schaukel für Liebespaare, und endlich glitt, sehnsüchtig erwartet, die glühende orangefarbene Scheibe des Vollmonds hinter den Bergkämmen hervor; fremd und fern wanderte sie ihre Straße am Firmament. Bevor sie schlafen ging, suchte Sylvia am Himmel das Kreuz des Südens, die schwebenden Lichtschleier der Milchstraße. Am schönsten waren die Nächte: Auch im heißesten Sommer waren sie immer weit und kühl, herrlich erquickend. Undeutlich wie Meeresbrausen stieg der Lärm der Stadt zu dieser Höhe empor.

Dann setzte die Regenzeit ein. Mit dem Vollmond schlug die Witterung um, heftig, jäh, wie alles in diesem Land. Gießbäche, Wasserfälle von Regen prasselten hernieder, verwandelten das feste Land in See und Sumpf, ließen Rinnsteine und Kanäle in die Häuser überströmen. Autos lagen am Straßenrand, von der Flut umspült wie gestrandete Schiffe. Die Hitze war feucht, dampfend, unerträglich, und die Menschen wurden matt und träge; wie Bäume und Sträucher hielten sie still und warteten, bis das Unwetter vorüber war. Niemand hielt mehr Verabredungen ein, wenn es regnete; die Arbeit stockte und der Verkehr ebenfalls.

Sylvia hatte am Morgen eine Stunde lang auf der Treppe ausgeharrt, die von der oberen Stadt in das tief gelegene Syrerviertel führte. Sturzwelle nach Sturzwelle überflutete die Stufen und mündete dort unten in einem kochenden Strudel. Sylvia sah, wie Passanten von halbnackten Negern durch die Brandung an das gegenüberliegende Ufer getragen wurden. Sie zitterte. Sie war durchnäßt bis auf die Haut, ihre Zähne schlugen im Fieber aufeinander, als sie heimkehrte. Jetzt stand sie am Fenster und starrte müde auf die Straße hinab. Die Straße war blank und menschenleer, trostlos einsam. Es hatte keinen Sinn, sich gegen das Element zu wehren. Wochenlang konnte Sylvia nicht arbeiten.

Und dann kam der Karneval. Wieder hallte in den Nächten der geisterhafte Takt des Gongs durch die Straßen. Wieder tanzten braune Menschen im phantastischen Federputz der Indianer zu den eintönigen Rhythmen einer aufreizend wilden Musik. Diesmal drang der gelöste Schrei der Massen, der ekstatische Jubel des Festes bis in Sylvias Einsamkeit empor. Sie schlief unruhig in diesen Nächten. Ihre Träume waren heiß und dumpf. Eine süßliche Wolke von Duft schlug nach oben, der schwere, die Sinne verwirrende Geruch des Äthers, mit dem sich die Neger betäubten, und es war, als stiege mit dem hämmernden Takt der Trommeln, dem berauschenden Gift der Drogen der unterdrückte Taumel von Generationen afrikanischer Menschen nach oben.

Noch immer lief Sylvia durch die Straßen, von Kontorhaus zu Kontorhaus, von Laden zu Laden. »Ich bin Werbeleiterin ...« Aber niemand wollte sie empfangen. Niemand hatte Zeit, und niemand hatte Geld. Das Fieber hatte alle erfaßt. Mit leeren

Händen kam sie zu Senhor Iwan. Der Russe neigte den Kopf zur Seite; er beobachtete sie schräg aus dem Augenwinkel. »Brauchen Sie Geld?« fragte er bedächtig. »Brauchen Sie Vorschuß? Wir helfen Ihnen gern.« Sylvia wünschte keine Hilfe: Sie wollte kämpfen, und sie wollte sich keinem Fremden ausliefern. Aber sie wußte, daß sie die tote Zeit nicht lange überdauern konnte. Sie senkte die Stirn.

Nur am Abend, in Miriams Gegenwart, schüttelte sie den Druck ab, der seit Wochen auf ihr lastete. Sie schien heiter und gelassen. Aber Miriam sah doch die Schatten um ihre Augen, den müden Zug um die Mundwinkel. »Laß mich dir helfen«, bat das Mädchen eindringlich. »Laß mich arbeiten! Ich bin schon erwachsen. Warum quälst du dich?«

An einem kühlen Morgen Anfang Mai traf Sylvia an einer Ecke des »Triangulo« Dr. Hans Richter. Sie stand gerade mitten im Menschengewühl vor dem blanken Schaukasten eines Schiffahrtskontors und starrte ganz versunken auf die bunten Plakate: streng gestufte Buddha-Tempel in China ... weiße Kirschblüte vor japanischen Teehäusern ... Schneegipfel über kalifornischen Blütenfeldern ... Eine Hand rührte an ihre Schulter. Sie fuhr jäh herum und sah in ein lachendes Gesicht, das ihr vertraut schien. »Schicken Sie noch immer Ihre Gedanken auf Reisen?« fragte der ehemalige Landrichter mit gutmütigem Spott.

Sylvia betrachtete ihn forschend vom Scheitel bis zur Sohle. »Sie sind glattrasiert«, bemerkte sie sachlich. »Ihre Haare sind schön gewellt. Der Anzug ist blütenweiß, und in den Schuhen kann man sich spiegeln! Verzeihen Sie, wenn ich über die Pracht staune, aber ich denke, Europa hat Ihnen gutgetan!«

»Trinken wir zusammen einen Cafézinho!« forderte Dr.

Richter gutgelaunt, und er führte sie in eines jener hallenden Caféhäuser, in denen Börsengeschäfte getätigt, Grundstückskäufe verhandelt und Familienereignisse besprochen werden. »Erzählen Sie«, bat Sylvia und lehnte sich erwartungsvoll in ihrem Sessel zurück. Er war in der Schweiz gewesen, in Florenz und in Paris, und er hatte seine Mutter wiedergesehen. »Ihre Haare sind weiß geworden«, berichtete er liebevoll. »Sie ist alt und müde, aber ihr Geist ist ungebrochen. Sie wohnt noch immer in der süddeutschen Kleinstadt, in der meine Vorfahren Bauern und Händler gewesen sind und später Juristen, Generationen von Juristen. Sie ist sehr einsam, die alte Frau; von den Nachbarn spricht manchmal einer heimlich nachts mit ihr, im Dunkeln über den Zaun. Am Tage wagt niemand mehr, sie zu grüßen. Aber sie ist zäh, sie weicht nicht vom Platz.«

Seine Züge hatten sich verändert. Er rührte verbissen in der Kaffeetasse. Sylvia schwieg. Wie sollte sie ihn trösten?

»Ich habe wundervolle Dinge aufgestöbert«, sagte er plötzlich mit veränderter Stimme und hob den Blick, in dem eine neue Hoffnung glänzte. »Es gibt ungeahnte Schätze da drüben in den Trödlerläden der Florentiner Altstadt, an den Bücherständen der Seine-Quais. Ich liebe Bücher, ich verstehe etwas von Altertümern. Ich war als Knabe ein Bücherwurm, ich wollte immer ein Trödler werden, Antiquar oder Archivar. Mein Vater wünschte es nicht. Es widersprach der Familientradition. Heute, vielleicht, mag es mir nützen.«

Er stand auf. Sein Gesicht hatte sich verwandelt. Es war für einen Augenblick das tausendjährige Antlitz seiner Rasse gewesen, rein, geprägt vom Gram. Jetzt trug es wieder die alltägliche Maske. »Kommen Sie«, sagte er und er führte Sylvia durch die Gassen der Altstadt bis zu einem Gewölbe, dessen Schlüssel er mit geheimnisvoller Miene im Schloß drehte. Er war wie der Magier, der ein »Sesam-öffne-dich« entsiegelt, als er sich jetzt zurückwandte und mit triumphierender Geste seine Beute zeigte: Drinnen türmten sich auf Regalen Bücher bis zur Decke, Bücher in allen Sprachen, Geschichte, Literatur, Philosophie, Politik – das Erbe Europas, in Jahrhunderten zusammengetragen. Da war auch Raum für die Botschaft der Vertriebenen: Bücher, mit brennendem Herzen in den Ländern des Exils geschrieben, von den Druckerpressen der Fremde in alle Welt hinausgeworfen. Auf langen Tischen lagen Kunstbücher, aufgeschlagene Mappen, Bilder, von den Präraffaeliten bis zu Marc und Chagall, Bilder an den Wänden, ein bronzener Leuchter, Terrakotten aus der Toskana.

»Damit läßt sich schon etwas anfangen, nicht wahr?« bemerkte Dr. Richter, mitten in Sylvias ausdrucksvolles Schweigen hinein, und er erwartete gar keine Antwort.

»Was eigentlich treibt Ihre Tochter Miriam?« fragte er nach einer Weile lebhaft.

Sylvia verbarg ihre Sorge nicht. »Nichts genügt ihr. Keine Schule hält sie. Sie ist unruhig und unstet.«

»Es ist schade um dieses hochbegabte Kind«, sagte Dr. Richter nachdenklich. »Irgendwo in Europa hätte sie sicher studiert. Aber wenn sie ernsthaft arbeiten will: Sie kann morgen früh bei mir beginnen! Sie kann arbeiten und lernen. Mir fehlt eine Hilfe. Ich brauche gerade einen jungen Menschen wie sie: feinfühlig, lebendig, sprachgewandt. Prüfen Sie meinen Vorschlag, überstürzen Sie nichts und geben Sie mir dann Bescheid.«

»Ich werde Miriam die Wahl überlassen«, entschied Sylvia.

Es gab für Miriam keine Wahl. Sie war sofort entschlossen. Bücher, Bilder, Menschen – eine neue Aufgabe, die sie lernend bewältigen durfte. Sie glühte schon vor Eifer. Und so

kam es, daß Miriam wenige Tage später, schmal, ernst und sehr gespannt, hinter dem Ladentisch der »Europäischen Bücherei« stand. Niemand hatte ihr den Abschied von der Schule schwer gemacht. Ihre Lehrer waren praktische Amerikaner. Sie beglückwünschten sie: »That's fine, du kannst aus Büchern, aus der Berührung mit Menschen und Dingen, mehr lernen, als dir die Schule noch zu bieten vermag. Und wenn du es je bereuen solltest, wir halten dir den Rückzug offen, du kannst dein Studium vollenden, wann immer du magst.«
Miriam arbeitete von früh bis spät. Sie lernte. Sie las jede freie Minute. Sie verschlang Bücher. Sylvia sorgte sich, ob sie sie wohl verdauen könnte. Sie brachte Stöße von Büchern mit nach Hause und sie las mit berstendem Kopf halbe Nächte lang. Sie war wie jemand, der Hunger und Durst gelitten hat und der in der Wüste eine Oase findet, mit einer Quelle und fruchtbeladenen Bäumen. Sie nahm alles auf, was sie fesselte, ohne Wahl scheinbar und ohne Ordnung: Geschichte, Philosophie, Literatur und Kunst, Kunst vor allem. Nach und nach, in dem Maße, wie sie sich innerlich festigte, wurde alles sinnvoll und klar. Alles löste sich in einem geheimen Zeichen. Es kristallisierte sich um einen Mittelpunkt. Was sie an Erbe in sich trug, was sie in früher Kindheit, noch im Halbdämmern des Bewußtseins, empfangen hatte, was auf jenen Reisen durch die Länder Europas an Eindrücken und Erlebnissen auf sie eingestürzt war, kehrte in das Licht des Tages zurück, hell und geläutert. Nun sah sie alles in Bildern, in Farbe und Form: den morgendlichen Park, Bäuerinnen, Blumen, Früchte im Getriebe eines Markttages, Bettler und Gassenjungen, Arbeitende im Rhythmus ihres Tagwerks. Und sie hielt ganz selbstverständlich bei Vincent van Gogh inne; seine Bilder, seine Briefe, sein Leben wurden ihr zur ersten Offenbarung: Da

war einer, der ohne Maß gekämpft hatte. Einer, der für die Kunst hungerte und darbte, ein Unbedingter, der sein Leben opferte. Es kümmerte sie gar nicht, daß Dr. Richter spottete: »Miriam hat ihren Helden entdeckt.« Jede Jugend braucht den Erlöser ihres Geistes, jede Jugend verachtet das Maß und jede Jugend begreift das Opfer neu.

In der »Europäischen Bücherei« des Dr. Richter trafen sich viele, die unruhigen Geistes waren: Künstler, Journalisten, Politiker und Gelehrte, Brasilianer und Europäer, Suchende und Sektierer, Berühmte und Namenlose, markante Köpfe und arme Teufel, ohne Ansehen der Herkunft, der Rasse oder Religion. In einer Ecke standen niedrige Sessel um einen Tisch. Da lagen im kreisrunden Licht der Leselampe Zeitschriften, Bücher, Zeitungen. Hier sammelten sich in den Abendstunden die Freunde des Dr. Richter, die aus Deutschland eingewanderten Juristen vor allem. Sie stritten, sie debattierten, sie halfen einander und sie nannten sich immer noch »Herr Kollege«. Sie stürzten sich auf die Schlagzeilen der Extrablätter: »Wie steht's, Herr Kollege?« ... »Neuigkeiten, Herr Kollege?« ... »Nachrichten vom spanischen Kriegsschauplatz?«

Miriam hörte, wenn die Arbeit des Tages beendet war, mit großen Augen den Gesprächen der Männer zu, und auch Sylvia liebte es, an den abendlichen Unterhaltungen teilzunehmen. Sie begriff Entwicklungen und Seelenzustände, die ihr bisher verschlossen geblieben waren.

Da war der jüdische Rechtsanwalt und Notar Dr. Kurt Gotthelf, ein feiner älterer Herr, schon über die Sechzig hinaus, mit ergrauten Schläfen und aristokratischen Manieren. Er saß in seinem Sessel, leicht vornübergeneigt, und stützte den Kopf in die Hände, in einer Gebärde ratlosen Nachdenkens; das Licht der Lampe beleuchtete sein rassiges Profil, während er überlegt und prägnant seine Sätze formte.

Er war gerade aus dem Innern des Landes zurückgekehrt, aus dem Norden des Staates Parana. Am Rande der englischen Eisenbahnlinie, die sich wie ein Wurm immer tiefer in die Wildnis hineinfraß, wuchsen dort Siedlungen aus dem Urwaldboden, Bauernhöfe und Herrensitze, Flecken, Dörfer, saubere kleine Städte. Da waren viele europäische Siedler, Bauern, Handwerker und Wissenschaftler. Sie rodeten, sie schlugen den Urwald nieder, sie brannten selbst die Ziegel für den Hausbau. Das Klima war gut. Die fette Erde gab hundertfach zurück, was man ihr anvertraute. Da saß auf seinem eigenen Grund und Boden ein früherer deutscher Minister, der Rizinus pflanzte. Ein Nobelpreisträger baute Mandioka an und stellte Maschinen auf zur Stärkegewinnung. Ein deutscher Industriemagnat und ein italienischer Bankier hatten riesige Ländereien erworben.

»Die Ratten verlassen das sinkende Schiff« ... »Wenn Europa zugrunde geht, werden die Klügsten hier, im Herzen der Wildnis, den Grund zu einem neuen Aufbau gelegt haben.«

Dr. Gotthelf hatte dort unten, in der nächsten Stadt, in der sich die Urwaldstraßen kreuzten, einen kleinen Kramladen gehalten. Er verkaufte den Siedlern die unentbehrlichsten Dinge: Kerzen, Leuchtöl, baumwollene Halstücher, billige Strohhüte. Bauern und Herren der umliegenden Güter kamen zu Pferd und mit Ochsenkarren oft viele Meilen weit. Sie tranken Kaffee und Zuckerrohrschnaps, sie politisierten, sie hieben mit der Faust auf den Tisch.

»Flüchtlinge aus Europa sind dort Hauslehrer, Verwalter, Landwirte, Ingenieure. Ein deutscher Graf fährt täglich die

Milch aus. Und viele brennen darauf, in den Kreuzzug für Freiheit und Demokratie zu ziehen.

Ich bin nicht jung genug«, schloß Dr. Gotthelf traurig. »Ich konnte nicht länger in der Einöde leben. Der alte Baum biegt sich nicht mehr. Ich bin hierhergekommen, um Arbeit zu suchen.«

Es wurde ein juristisches Konsilium gehalten, um ihm zu helfen. Aber es war schwer, ihn unterzubringen. Inzwischen durchwühlte er mit den schmalen Händen ganze Berge von Literatur. Er las; er dozierte.

Nicht alle waren wie er. Es gab alte Bäume, die sich prachtvoll verpflanzen ließen. Jener Justizrat Heinrich Lederer zum Beispiel, dem Sylvia vor Jahren, auf seiner Durchreise ins Innere des Landes, in der Beratungsstelle begegnet war. Sein Gütchen lag im Gebirge, nur eine gute Tagereise von São Paulo entfernt, mit Eisenbahn, Pferd und Ochsenkarren erreichbar.

Ja, Sylvia schien es, je länger sie das Leben ihrer Umgebung beobachtete, daß es gerade die wertvollsten unter den eingewanderten Intellektuellen aufs Land zog. Sie hatten dort drüben, in einer Welt, der sie nicht länger angehörten, den Zusammenbruch des Geistes erlebt, und viele von ihnen hatten der menschlichen Bestie in das verzerrte Antlitz geschaut. Die Natur empfing sie, mütterlich tröstend, und der schwere Rhythmus eines friedvollen Lebens, das ruhige Gleichmaß körperlicher Arbeit heilte die Wunden der Seele.

Der württembergische Anwalt Egon Winterthur, ein Nicht-Arier und strenggläubiger Protestant, bewirtschaftete mit seiner Familie eine Teeplantage unweit der Stadt. Von dem äußersten Endpunkt der Überlandbahn brauchte man nur noch eine Stunde lang querfeldein- und die Hügel hinaufzuwandern. In der Regenzeit freilich waren die Wege schwer passierbar, voller Löcher und Lehmgruben. Dafür genoß man, in der Höhe angelangt, zwischen Palmen und tropischen Fruchtbäumen, den herrlichsten Rundblick über die Stadt, über Wälder und blinkende Wasserstraßen. Das weiße Haus, ebenerdig und schlicht, lag mit Gastzimmern und Wirtschaftsflügeln inmitten der parkartigen Landschaft. Das Auge badete in allen Abstufungen von lichtem zu sattem Grün.

Dr. Winterthur empfing Sylvia in seinem Studierzimmer, ein schwerer Mann, Kopf und Hände wie aus Holz geschnitzt. Die Fenster enthüllten den Blick ins Tal. Zwischen den Bücherständern lächelte die lieblichste süddeutsche Madonna auf den Gast hernieder.

»Bücherregale und Tisch habe ich selbst gezimmert, aus den Hölzern, die dieses Land in Fülle besitzt.«

Die Frauen, Mutter und Tochter, versorgten das Haus und den Geflügelhof. Die jungen Söhne erlernten praktisch die Landwirtschaft auf den umliegenden Gütern.

Dr. Winterthur studierte in seiner Freizeit brasilianische Literatur. Von den Caboclos der benachbarten Hütten und Höfe, die sich an den Abenden zusammenfanden, erlauschte er Mythen und Legenden der Indianer, die schon fast als verloren galten, und er schrieb Bücher in seinen Mußestunden.

Drüben in der Heimat, in Hast und Wirrnis eines angespannten Berufslebens, hatte er niemals die Berufung des Dichters in sich gespürt. Seine Phantasie hatte fast ein Leben lang geschwiegen. »Wir hatten keine Zeit für unsere Seele.«

Unten im Tal wurden jetzt die Lampen angezündet. Die Straßen wurden, eine nach der anderen, zu Perlenschnüren.

»Dann also«, fragte Sylvia sinnend, »hat Ihnen das qualvolle Erlebnis dieser Zeit die Erlösung gebracht?«

»Die Befreiung zu einem eigenen Leben«, antwortete Dr. Winterthur ernst.

In der »Europäischen Bücherei« traf Sylvia endlich auch Dr. Fritz Hausmann wieder. Sie klopften einander in ehrlicher Freude minutenlang auf die Schultern. »Mir scheint, man verliert sich in dieser Stadt wie im Gedränge einer Jahrmarktsbude«, bemerkte Dr. Hausmann kopfschüttelnd. »Man wird geschoben, gestoßen, gerüttelt und man ist froh, auf den Füßen zu stehen. Kommen Sie nur rasch zu uns hinaus. Meine Frau hat Sie lange vermißt.«

Auch er bewohnte jetzt ein Landhaus vor der Stadt, weit draußen, an der alten Straße nach Santo Amaro, ein eigenes kleines Haus in einem Garten. Und es gab auch in diesem Garten einen Kastanienbaum, in dessen Schatten sich gut rasten ließ. Es gab Orangen-, Mandarinen- und Zitronenbäume, Erdbeeren und Gemüse eigener Zucht und einen sauber eingezäunten Geflügelhof unter einem mächtigen, weitverzweigten Kakibaum.

Die Hühner stelzten steifbeinig zwischen den Salatbeeten einher, und Lotte Hausmann stand zwischen ihnen, in ihren alten blauen Trainingshosen, und streute Futter aus einem Trog.

Sie war jung und elastisch wie immer, der schmale Knabenkopf lebendig und klug, nur das kurze graublonde Haar über der gebräunten Stirn war noch ein wenig fahler geworden.

»Clärchen«, rief Lotte, »Erwin ... Wladimir ...«, und Sylvia sah sich vergeblich nach den so Angerufenen um.

Die Tiere, erklärte Lotte, trugen alle die Namen von Persönlichkeiten, denen sie glichen. »Menschen haben Tiergesichter, nicht wahr? – und Tiere sind oft auf seltsame Art menschlich.«

Das graue Perlhuhn hieß Clärchen Rosenstock, aber die Bruthenne hieß ganz schlicht Else, und sie sah auch so aus: sanft und blond. Die Hähne gehörten alle der Familie der Stulpnägel an. Der schöne weiße Hahn hieß Erwin Stulpnagel. Die Hausgemeinschaft hatte sich noch um den schwarzen Pudel Tom und den weißen Angorakater Felix vermehrt.

Lotte Hausmann, bemerkte Sylvia, hatte sich den veränderten Verhältnissen vollkommen angepaßt. An der Küchenwand prangte eine Tabelle. Darauf waren die ausgegebenen Futtermengen säuberlich eingetragen, und daneben der Eierertrag eines jeden Monats, und es war auch verzeichnet, wann Eginhart, der neunundzwanzigste aus der Dynastie der Stulpnägel, verzehrt worden war.

Menschen werden Sonderlinge in der Einsamkeit. Die angeborenen Züge ihrer Natur prägen sich schärfer aus. Trotzdem täuschte sich Sylvia nicht einen Augenblick. Sie wußte: Es war im Leben dieser Menschen kein Raum für eine bequeme Idylle. Sie sahen nur der Komödie ihres Alltags mit wissend überlegenem Lächeln zu.

Hier wurde, trotz allem, der alte Kampf ausgetragen. Fritz Hausmann gab immer noch seine antifaschistische Zeitschrift heraus, und er schrieb die gleiche sarkastisch kluge Prosa. Und Lotte zerbrach fast an der Tragödie Europas.

Es war alles unverändert, als wäre es gestern gewesen. Sie saßen nach dem Abendbrot wie früher unter dem Kastanienbaum. Sie waren vielleicht alle ein wenig schweigsamer geworden. Es roch würzig nach Erde, nach Thymian und Jasmin.

Auf der Koppel des Nachbarn weidete eine Stute mit ihrem Fohlen. Die Grillen sangen, und die Frösche quakten in den Sümpfen ihr nächtliches Konzert. Es war schmerzhaft friedlich, während dort drüben, in einigen der bezauberndsten Provinzen Europas die Kanonen Tod und Verderben spien. Sie dachten alle im gleichen Augenblick nur an das eine.

»In Spanien wird das Schicksal Europas entschieden«, sagte Lotte Hausmann mit einer klangvoll dunklen Stimme in die Stille hinein.

Niemand sprach mehr. Und Sylvia fühlte alle Last der Erde auf ihren Schultern, als sie in dieser Nacht auf der lichtlosen Landstraße den Weg zur Stadt zurückging.

Nie mehr in den kommenden Monaten und Jahren verlor Sylvia dieses brennende Gefühl ratloser Trauer und dunklen Zorns, nie, bei Tag und im Traum, vergaß sie die Not der vielen. Europa gärte – und Hunderttausende wurden wie Spreu vor dem Wind über alle Grenzen gefegt. Millionen Unschuldiger verdarben. Das Rätsel des Seins lag nun vor aller Augen bloß, wie eine schwärende Wunde: Das Leben war gut. Es bot Nahrung, Licht und Wärme für alle. Das Leben war böse. Es mordete, brannte und zerstörte, was es verschwenderisch zeugte. Chronos, der Gott, fraß seine Kinder. Niemand hatte mehr das Recht, allein zu stehen. Niemand blieb unversehrt. Jeder war ein Atom im Wirbel des Weltgeschehens, und jedes Atom wurde vom Schmerz aller erfaßt, wie in einem System kommunizierender Röhren.

Die Geschichte Spaniens ist mit Blut geschrieben. Bomben regneten auf Malaga und das düstere Almeria ... Alicante, heiter und strahlend ... Valencia, in Fruchtgärten eingebettet ... und Tarragona, auf seinem Felsen glühend wie ein Becher seines starken dunkelroten Weins ... Guadalajara, deinen Namen haben Helden mit ehernem Griffel in das Buch des Lebens geschrieben; Helden verteidigten mit Todesverachtung jeden Fußbreit Boden um Madrid, Zoll um Zoll, eingegraben in die Erde ihrer Heimat. Sie hungerten, Männer und Frauen eines heroischen Volkes, und der Würgengel verschonte nicht die zarten Kinder und nicht die Ungeborenen im Mutterleib. Unvergessen das Gemetzel von Guernica, rasende Vernichtung über blühenden Dörfern und Städten und der Auszug der Scharen über die Pyrenäengrenze, nach Frankreich hinein.

Die liebliche Insel Mallorca, das Eiland des Friedens, wurde Flugzeugbasis im brudermörderischen Krieg. Was wird aus den Bauern und Hirten dieses Landes, was aus Antonia, Catalina und Jeronimo? Sylvia glaubte, sie würde nie mehr froh werden.

Aus Wien schrieb Beate Reichenberg: »Ich habe Deutschland verlassen. Ich sage dir nicht, was ich gelitten habe, bevor dieser Entschluß reif war ... Den Erlös aus dem Verkauf meines Elternhauses habe ich jenem Staat als Steuer hinterlassen müssen ... Ich habe meine Bücher, meine Noten und meinen Flügel gerettet ... und ich habe in einer Villa in Hietzing ein Mansardenzimmer gemietet ... Von meinem Arbeitstisch überschaue ich in diesem Augenblick die knospenden Bäume des Gartens unter meinem Fenster ... Es ist Frühling. Alles blüht ... Wien ist immer noch bezaubernd ...«

Das war im Mai des Jahres 1937.

Sylvia erschrak zutiefst. Sie war lange Zeit ganz ohne Nachricht von Beate Reichenberg geblieben. Sie hatte sich oft um die Freundin gebangt. Und da saß nun dieses stille Mädchen ganz allein im Herzen Europas, ohne Rat vielleicht, und ohne Hilfe. Sylvia faßte es nicht: Wie konnte man sich – noch heute – aus dem nationalsozialistischen Deutschland in das bedrohte Österreich retten? Waren die Menschen dort drüben mit Blindheit geschlagen? Oder sah sie selbst, aus der Blickweite eines anderen Kontinents, das Leben anders, so, wie man vom Gipfel eines Berges die steigende Flut überschaut?

Gerade um diese Zeit lernte Sylvia im Kreis der Freunde des Dr. Richter einen hohen österreichischen Justizbeamten kennen, der eben jetzt aus Europa gekommen war. Die Geschichte seiner Flucht klang abenteuerlich: Er war vor wenigen Wochen auf einer Urlaubsreise in eine italienische Hafenstadt gekommen. Er traf dort einen Jugendfreund, einen nahen Vertrauten Mussolinis. Was ihm dieser Mann eröffnete, hatte ihn so erschüttert, daß es in einem einzigen Augenblick sein Leben und seine Pläne wie ein Kartenhaus umwarf. »Mussolini«, sagte der Freund, »hat Österreich an Hitler verkauft ... Schuschnigg kann sich nicht halten.«

Der Ministerialrat Dr. Bauer war ein strenger, aufrechter Mann, ein frommer Katholik, kühl und beherrscht, keiner Panik zugänglich. Er hatte sofort seine Schiffskarte mit dem Reiseziel Griechenland gegen eine Passage nach Brasilien eingetauscht. Er hatte, in São Paulo angekommen, mit dem Rest seines Geldes ein Stück Land im Norden von Parana erworben, und er kabelte seiner Familie: »Alles abbrechen ... das Haus auflösen ... mit dem nächsten Schiff reisen ...« Es gab keinen Zweifel.

Sylvia schwankte: Durfte sie, zum Nutzen anderer, ein Wissen weitergeben, das ihr auf diese Weise der Zufall zugetragen hatte? Sie schrieb, in knappen Worten, ohne Erklärung, ohne Namen, an Beate Reichenberg die nackte Wahrheit: »Komm, ehe es zu spät ist ... Du stehst auf verlorenem Posten ...«

Spät erst, nach Monaten, kam die Antwort. Beate Reichenberg schrieb: »Wir wissen alles, was du mir sagst. Wir haben es längst geahnt. Trotzdem danke ich dir für die Warnung ... Es ist schön hier. Ich koste das Leben aus, so lange es mir geschenkt ist. Die Saison hat begonnen. Es gibt viel gute Musik. Gestern gab der Bruder des Bundeskanzlers in seinem Haus ein Konzert: Mozart, Haydn, Beethoven ... Und heute sind wir in den herbstlichen Wald gefahren. Die Blätter waren golden, rostrot und braun. Unsere Füße wandelten unhörbar über einen Teppich, und die letzten matten Sonnenstrahlen fielen schräg durch die lastenden Baumkronen auf den weichen Waldboden. Es war zum Weinen schön ...«

Sylvia ließ das Blatt aus der Hand sinken. Ihre Gedanken schweiften weit. Sie konnte sie nicht zurückrufen ... Sterbendes Europa ... oh ja, es war zum Weinen schön! ... Dieses Europa wird untergehen. Ein anderes Europa wird auferstehen, ein armes, gemartertes, geeinigtes Europa. Wer weiß, wann?

Irgendwann in diesem Sommer flatterte auch ein Brief von Clara Holthusen auf Sylvias Tisch, geschrieben in einem norwegischen Hafen. »Mein Liebes«, las Sylvia mit nassem Blick, »warte nicht mehr auf meine Nachrichten ... Ich bin für wenige Urlaubstage hierhergereist, und ich nutze die Freiheit, um dir diese armen Zeilen zu schreiben. Vom Fenster meines Gasthofs sehe ich, auf dem blauen Spiegel des Fjords, das weiße Schiff, mit dem du so oft gefahren bist ... Ich darf dir nicht mehr schreiben; ich stehe unter Aufsicht der Gestapo ...«

Nein, sie durften alle nicht mehr schreiben, Clara Holthusen nicht und auch die alte Barbara nicht. Und das war vielleicht gut so. Die Welt zerfiel in zwei getrennte Heerlager, und jene, auch die geliebtesten Menschen, lebten schon jenseits der Grenze.

Aus Deutschland begannen in dieser Zeit die »Touristen« nach São Paulo zu strömen. Das waren – in friedlicheren Zeiten – Reisende, die überall gern empfangen wurden, weil mit ihnen ein Strom Goldes durch die Länder zog, satte, zufriedene, glückliche Menschen. Das waren heute jüdische Auswanderer, Gestrandete, die nirgendwo bleiben durften, denn die Grenzen waren gesperrt, und doch wußte jeder, daß sie nicht mehr zurückkonnten. Solche Menschen hatten den gehetzten Blick, unsicher, fragend, immer bereit, aufzubrechen. Hilfe setzte ein. Geld wurde gesammelt. Pässe wurden visiert, und manche konnten endlich weiterreisen, nach Paraguay, nach Bolivien, nach Kolumbien. Entfernungen hatten keine Schrecken mehr. Aber viele, sehr viele, wußten nicht, wohin.

Sie gingen über die Avenida São Joao. Die Männer trugen grüne Jacken, aus Holzfaserstoff, hinten gekräuselt, nicht sehr dauerhaft vielleicht, aber gutsitzend und adrett. Sylvia erkannte sie schon von hinten, am Schnitt. Vor der Post stauten sie sich in Gruppen. Sie warteten auf die Verteilung der Luftpostbriefe, angstvoll, sehnsüchtig von einer Luftpost zur andern lebend. Mittwoch kam die »Air France« und Sonnabend das deutsche »Condor«-Flugzeug. Sie brachten Nachrichten aus der Heimat, von den Familien, die sie zurückgelassen hatten. Da waren Eltern, Kinder, Geschwister. Viele, die nachfolgen wollten. Viele, die warteten. Und sie hatten auch alle schon Angehörige, Freunde, in der ganzen Welt zerstreut: in

Südafrika, Palästina, New York, in Argentinien oder Bolivien, in Indien, Guayana – es gab fast keinen Fleck Erde mehr, den sie nicht erreichten. Sie bekamen Zeitungen aus Deutschland, die wenigen jüdischen Zeitungen, die noch erlaubt waren; die Familien schickten sie regelmäßig. Daraus konnte man sehen, wie die Menschen in der Heimat ihr Leben fristeten.

Sylvia bekam eine solche Zeitung in die Hand. Sie war sehr aufschlußreich. Was tun die Menschen dort drüben? Sie richten kleine Speiserestaurants ein – für Juden. Sie geben Sprachunterricht – für Juden, die auswandern wollen. Sie vermieten Zimmer an Juden, die nur noch bei Juden wohnen dürfen. Sie suchen Gefährten zum Auswandern: »Junger Mann, Visum nach USA, sucht Kameraden« ... »Junge Dame, Geschwister in Argentinien ...« Das ist jetzt ein Vermögen wert, Gemeinden sind aufgelöst. Alte Leute sterben: Die Kinder sind in China, in Australien, in Kanada ...

An Sylvias Tür klopfte eine junge Frau, die Züge kindlich weich, der Leib war stark vorgewölbt. Sie verkaufte Zigaretten, von Haus zu Haus. »Zigaretten? Man kauft sie an jeder Straßenecke, und der Tabak kostet fast nichts in diesem Land. Was kann Ihnen dieser Handel nützen?« Die Frau schwankte. Sie hielt sich am Türrahmen fest. »Wir sind Touristen«, antwortete sie mit weißen Lippen. »Wir haben kein Geld. Und ich kann nicht mehr arbeiten.« Sylvia begriff. »Kommen Sie«, sagte sie. »Einen Sessel, rasch. Und ein wenig Milch.« Sie streifte die Frau mit einem forschenden Blick. Sie sah jetzt erst, wie kindhaft jung sie war. »Wie weit ...?« fragte sie zögernd.

»Es ist der achte Monat. Wir sind erst seit wenigen Tagen hier. Und wir sind ganz fremd.«

Sylvia rief einen Wagen. »Ich bringe Sie nach Hause.«

Das Zimmer war eng, dunkel, feucht. Die Kleider schimmelten. Das einzige Fenster ging auf einen düsteren Innenhof. Und es war nichts da, kein Geld, kein Brot, und noch nichts für das Kind, keine Wäsche, keine Wiege, kein Geld für die Entbindung.

»Wie konnten Sie reisen – so ganz ohne Vorbereitung? Sie wußten, was Ihnen bevorstand.«

Die Frau begann zu reden, langsam zuerst, dann immer hastiger. Das Blut strömte ihr ins Gesicht.

Sie hieß Anja Lewin. Sie war zwanzig Jahre alt. Sie kamen aus Aachen.

»Wir mußten überstürzt reisen. Viele mußten reisen ... ›Rette sich, wer kann!‹ hat der Rabbiner im vergangenen Jahr am Laubhüttenfest in der Synagoge gesagt. ›Jeder rette sich und die Seinen und jeder vertraue, daß auch die anderen einen Weg finden. Hier ist der Tod, der Tod auf Raten.‹ Die Gemeinde murrte. Das Laubhüttenfest ist ein Freudenfest und niemand begriff damals, wie schlimm es um uns stand. Wir waren wie Blinde. Mein Mann ist aus dem Konzentrationslager geflohen ... Wir konnten nichts mitnehmen ... das hätte Verdacht erregt ... Und dann: Ich wollte, daß das Kind hier geboren wird ...«

Ein Licht entzündete sich in ihren Augen. »Das Kind wird frei sein, ein Bürger dieses Landes ... Man wird uns dulden ... Mein Mann arbeitet schon ... als Kistenträger in einem der Schlachthäuser. Er ist heute früh zum erstenmal in die Fabrik gegangen. Er ist jung und stark ... wir werden es schaffen ...«

Sylvia hatte niemals bitten können. Sie lernte jetzt, für andere zu bitten. Jutta Nyhoven gab das Leinen her und das Erstlingskörbchen mit den weißen Mullgardinen. Frauen in Bom Retiro sorgten für den Arzt, die Klinik, das Wochenbett ...

Sie fanden in der Vorstadt Indianopolis um geringen Mietzins ein winziges Häuschen mit einem Garten und einer Wiese davor. Das Kind würde gesund aufwachsen.

Sylvia hatte nur um eines gebeten: Man möge sie rufen, wenn die Zeit da war. Sie brauchte nicht zu fragen, als an einem späten Abend im August, in dem dämmerigen Vorzimmer ihrer Wohnung, der junge Vater vor ihr stand – atemlos, glühend vor innerer Bewegung. Das unbändige Leuchten in seinen Augen sprach mehr als Worte. Ein kräftiger Bursche mit festen Fäusten. Er nahm Sylvia bei den Schultern. Er schüttelte sie, er drehte sie im Kreis, schluchzend vor Freude.

»Knabe oder Mädchen?« Ein Knabe. Er hieß Hans Joachim Isaac. Hans Joachim, weil seine Eltern noch nicht vergessen hatten, daß sie Deutsche waren, aber Isaac hieß er nach seinem jüdischen Großvater. Und er war Brasilianer, ein Kind dieses Landes.

Das Leben war gut, wenn man helfen konnte. Es war immer noch wert, gelebt zu werden. Das Leben mußte täglich neu erobert werden.

Sylvia wartete im Vorzimmer einer großen Eisenbahngesellschaft. Seit Wochen kam sie fast täglich hierher. Immer wieder hatte man sie vertröstet. Man hatte sie mit Versprechungen hingehalten: Eine Konferenz mußte stattfinden; eine Unterschrift fehlte.

Auf dem Tisch lag ein goldgepreßter Lederband: die Geschichte des Konzerns, Jubiläumsausgabe. Sylvia blätterte und las. Sie kannte nun die Geschichte der Eisenbahnlinie schon auswendig – von jenen Pioniertagen an, da die erste Lokomotive, ein vorsintflutliches Ungetüm, mit Holzklötzen geheizt, fauchend mitten durch den Urwald stampfte – bis zur Einweihung des ersten Pullman-Waggons.

Die Tür öffnete sich. Ein Diener ging leise durch den Raum, in schwarzer Livree mit silbernen Tressen. Er lächelte Sylvia zu, er kannte sie längst, er wußte, worum es ging, und er schwenkte ein Papier in seiner Hand: Das war der Kontrakt – der Kontrakt, der den Bestand ihrer Zeitschrift sicherte. »Custou, mas sahiu!« sagte der freundliche Diener. »Es hat einen Kampf gekostet, aber es ist gelungen.«

Seltsamerweise brach Sylvia fast zusammen – gerade in dem Augenblick, in dem sie ihren ersten greifbaren Erfolg errungen hatte. Es war schwer gewesen, tagein, tagaus das heiße Pflaster dieser Stadt unter den Sohlen zu fühlen. Es war schwer, durch die Straßen zu laufen, von Kontorhaus zu Kontorhaus, tage-, wochen-, monatelang: »Ich bin Werbeleiterin ...« Sylvia war müde. Sie kämpfte schon so lange. Sie hatte, so schien es ihr jetzt, ihr ganzes Leben lang immer nur gekämpft. Sie ging im Schatten, an den Mauern entlang. Ich gehe nach Hause, dachte sie erschöpft. Ich koche mir einen heißen Tee. Ich werde schlafen. Morgen ist alles gut.

Da war der Park mit den herrlichen Tropenbäumen. Die Vögel in den Baumkronen begannen schon ihr Abendkonzert. Da war das weiße Haus mit den strebenden Balkonen.

Im Vestibül erwartete sie Frau Ida Benario. »Kann ich ... heute abend ... ein wenig bei Ihnen bleiben?« fragte sie demütig. »Ja ...«, sagte Sylvia, »natürlich doch, ja! Ist etwas geschehen?« ... »Ich bin sehr müde«, fügte sie fast verzweifelt hinzu. »Ich wollte schlafen gehen.«

Wäre Sylvia nicht selbst zu Tode ermattet gewesen, so hätte sie wohl empfunden, daß vor ihr ein Mensch mit der äußersten Bitternis rang. Aber sie war, zum erstenmal in all den

Jahren, an der Grenze ihrer Kraft. Sie horchte nur nach innen, und sie fühlte, wie sich das Leid der anderen grausam, unerbittlich, wie ein eiserner Reifen um ihr Herz legte.

Frau Benario lehnte sich an die kühle Marmortäfelung der Halle. Ihr Gesicht war grau, die Züge wie ausgelöscht. »Ich gehe ja schon«, flüsterte sie gepreßt. »Ich werde gleich gehen ... Er hat mich geschlagen ... Er hat mich zu Boden geworfen ... Er hat mich unter die Absätze seiner Stiefel gezwungen ...«

Sylvia war in einer einzigen Sekunde hellwach. Alle Ermattung fiel von ihr ab wie Nebel. Sie schauerte. Ihr war kalt vor Entsetzen. Sie legte den Arm um den Nacken der Frau. »Kommen Sie, bitte. Und verzeihen Sie meine Schwäche. Wir trinken jetzt eine Tasse Tee ... Später werden wir weiterreden ...«

»Er ist wahnsinnig«, sagte Sylvia, als Frau Benario geendet hatte. »Er hat den Verstand verloren.«

Dr. Benario hatte keine Stellung mehr. Alle seine Schüler hatten ihn längst verlassen. Niemand wollte sich von ihm über die Feinheiten der Sprache belehren lassen, die nur ein Akademiker versteht. Auch seine Arbeit als Übersetzer in der Fabrik war nicht von langer Dauer gewesen. Er war rasend vor Zorn. Er haßte die Frau. Er hatte die Brandfackel des Hasses in der Seele des Knaben geschürt. Er quälte sie. Er bedrohte sie mit dem Tod. Er verschloß vor ihr das Brot im Kasten und das letzte Geld in der Lade. Er hatte sie endlich wie einen Hund von der Schwelle seines Hauses gejagt.

»Was wollen Sie jetzt tun?« fragte Sylvia gespannt.

Frau Benario blickte starr ins Leere. Ihre Lippen zuckten. Sie seufzte tief auf wie ein verweintes Kind, das keine Tränen mehr hat. »Ich weiß es nicht«, stammelte sie ratlos. »Ich werde nach Hause gehen. Ich werde auf den Dielen schlafen, vor der Tür meines Knaben.«

Miriam sah Sylvia in die Augen. »Mütterchen«, bat sie, »wir richten ein Bett, nicht wahr?« Sylvia nickte wortlos. Sie suchten Decken und Kissen zusammen, und sie bereiteten ein Lager. Frau Benario wehrte sich nicht. Sie ließ alles mit sich geschehen. Sie nahm, bevor sie sich niederlegte, zwei schwere Schlafpulver. Aber sie schlief nicht. Ihr Kopf schmerzte. Feurige Nebel tanzten vor ihren Augen.

Auch Sylvia schlief nicht. Sie hörte, wie sich die Frau ruhelos in den Kissen hin und her warf. Sie hörte sie weinen. »Peter ...«, flüsterte sie erstickt.

Die Nacht schien endlos, endlos die kalte, gnadenlose Dämmerung. Allmählich erwachten die Geräusche des Werktags. Es war ein Markttag: Karren rollten an, Maultiere wieherten, die Bauern trieben die Tiere an. Tauben gurrten, Hühner gackerten, ein Lämmchen schrie kläglich nach der Mutter. Dann sauste die erste Trambahn kreischend über die Schienen. Ein Auto hupte, ein Vorübergehender pfiff. Hoch und funkelnd stieg die Sonne auf über der Terrasse.

Im klaren Licht des Tages war Frau Benario elend und verfallen wie ein Wrack. Was sollte geschehen?

»Sie müssen Arbeit suchen«, riet Sylvia dringend. »Sie können nicht mehr zurück.«

Frau Benario schluchzte haltlos. »Peter«, klagte sie, »mein Junge, mein einziges Kind! Wozu noch leben? ... Ich ertrage es nicht ... Ich habe nichts mehr ... Ich habe ihn mehr als mein Leben geliebt.«

»Kämpfen Sie!« sagte Sylvia hart. »Erobern Sie ihn, holen Sie ihn zurück! Es ist spät. Sie haben ihn schon verloren. Sie werden kein Recht haben, das Sie sich nicht erkämpfen!«

Es würde einen schweren Kampf kosten. Dr. Benario war stark. Wahnsinnige sind stark. Und der Knabe haßte die Mutter. Wie konnte man ein Kind retten, dessen Seele schon gestorben war?

Ganz langsam richtete sich Frau Benaric auf. Das Leben ging weiter, man starb nicht so leicht. Ihr niedergetretener Stolz erwachte. Sie trocknete ihre Tränen, ihre Wangen färbten sich. Ihr Knabe war gefährdet, er würde sie brauchen – heute, morgen vielleicht, wer weiß, wann? Sie hatte ihn geboren. Sie konnte noch hoffen. Sie würde ihn nicht aufgeben, bis zum letzten Atemzug.

Sie fand einen Platz als Erzieherin in einer brasilianischen Familie. Sie reichte Klage ein. Der Prozeß lief in der ersten Instanz.

Das Leben ging weiter – trotz Leid, trotz Kampf und Not. Sylvia hatte oft das Gefühl, daß Tod und Zeugung stärker kreisten, rascher wechselten in diesem Land als in gemäßigteren Zonen. Sie lebte zehnfach. Sie lebte viele Leben. Qual und Glück vieler Leben brausten in ihrem Blut. Die Erde dampfte vor Fruchtbarkeit, der Himmel war in diesen Wintertagen ein strahlender Dom.

Ein Übersee-Kabel von Ilse Roselius: »Ich komme zurück. Ich heirate René. Ich bin wahnsinnig glücklich.«

Sie kam. René Fabrizius war ihr in Flugstrecken entgegengereist. Irgendwo in einem atlantischen Hafen hatten sie sich getroffen. Sylvia schickte zum Empfang rote Rosen in Renés Haus, einen großen Strauß leuchtender dunkelroter Rosen. Sie wartete, bis Ilse sie rufen würde. Es dauerte Wochen. Vielleicht waren sie auf Reisen? Vielleicht schlossen sie sich ein? Alles war sehr überraschend gekommen.

Dann aber meldete sich Ilse eines Tages und verlangte stürmisch, daß Sylvia sofort, noch in der nächsten Stunde, kommen sollte. Sie war noch ebenso leidenschaftlich und unberechenbar heftig wie ehedem, voll plötzlicher Launen und Eingebungen.

Schon auf dem Rasenplatz vor dem Parktor lief sie Sylvia entgegen. Die seidigen Locken flogen ihr um das erhitzte Gesicht, Renés schlanke Windhunde umtollten sie spielend. Sie schlang den Arm um Sylvias Schultern und zog sie so ins Haus. Sie war so mädchenhaft jung und sprühend lebendig wie immer. Ihre Augen glänzten wie dunkler Samt.

»Ich bin so froh, daß ich endlich hier bin«, sagte sie lebhaft plaudernd. »Jeden Baum und jeden Stein hätte ich umarmen mögen, als ich in Rio an Land ging! Alles ist so neu, ich kann es kaum fassen. Manchmal noch träume ich, daß ich weit weg bin und ganz allein. Dann schreie ich aus dem Schlaf und rufe René. Er weckt mich. Er beruhigt mich wie ein Kind. Ich fühle, daß ich zu Hause bin, und in der Gewißheit seiner Gegenwart schlafe ich bis zum Morgen«.

Sie saßen in Ilses Arbeitszimmer, und der Diener schob lautlos den gedeckten Teetisch herein. Draußen, im kühlen Innenhof, rieselte ein Springbrunnen auf und nieder. Goldfische schossen flirrend durch das kristallklare Wasser des Marmorbeckens; aus Nestern von Moos und Baumrinden blühten herrliche Orchideen hervor.

Drinnen, an den Wänden, hingen Ilses frühe Arbeiten: Tierzeichnungen, Karikaturen, Skizzen vom Meer. Auf dem Schreibtisch Besuchskarten, Einladungen, ein Rechnungsbuch ...

»Arbeitest du?« fragte Sylvia unvermittelt.

»Nein«, antwortete Ilse hastig. »Ich kann nicht, jetzt noch nicht. Ich muß mich fassen. Später vielleicht, wenn ich ruhiger bin.«

Ein Schatten lief, fast unmerklich, über den klaren Spiegel ihrer Augen, und in ihrer Stimme klang, ganz leise, ein spröder Ton wie von gesprungenem Glas.

Sie hatte in der Stadt ihr stilles Haus am Waldrand, in dem sie mit René lebte. Sie hatte ein Landgut im Innern und ein Schloß am Meer. Sie hatte einen Luxuswagen, Reitpferde, ein Flugzeug. Sie hatte einen japanischen Diener und eine böhmische Köchin.

An einem späten Septembertag kam sie, um Sylvia zu besuchen. Eine Wolke von Unruhe und heißem Leben schien mit ihr in die schwebende gelassene Atmosphäre des Raums einzudringen. Es war die Stunde zwischen Tag und Nacht, die Sylvia so sehr liebte. Die Vögel zwitscherten in den Baumwipfeln des Parks. Wie Orgelton brauste tief unten der Atem der Stadt. Flammend ging jetzt die Sonne am Horizont unter, rosig und türkisfarben schimmerten die durchsichtigen Ränder der Wolken, und schon hing, traumhaft zart, eine schmale Mondsichel am Himmel. Der Wind war kühl.

»Ich beneide dich«, sagte Ilse plötzlich. »Ich könnte mit dir tauschen.« Sylvia sah fassungslos erstaunt auf. »Liebling«, erwiderte sie mit leisem Vorwurf, »versündige dich nicht. Du hast alles, was du liebst, alles, was du dir wünschen kannst.«

Ilse hatte nasse Augen. Sie wandte sich ab und lehnte sich weit über die Brüstung der Terrasse. »Schau«, rief sie erregt. »Sieh doch, das Liebespaar!« Ihr ausgestreckter Finger wies in die Tiefe. Zwei Menschen gingen dort unten über den Platz, ein Bursche und ein Mädchen, in Arbeitskleidern. Sie gingen langsam, Arm in Arm, und sie sahen einander in die Augen. »Die haben gearbeitet«, sagte Ilse schmerzlich. »Sie sind müde vom Tagwerk. Jetzt gehen sie nach Hause. Sie sind arm, aber sie sind glücklich. Ich habe alles und ich habe es nicht verdient.«

Ein Sonntagmorgen im Frühling – Sylvia genoß die Stille dieser Stunden. Nie zuvor hatte sie die Wohltat der Muße so tief empfunden wie jetzt, da sie ihr eine Atempause schenkte, mitten im Kampf. Vor ihrem Blick rundete sich der blaue Zyklus der Berge wie ein Amphitheater. Rauchwolken stiegen auf am Horizont. Es roch nach verbranntem Kaffee.

Miriam drehte sich schweigend in ihrem Liegestuhl. Sie konnte viele Stunden lang schweigen. Sie las die Tagebuchblätter, die Gauguin einst auf Tahiti geschrieben hatte. Jetzt schaute sie auf. Sie blinzelte träumerisch in das grelle Sonnenlicht. »Mütterchen«, fragte sie, »könnten wir nicht eine Insel finden, irgendwo im Südmeer, ganz für uns allein?« Aber Sylvia bemerkte, daß diese Insel dann im nächsten Weltkrieg strategischer Stützpunkt werden würde.

Trotzdem lächelte sie. Die jungen Generationen fingen immer da an, wo die älteren vor ihnen aufgehört hatten. Kaum hatte sie selbst den romantischen Traum der Weltflucht überwunden. Das Leben war stärker. Kampf war stärker. Und nun sehnte sich dieses Kind nach einer Insel.

Die Hausglocke schlug. Der Ton klang schrill in die Stille. Ein Brief fiel durch den Türspalt, ein Luftpostbrief aus Deutschland – die erste Nachricht seit Monaten. Sylvia erschrak. Sie wußte längst: Etwas war geschehen.

Der Brief wog schwer in ihrer Hand. Sie riß den Umschlag auf. »Untersuchungsgefängnis Hamburg« stand in schwarzen Lettern über der ersten Seite. Sie kannte die Handschrift zu gut.

Das Blatt flatterte zu Boden, dicht vor Miriams Füße.

»Dein Vater ist gefangen«, sagte Sylvia tonlos.

»Kriege, Katastrophen ... und Südamerika ...«

Sylvia ging über den Viaducto do Cha. Sie ging sehr langsam. Sie wehrte sich kaum gegen die Tränen. Seit Monaten lief in Deutschland der Prozeß Erich Schönberg. Die Entscheidung war gefallen. Sie hatte sie heute erfahren. Die Anklage: Rassenschande. Das Urteil: fünf Jahre Zuchthaus.

Sylvia faßte es nicht. Sie konnte die dunklen Bilder des Grauens nicht vertreiben: Jetzt holen sie ihn ... sie sperren ihn in den lichtlosen Wagen ... sie führen ihn fort ... sie haben ihm das Haupthaar geschoren ... er trägt den gestreiften Sträflingskittel. Unvorstellbar grausam, so fortgeführt zu werden und zu wissen: Es ist für Jahre, eine Ewigkeit, die letzte kostbare Spanne Leben vielleicht. Ein freier Mensch, ein Künstler – und lebendig begraben.

Sylvia wußte nicht mehr, daß sie weinte. Jetzt stockte sie jäh: Hart vor ihr hatte ein Wagen gebremst, die Räder knirschten, die Maschine stand mit einem Ruck, der Fahrer fluchte: »Weitergehen, zum Teufel ... nicht stehenbleiben ... um ein Haar hätte ich Sie überrollt!«

Weitergehen ... nicht stocken ... Sylvia riß sich zusammen. Sie ging starr geradeaus. Der Asphalt schimmerte weiß, es blendete, es brannte in den Augen. Wie ein Pfeil warf sich die Brücke über den Abgrund zu ihren Füßen, einem neuen Straßenbild zu. In der Tiefe rundete sich das Tal Anhangabahu, fiebernd, atmend, brausend von Wachstum wie ein Dschungel. An den Rändern strebten Hochhäuser zum Licht wie phantastische Riesengewächse. Vor 25 Jahren noch dehnten sich da unten Teefelder, Wiesen, Wälder. In 50, in 100 Jahren vielleicht wird diese Stadt ein gigantisches Dickicht aus Stein sein, hallend im Rhythmus eines unerhört neuen Lebens. Schon rettet sich die gemarterte Kultur Europas aus Knechtschaft und Zerstörung an die Küsten Amerikas. Geist ist nur in der Freiheit möglich.

Langsam, unaufhaltsam schoben sich rechts und links der Fahrbahn die Menschenmassen nach verschiedenen Richtungen: Menschen aller Klassen, aller Rassen und Nationen, müßige und geschäftige, hastige und geduldige. Dicht an Sylvias Ohr schrie ein Zeitungsverkäufer die letzten Tagesnachrichten aus: »Japan überfällt chinesische Provinzen ... offene Städte bombardiert ... in den Straßen häufen sich die Leichen ... Der Bürgerkrieg in Spanien ... Bomben auf Valencia, auf Alicante und Almeria ... die Gewässer vermient ... Gefahrenzone ... Dampfer Ciudad de Barcelona läuft auf Miene ... Hunderte von Toten ... in London tritt der Nichteinmischungsausschuß zusammen ...«

Unschuldige sterben. Frauen, Kinder, Greise, Kranke verhungern in Madrid. Keine Hand rührt sich. Die zivilisierte Welt sieht untätig zu. Ist Raum für Menschenwürde, Ehrlichkeit und Tapferkeit nur noch bei den Unterdrückten?

Sylvia las brasilianische Zeitungen, seit sie zum ersten Mal den Boden dieses Landes betreten hatte. Die Jahre vergingen. In Europa überstürzten sich die politischen Ereignisse. Nachrichten rollten ab wie ein Filmband: Kriege ... Revolutionen ... Mord und Verrat ... Regierungen stürzten ... in England ... in

Frankreich ... neue Kräfte setzten sich durch ... andere Probleme bekamen Gewicht ... Schlagzeilen rückten ins Licht: »Der Chaco-Konflikt zwischen Bolivien und Paraguay« ... »Grenzzwischenfall zwischen Peru und Ecuador« ... »Rebellion in Mexiko« ... »Börsenkrach in New York« ... »Die Preise von Kaffee und Baumwolle« ... das Schicksal dieses Landes hing daran. Dieser Kontinent hatte andere Sorgen.

Trotzdem stürzte sich Sylvia täglich auf die Nachrichten aus Deutschland, und ihr Herz krampfte sich zusammen, und wie ihr erging es allen Emigranten. Unter »Emigranten« verstanden sie: »Deutsche« oder »Juden« und sie dachten kaum daran, daß es vor ihnen längst andere Emigranten gab: russische, ungarische, italienische, spanische. Sie lebten in einer eigenen versponnenen Welt.

Aber langsam gewann auch bei ihnen ein anderes Denken Raum: die Preise von Kaffee und Baumwolle ... amerikanische Friedensverhandlungen ... panamerikanische Konferenzen ... eine Botschaft Roosevelts ... das Schicksal der Demokratien ...

Sie reihten sich ein in die Kolonnen des Friedens. Sie marschierten im Takt.

Senhor Iwan hatte Sylvia zu einer Unterredung gebeten. Breit und gewichtig saß er hinter seinem Schreibtisch. Er spielte mit seinem Siegelring. »Ich möchte Ihnen einen Vorschlag machen«, sagte er bedächtig. »Geben Sie die Zeitschrift selbst heraus, auf eigene Verantwortung und Gefahr. Werben Sie für Reisen in Südamerika, für Freundschaftsreisen nach Nordamerika, für die Verbindung zwischen den Ländern dieses Kontinents. Europa ist morsch, und Amerika ist jung. Vieles ist zu entdecken und alles zu gewinnen. Setzen Sie Ihre

Zeit ein und Ihre Kraft! Ich zahle Ihnen kein Gehalt, ich stelle Ihnen den Raum und die Mittel zur Verfügung, ich beteilige Sie an Ihren eigenen Erfolgen.«

Sylvia hatte eine winzige Redaktion. Ein Tisch, ein Drehstuhl, ein Sessel für Besucher. Ein Leimtopf, eine Schere, eine Schreibmaschine, Stöße von Faltblättern und Reiseplänen. An den Wänden Landkarten, Bilder, Plakate. Eine schwarze Tafel, darauf wurden die ein- und ausreisenden Dampfer täglich vermerkt.

Draußen brauste der Lärm der Stadt vorbei, die Schreie der Zeitungsjungen und Losverkäufer, das Kreischen der Trambahnen, die grellen Hupen der Autos. Mitten im höllischen Lärm saß Sylvia und schrieb. Senhor Iwan hetzte im Hintergrund. Er trieb zur Eile. Sylvia arbeitete fieberhaft. Sie schrieb englische, spanische, portugiesische Artikel. Sie saß Tage und Nächte in der Druckerei. Sie riß dem Setzer die noch feuchten Druckfahnen aus der Hand. Sie las Korrekturen. Sie zählte die Nummern, die aus der Maschine kamen. Sie überwachte die Verteilung nach einem fertigen Plan. Zwei kleine schwarze Burschen in Uniform ergriffen die Zeitschriften und rasten damit auf die Straße hinaus: »Reist in Brasilien« ... »Lernt Südamerika kennen!« ... »Entdeckt den Erdteil, auf dem ihr lebt!«.

Senhor Iwan rieb sich die Hände. Er verteilte Zeitschriften. Er rüstete Karawanen mit Führern aus. Sie reisten mit Flußschiffen und Eisenbahnen; sie ritten viele Meilen ins Land hinein; sie trafen sich an den Grenzen von Brasilien, Argentinien und Paraguay. Alles war neu; alles war noch im Werden. Es gab Berge und Wälder. Es gab Flüsse, Seen und gigantische Katarakte. Es gab noch keine bequemen Gasthöfe. Es war Pionierarbeit. Man würde sie schaffen.

Miriam hatte matte Augen und schmale Wangen. Sie brauchte Urlaub. Und Sylvia wußte kaum noch, wann sie zum letzten Mal aus dem steinernen Labyrinth dieser Stadt herausgekommen war. In der Frühe eines glühendheißen Tages im März stand Ilse mit dem Wagen vor der Tür: »Fertigmachen ... einsteigen ... wir fahren aufs Land ...«

Der Wagen ratterte über eine morsche Holzbrücke. Hunde bellten. Halbnackte Negerkinder spielten im Straßenstaub. Vor strohgedeckten Lehmhütten standen dünne Mamaobäumchen und halbverdorrte Bananenbüschel. Sie ließen die Stadt im Rücken und die letzten armseligen Vorstadtstraßen. Die Luft war dunstig vor Hitze. Noch stand die Sonne hoch hinter durchsichtigen Nebelwänden. Ilse saß am Steuer. Sylvia beobachtete sie ein wenig besorgt: Es war das erste Mal, daß sie allein über Land fuhr. Sie hielt sich sehr gerade, kein Muskel zuckte. Ihre Augen strahlten, die Nasenflügel blähten sich, der Wind spielte mit ihrem lockeren Haar. Alles an ihr war Jugend, Kraft und die tiefe Freude, diese Weite endlich zu bezwingen.

Frei dehnte sich vor ihnen das rote Band der Landstraße; in der Ferne lockten die blauen Konturen der Berge; zarte, goldgeränderte Wolken lagerten am Horizont. Um die Mittagszeit fuhren sie durch dichten Nadelwald, weich und lautlos glitt jetzt der Wagen über einen Teppich. Pinien dufteten, zahllose Quellen sickerten durch den grünen Moosgrund.

Die Ebene nahm sie in einer Wolke von glühendem Sand auf. Dicht drang der pulverfeine rote Staub in Kleider und Haar, in die Augen und in alle Poren der Haut. Zu beiden Seiten der Straße zogen die schnurgeraden Reihen der Kaffeestauden in den tiefen Furchen des Erdreichs in das Land hinein.

Die letzte Strecke Weges fuhren sie unter dem breiten Blätterdach einer hohen Bambusallee dahin, die so dicht war, daß nicht der schmalste Streifen Sonnenlicht in die tiefgrüne Dämmerung einfallen konnte. »Renés Vater hat einst diesen Hain gepflanzt, damit die Arbeiter, die aus den Nachbarorten zu uns kommen, im Schatten wandern können.«

Dann lag in dem Ausschnitt einer Lichtung das Dorf vor ihnen, eingebettet in die Mulde eines fruchtbaren Tals: saubere, weiße Straßen im Glanz der Nachmittagssonne, helle Häuser mit roten Dächern, Gärten, Felder und die langgestreckten Hallen der Fabriken am Zusammenlauf zweier Flüsse. Steil stieg der Rauch aus den Schornsteinen in den klaren Himmel empor. Es war das Land, mit dem René, sein Name und das Schicksal seines Hauses untrennbar verbunden waren. Sie hatten keine Raubritterburgen in ihrer Landschaft und in ihrem Wappen. Sie hatten dieses Land in friedlicher Arbeit erobert. Da war am Anfang nur ein ödes Baumwollfeld, ein halbverfallenes Fazendahaus, das Renés Vorfahr übernahm, als er aus Europa kam. Die Söhne hatten gerodet, gepflanzt und gebaut. Die Nachgeborenen ernteten die Früchte ihrer Mühen.

Die Straße mündete ohne Übergang in den alten Baumbestand des Parks, und Sylvia sah das Herrenhaus erst, als sie schon hart an der Rampe hielten. In einem unregelmäßigen Viereck zogen sich die Gebäude bis zum Fluß hinunter: die Obsthalden, die Weideplätze, die Pferdekoppeln, die Fischweiher am Fuß bewaldeter Hügel. Es roch nach Erde, nach frischgemähtem Heu, nach reifenden Früchten. In diesem Augenblick kündeten die Sirenen den Feierabend an. Es hallte über die Felder. Ilse lief die große Freitreppe hinauf. »Wir sind zu Hause«, rief sie fröhlich.

Reiten ... fahren . . wandern ... im starken Licht des Tages und unter dem silbernen Zelt des gestirnten Himmels. Sie ritten früh vor Tagesanbruch über die betauten Wiesen am Fluß. Ilse hielt lässig den weißen englischen Hengst im Schritt. »Er ist so wild, daß er vor jeder Blume scheut«, sagte sie lächelnd. Und Miriam zügelte stolz das sanfte goldbraune Grasholepferdchen. Sie fuhren im leichten Wagen träumend über die Hügel. Oft standen die Pferde wartend vor windschiefen Holzgattern, bis der Riegel geöffnet war. Immer neue Pforten führten in immer tiefere Wildnis. Sie schwammen im eiskalten Wasser des Gebirgsflusses, der die Frische von den Bergen führt. Am Ufer stand das Blockhaus, das René einst als Knabe aus den starken Stämmen des Waldes gebaut hatte.

Was Sylvia bezauberte, war die großartige Weite und tiefe Selbstgenügsamkeit dieses Landes. Fern am Horizont war die Welt zu Ende. Die Zeit stand still. Alle Wünsche schliefen. Aber das Leben wuchs. Alles gedieh, alles, was diese Menschen brauchten, alles, was sie mit ihren Händen formen konnten.

Sie saßen am Abend in der dämmerigen Halle. Die Kerzen erhellten das Dunkel kaum. Durch die weit geöffneten Fenster drang der Gesang der Zikaden herein, das Summen der Insekten und die betäubenden Düfte des Gartens. Dort draußen blühte die »Dama da Meia Noite«, die Mitternachtskönigin, die sich nur der Nacht öffnet. Im Dorf waren alle Lichter erloschen. Niemand wachte. Sie fühlten sich so winzig und verloren in der großen Stille, daß sie dem Rauschen ihres Bluts und dem Pochen des eigenen Herzschlags lauschten.

Ilse zeichnete spielerisch ein Auto mit glühenden Augen, das vor einer Rose scheut. Sie trug ein langes seegrünes Kleid aus fließender Seide. Ihre nackten Füße steckten in silbernen

Sandalen. Sie hatte sich ganz allein nur für die Nacht geschmückt. »Hört«, flüsterte sie geheimnisvoll, »es spukt in der ›Casa Grande‹, im alten Gutshaus. Die weiße Frau geht um, sie findet keine Ruhe, weil sie kleine Negerkinder ins Feuer geworfen hat. Und im Keller rasseln die eisernen Ketten der rebellischen Sklaven, die in den Verliesen schmachteten.«

Um Mitternacht sprang Ilse auf. »Kommt«, rief sie übermütig, »ich will euch das Gruseln lehren.« Sie setzte sich ans Steuer und fuhr mit Sylvia und Miriam in den nächtlichen Urwald hinaus.

Aber die Nacht war lau, und die Erde atmete mütterlich mild. Millionen Glühwürmchen glänzten, vom Fluß klang seltsam vertraut das Rauschen der Wellen herüber. Sylvia fühlte sich geborgen, und Miriam träumte wohlig an ihrer Schulter. Es nützte auch nichts, daß Ilse so klagend wie ein verirrtes Nachtkäuzchen schrie.

Tief im Garten versteckt lag das Atelier, das René für Ilse gebaut hatte. Blumen rankten über die Mauern; die Fenster schauten in die Landschaft hinaus. Ein verlassener Pavillon. Ilse hatte ihn noch nicht betreten. Sylvia entdeckte ihn auf einem Morgenspaziergang. »Hier könntest du arbeiten«, sagte sie nachdenklich. »Es ist schön.« Ilse warf den Kopf zurück. »Ich will nicht«, sagte sie trotzig. »Ich will leben ...« Aber um ihre Mundwinkel zuckte es wie Gewitter.

Beim Frühstück las Ilse einen Brief, den René aus der Stadt geschrieben hatte. Sie zog die Brauen zusammen und schob das Blatt über den Tisch Sylvia zu. »Lies ...«

»Was sagt ihr zur Provinz Österreich?« schrieb René.

Sylvia sprang auf. Sie war blaß bis in die Lippen. Sie hatte sich in einer verzauberten Welt verloren. Der Bann war gebrochen. Sie war ganz wach. »Eine Zeitung!« schrie sie, rasend vor Ungeduld. Es gab keine Zeitung an diesem Ort. Sie sausten mit dem Wagen in die nächste Kleinstadt. Die Straßen waren um diese Stunde weiß und menschenleer, geschlossene Fensterläden starrten wie tote Augen. Die Leute arbeiteten auf den Feldern und in den Fabriken. »Zum Bahnhof!« Der Stationsvorsteher zuckte die Achseln. »Der Zug ist vor einer Viertelstunde durchgefahren«, sagte er bedauernd. Es gab keine Zeitung: Niemand brauchte sie.

Am Nachmittag landete Renés silberne Maschine auf dem Flugplatz. Er brachte Zeitungen, Depeschen. Österreich war getroffen. Der Terror herrschte in Wien.

Im April schrieb Beate Reichenberg aus London: »Ich lebe ... Das ist nicht viel ... und es ist nicht wichtig ... Viele starben ... Viele haben den Tod frei gewählt ... Ich darf noch nicht sterben. Sterben wäre allzu leicht. Seelenlose Gewalt zerstampft alles, was wir je geliebt haben. Aber ich glaube: Das Leben ist uns auferlegt. Wir sind vom Schicksal aufgespart, wer weiß, wozu? Ich habe ein kleines Zimmer in der Stadt. Ich bin allein. Es ist noch kalt und ich gehe am Mittag durch die Straßen, um die spärliche Sonne zu spüren. Ich verstehe dich erst jetzt. Ich verstehe dich immer besser ...«

Wo Verbannte wohnen, stirbt die Hoffnung nicht. Das Leben wäre anders nicht zu ertragen. Mit jedem Keulenschlag des Schicksals erhebt die gemarterte Hoffnung nur kühner ihr Haupt. Das ist Gesetz, in dieser Hoffnung ruht schon der Keim aller künftigen Wandlung.

In der »Europäischen Bücherei« brandeten die Wogen der Erregung sehr hoch. Immer noch sammelten sich in den Abendstunden die Freunde des Dr. Richter. Immer noch stürzten sie sich auf die Schlagzeilen der Extrablätter. Alle warteten, alle hielten den Atem an: Etwas mußte geschehen. Die Zeit war reif ... China brannte ... Spanien zerfleischte sich ... Österreich lag zertreten am Boden ... Der Terror konnte nicht dauern, es widersprach der immanenten Logik der Dinge.

Manche brannten darauf, mit dem nächsten Schiff zurückzufahren, wenn die Stunde da war. »Ich gehe nur als Justizminister zurück«, sagte Dr. Hans Richter. Er warf den Kopf in den Nacken; sein Haar war wirr. »Nur als Justizminister! Sie sollen mich rufen.« Niemand rief ihn.

Viele hatten Freunde, Verwandte in Österreich. Sie standen dort drüben Tage und Nächte vor den Konsulaten. Sie schickten Briefe, Depeschen, verzweifelte Hilferufe. Hatte niemand Erbarmen? Niemand half.

Die Welt konnte nicht länger zusehen ... Die Welt sah zu.

»Die Flut steigt«, sagte Miriam, aus tiefen Gedanken aufblickend und ihre Stimme klang immer noch kindlich. »Aber Südamerika ist wie die Arche Noah.«

Der 21. Juli 1938 war ein Feiertag für ganz Südamerika. Alle Maschinen standen still. Alle Hände ruhten. Eine winzige Zeitspanne nur – eine Atempause der Ehrfurcht –, aber es war eine Sekunde der Ewigkeit: Bolivien und Paraguay hatten Frieden geschlossen. Die Völker Südamerikas waren stolz. Sie durften stolz sein: Sie alle hatten geholfen, diesen Frieden zu schließen. Er gehörte ihnen. Das Leben war ihnen anvertraut.

Die Redaktion war geschlossen und Sylvia wanderte mit Miriam aus der Stadt. Sie ließen sich tragen. Sie trieben mit dem dunklen Strom der Menschen dahin. Es war noch Winter, aber der Wind trug schon vom Meer einen Hauch des tropischen Frühlings herauf. In den Gärten blühten die Rosen. Man konnte noch durch die Straßen gehen und ohne besonderen Anlaß glücklich sein: weil man frei war, weil die Sonne schien, weil man noch kämpfen durfte.

»Auch Südamerika hat seine Geschichte«, sagte Sylvia nachdenklich, »die Geschichte der Eroberung, der Erschließung und Befreiung – und seine Ideale, die aus dem kühnen Impuls seiner Pioniere erwuchsen. Die Völker Südamerikas haben die Freiheit mit ihrem Blut erkämpft, sie haben das Joch Europas abgeschüttelt, sie haben die Pestbeule der Sklaverei aus dem lebenden Fleisch ihres Körpers gerissen. In der Entwicklung dieser Völker wird das Freiheitsideal unantastbar sein. Es bildet sich ein überkontinentales, ein gemeinsames Ziel der Länder Südamerikas, gewachsen aus gemeinsamer Geschichte und gemeinsamen Problemen – der Gedanke ›Panamerika‹ reift.

Ideen müssen Körper, Gestalt werden. Man sollte panamerikanische Bibliotheken schaffen, Archive, Universitäten, einen Ring guten Willens. Panamerika muß Wirklichkeit werden: nicht durch Kriege, durch den Sieg des Gedankens. Dieser Kontinent wird aus den Fehlern der Alten Welt lernen.«

Sylvia verstand Südamerika erst jetzt. Es war kein Rätsel mehr.

Miriam zeichnete. Sie malte. Sie nutzte jede freie Stunde. Sie stand auf der Terrasse, hoch über dem Treiben der Menschen, und malte mit gespanntem Blick das einmalige Panorama dieser Stadt: die weiten Konturen der blauen, schön geschwungenen Berge, das funkelnde Weiß der aufstrebenden Hochhäuser, Dächer und Türme, Plätze und Gärten. Sie hatte ihres Vaters leidenschaftliche Liebe zu den farbigen Dingen dieser Erde geerbt. Sie litt schweigend an seinem Schicksal. Sie war daran gereift. Sie wußte nicht, ob Nachrichten ihn erreichten, aber sie hatte ihm ihre besten Arbeiten geschickt. Sie hatte um seinen Rat gebeten, denn sie mußte sich ihren Weg allein und mühsam erkämpfen. Die Antwort kam ... auf einem Bogen der Zuchthausverwaltung, geprüft und gestempelt, mit winzigen engen Schriftzügen randvoll gefüllt. Man sah, der Schreibende hatte sich gewaltsam bemüht, soviel Inhalt wie nur möglich auf einem armseligen Fetzen Papier zusammenzupressen. Er schrieb: »Ich kann dir nicht raten. Ich bin allzu sehr erschüttert. Ich glaube meine eigenen frühen Bilder zu sehen. Ich fühle: Ich habe das Beste meines Lebens versäumt. Das Leben ist so kostbar. Wenn ich jemals frei werde, will ich dir helfen.«

Sylvia gegenüber, in der Redaktion, in dem einzigen Sessel für Besucher saß Ilse Roselius. Sie hatte blanke Augen und brennende Wangen. Sylvia beugte sich vor. Sie nahm ihre Hände. »Was fehlt dir?« fragte sie besorgt. »Du hast geweint.«

»Nein«, sagte Ilse, mühsam beherrscht, »nein«, und plötzlich begann sie zu schluchzen wie ein Kind, leise und unaufhaltsam. Sylvia fragte nicht mehr. Sie streichelte ihr Hände und Haar. »Still ...«, bat sie tröstend, »es geht vorüber ... es wird dir guttun.«

Ilse riß sich zusammen. »Ich fahre zurück«, flüsterte sie erregt, »ich gehe nach drüben. Ich kann so nicht länger leben.«

Sylvias Augen weiteten sich in ungläubigem Staunen. Das

kam so jäh, so unerwartet heftig, wie der Ausbruch einer Naturgewalt. »Ich will dich nicht quälen«, sagte sie vorsichtig, tastend. »Ich will nicht in dein Geheimnis dringen. Ich bitte dich nur um dies eine: Prüfe dich gut, handle nicht in der Laune eines Augenblicks. Du bist jung, du bist maßlos, du bist vom Schicksal verwöhnt. Kannst du leben, dort drüben, in Not und Kampf?«

»Ich war zu glücklich«, sagte Ilse Roselius und ihre Stimme wurde wieder fest, »ich habe mich verloren. Ich will erdulden, was die anderen dulden. Ich will nicht feiern, wenn sie darben. Ich will nicht müßig sein, wenn sie kämpfen. Ich will in einer Dachkammer wohnen, aber ich will arbeiten. René begreift alles. Er läßt mich reisen.«

»Kommst du ... zurück?«

»Ja«, antwortete Ilse, unter Tränen lächelnd. »Später vielleicht, wenn alles vorüber ist. Ich bin ja hier zu Hause.«

Frau Ida Benario hatte ihren Prozeß gewonnen. Sie klopfte an Sylvias Tür, fiebernd vor Erregung. Sie war frei. Die verhaßte Bindung war gelöst, aber sie hatte ihren Knaben verloren. Um die Seele eines Kindes prozessiert man nicht. Sie gehört dem Stärkeren. »Ich habe auf ihn gewartet«, sagte Frau Benario schluchzend, »ich habe am Gartentor gelauert wie ein Hund. Er ging vorbei, die Wimpern gesenkt, das Gesicht hart, verschlossen. Er wollte mich nicht sehen, er kennt mich nicht mehr.«

Es war das schwerste Schicksal, das eine Mutter treffen kann. Hilfe war machtlos, Worte waren arm.

Sylvia versuchte trotzdem zu trösten. »Er ist noch ein Kind, er wird wachsen, er wird reif werden, er wird verstehen, was Sie gelitten haben. Später vielleicht ... kommt er zurück ...« Sie stockte. Sie fühlte, wie sinnlos Worte waren. Sie schwieg.

Frau Benario schüttelte nur schweigend den Kopf. Sie wandte sich ab. Sie ging in Verzweiflung.

Noch einmal sah Sylvia Dr. Benario und seinen Sohn. Es war am Abend, in der halbverdunkelten Halle eines Vorstadtkinos, in das sie mit Miriam eingetreten war. Die beiden gingen vorüber, Blick in Blick, aneinandergelehnt wie ein Liebespaar. Dr. Benario war noch finsterer geworden, die Augen blickten starr unter den dichten Brauen; die Lippen waren schmal zusammengepreßt. Peter war gewachsen. Er war schlank und schön. Er überragte schon den Vater. Seine Züge hatten die weiche Rundung verloren. Die Stirn war edel gemeißelt, das Profil rein und streng. Sie schienen einer in den Anblick des andern versunken, blind für die Umwelt. Sylvia nahm Miriam bei der Hand. Sie trat einen Schritt ins Dunkel zurück. Sie ließ die beiden in einem Gefühl unerklärlicher Scheu vorübergehen.

Zwei Tage später kam Miriam abends leichenblaß nach Hause, verstört und zitternd. Sie lehnte sich gegen die Tür; sie sank fast zu Boden; ihre Hände hielten ein zerknittertes Zeitungsblatt. »Du bist krank«, sagte Sylvia bestürzt. »Ist etwas geschehen?« Miriam hob die Hände zu den Schläfen, in einer Gebärde fassungslosen Entsetzens. »Dr. Benario hat sich erschossen«, stammelte sie mit versagender Stimme, »und ... Peter auch ...«

In dieser Nacht lief Sylvia viele Stunden lang wie gejagt durch die Straßen. Es wurde kalt. Ein starker Wind kam vom Gebirge herüber. Sie fühlte es nicht. Sie sah Peter vor sich: Peter mit kindlich weichen Zügen. Peter, der am ersten Tag zur Schule ging, seine warme Hand in der ihren. Noch einmal begriff sie, wie ohnmächtig Hilfe ist. Wir sind machtlos vor dem Schicksal.

Sie fand Frau Benario am Morgen seltsam gefaßt, fast heiter, das Gesicht maskenhaft ruhig. Sie hatte keine Tränen. Um sie, auf dem Diwan, lagen Bilder verstreut: Peter als Kind, das Köpfchen voller Locken, Peter mit einem weichen Pagenkopf, Peter in einem Tiroleranzug. Sie zeigte Sylvia das schöne Haupt des Knaben. »Damals war er so zärtlich«, sagte sie still. Es war, als sei ihr Kind im Tod zu ihr zurückgekehrt. »Herzschuß«, erklärte sie fast zufrieden. »Der Einschuß war dicht unter dem Herzen. Er hat nicht gelitten.«

Der Friedhof war ein Garten, draußen vor der Stadt. Pinien standen dunkel vor dem Himmel. Sylvia hielt die Hand der Mutter; die Hand zuckte nicht in der ihren. Sie kamen: zwei schwarze Wagen und zwei schwarze Särge. Sylvia hatte nie Traurigeres gesehen. Sie senkten sie hinab. Die Mutter warf eine Schaufel Erde in die Gruft ihres Knaben; die Erde polterte auf den Sarg.

Dr. Benario hatte seinen Knaben mit sich in den Tod genommen. Es war sein letzter Triumph. Sie hatten einst zusammen zu den Indianern gehen wollen. Sie wollten in der Wildnis leben, fern von den Menschen.

Keine Spur blieb von Dr. Benario und seinem Sohn. Als Sylvia ein paar Wochen später an der Stelle vorbeifuhr, wo sie die beiden zum letzten Mal gesehen hatte, war selbst das Vorstadtkino verschwunden. An der Stelle gähnte eine Autogarage. Der Lärm der Stadt raste vorbei. Das Leben ging weiter.

Das Leben ging weiter, der Kampf ging weiter. Senhor Iwan bat Sylvia zu sich. Seine Miene war ernst und undurchdringlich. Er zog die Stirn in sorgenvolle Falten, er gab seiner Stimme einen mitleidigen Klang.

»Es tut mir leid«, sagte er achselzuckend, »aber es ist nicht zu ändern. Ich habe die Zeitschrift verkauft. Sie werden nicht mehr gebraucht.«

Sylvia nickte wortlos, sie ging. Das war rasch gekommen. Sie hatte es nicht erwartet. Sie hatte diese Arbeit aufgebaut, Tag für Tag und Stück für Stück. Sie stand auf der Straße, ohne Frist und ohne Anspruch. Sie verlor den Mut nicht: Sie würde wieder anfangen. Es war nicht das erste Mal ... Sie war einen weiten Weg gegangen in diesen Jahren. Sie war hart geworden – und sie war nicht allein.

Sie saß am Morgen an ihrem Arbeitstisch. Sie schaute durch das helle Fenster der Terrasse über Stadt und Gebirge. Sie würde da anfangen, wo sie aufgehört hatte. Sie würde schreiben, sie würde die Wahrheit sagen, in allen Sprachen, die ihr zu Gebote standen. Das war nicht viel, und es war nicht wichtig. Ihre Stimme war allein, sie war nur schwach. Es war trotzdem sinnvoll, es war notwendig. Man brauchte jede Stimme, die die Wahrheit sprach.

Es war September, es war Frühling auf diesem Kontinent, der kurze Frühling vor dem tropischen Sommer, der so lind ist wie das Streicheln einer kosenden Hand. Es war Herbst in Europa, die Früchte waren reif in den Obstgärten, die Ernten lagen gebündelt in goldenen Garben, der Wein war süß in den Keltern. Die Welt war schön in diesem Herbst, so hinreißend schön und schmerzhaft blühend wie zuweilen von tödlicher Krankheit Befallene, die nichts von ihrem Schicksal ahnen.

Schon hob sich im Norden der große Sturm, der die Gärten in einer einzigen Nacht kahl und trostlos zurücklassen würde ohne Blüte und Blatt.

Hitler forderte das Sudetengebiet. Er schrie, er drohte. Seine Stimme klang hohl wie das Tönen der Pauken aus schlechtem Erz, schrill wie das Schmettern der blechernen Fanfaren auf den Jahrmärkten. Völker wurden aufgescheucht wie Bienenschwärme, sie sammelten sich, sie rüsteten sich, ihre letzte Würde zu verteidigen.

In São Paulo drängten sich in den Straßen die dunklen Massen der Menschen um die Extrablätter der Zeitungen. Sie stauten sich vor den schwarzen Tafeln, an denen die Depeschen angeschlagen wurden. Überall in der Welt stauten sich in dieser gleichen Stunde die dunklen Menschenmassen: in New York ... London ... Paris ... Prag ... in Berlin ... Rom ... Madrid ... in Moskau ... Konstantinopel ... In allen Sprachen schrie das Radio stündlich Nachrichten in die Welt hinaus. Jeder verstand, jeder zitterte vor der wahnwitzigen Zerstörung der geliebten Kultur Europas, des Restbestands, durch einen Amokläufer.

Sylvia fuhr zu Lotte Hausmann hinaus. Sie konnte es nicht mehr ertragen. Sie mußte in ein menschliches Antlitz sehen, sie mußte eine klare Stimme hören. Lotte Hausmann stand im Garten und grub ihre Beete um. Sie stieß den Spaten in die Erde und sah Sylvia aus hoffnungslosen Augen an: »Sie werden ihm auch noch das Sudetengebiet ausliefern«, sagte sie zornig. »Dann aber ist unsere Weltanschauung bankrott.«

Am Morgen flatterte die Zeitung mit der Schlagzeile auf Sylvias Tisch: »Chamberlain ... britischer Premierminister ... fliegt nach Berchtesgaden ...« Die Nachricht zündete wie ein Blitz. Noch einmal hielt die Welt den Atem an.

Wahnsinnige Erregung in diesen Tagen und Nächten, Stunde um Stunde warfen die Zeitungen Depeschen auf die Straße. Niemand schlief mehr. Die Welt brannte ... in Spanien ... in China ... morgen in der Tschechei ... Hitler ist ein düsteres Genie der Zerstörung, Genie durch die Schwäche der anderen. Die Händler ließen die Maske fallen, sie handelten, sie verhandelten in München, der Stadt der nationalsozialistischen Bewegung.

Friede – aber um welchen Preis, Sieg der Gewalt über das Recht, der brutalen Erpressung über die Menschlichkeit.

Süßer Friede, dachte Sylvia, unter maßlosen Opfern erkauft, vielleicht noch ein Jahr, zwei Jahre, wer weiß? Menschenleben ist so kostbar.

»Gibt es nirgendwo eine Oase?« klagte Miriam in Verzweiflung. »Die Welt wird finster. Man wird nicht mehr atmen können ...«

»Wo wir sind, ist die Oase«, sagte Sylvia sehr ruhig. »Die Oase ist hier: im Herzen einer Großstadt, im dreizehnten Stock eines Hochhauses, solange wir für Freiheit und Menschenwürde kämpfen.«

Ein Telegramm von Harald Terstegen aus einem europäischen Hafen an Frau Sylvia Schönberg: »Treffen Mitte Januar in Amsterdam ...« Sylvia schloß die Augen ... oh ... nur für einen Augenblick der Besinnung ... Jahre zogen in dieser Sekunde an ihr vorüber: Es war die Heimat, der Traum und die Sehnsucht – es war zu spät. Sie hatte gekämpft, sie hatte gelitten – ihr Platz war hier.

»Wir haben Kinder zu Grabe getragen, Kinder wurden geboren, das Leben geht weiter ...«

Sie telegraphierte nur das eine Wort: »Unabkömmlich ...«

Nachwort

Marte Brill: ihr Leben, ihr Roman

Wenigen wird Marte Brill bekannt sein. Geboren wurde sie am 5. September 1894 in Köln als Jüdin und als zweites Kind der Frauenrechtlerin und Journalistin Bertha und des Kaufmanns Simon Leiser. Sie war erst dreizehn Jahre alt, als ihre Mutter an Tuberkulose starb. Die ältere Schwester Johanna übernahm die Mutterrolle für sie und den jüngeren Bruder Wilhelm. Bereits mit sechzehn Jahren schreibt Brill erste, bis heute unveröffentlichte, doch im Nachlaß überlieferte Gedichte. Melancholisch, expressionistisch, zuweilen mit Todesgedanken spielend, spiegeln diese lyrischen Äußerungen die Suche einer jungen Frau nach Lebenserfüllung wider, wie in diesem unbetitelten Gedicht aus dem Jahr 1910:

Ich liebe das lodernde
Lachende Leben.
Und ich liebe den wilden
Den trotzigen Tod.

Ich möchte nur einmal
Tief bis zur Neige
Leeren des Lebens
Kühlgoldenen Becher,
Um mit dem letzten

Funkelnden Tropfen
Jauchzend ein herrisches
Dasein zu sühnen.

Wenn sich Brill während ihres Lebens auch nie als religiös bezeichnet, ist sie sich ihrer jüdisch-sephardischen Abstammung durchaus bewußt und interessiert sich für die Geschichte(n) des jüdischen Volkes. Zwei Gedichte mit der Überschrift »Ahasver« bezeugen dieses Interesse. In einem davon, aus dem Jahr 1916, identifiziert sich Brill mit dem unsteten Dasein dieses ewig wandernden Juden:

Fern glänzt Dein Segel her
Schmales Licht zu meinen Füßen.
Fernwärts neig ich mich, zu grüßen
Meinen Bruder – Ahasver.

Viel später, in einer Eintragung ihres ebenfalls unveröffentlichten Tagebuchs vom 7. Mai 1938, beschreibt sie ihr jüdisches Selbstverständnis: »Ich bin Europäer und Weltbürger jüdischer Abstammung. Ich bin auf diese jüdische Abstammung stolz wie jemand auf einen Adel stolz ist. (...) Vielleicht ist es für einen Weltbürger falsch, auf eine Abstammung stolz zu sein, aber das ist tiefer. Trotzdem würde ich jeden Menschen jeder Rasse lieben, wenn er mir nahe ist.«

Die Lebensbejahung, das Interesse am Judentum, das Wanderleben und die humanistische Haltung als Jüdin und zugleich Weltbürgerin sind die Grundmotive in Brills Leben. Sie schlagen sich auch in ihrem einzigen, stark autobiographisch geprägten Roman *Schmelztiegel* nieder, der mit dieser Ausgabe zum ersten Mal veröffentlicht wird.

Brill studiert zunächst Literatur und Staatswissenschaft in Heidelberg, wo sie das Studium 1917 mit einer Doktorarbeit zur indischen Baumwollwirtschaft abschließt. Im Jahre 1920 heiratet sie den jüdischen Kunstmaler und Doktor der Staatswissenschaften Erich Arnold Brill (1895–1942), eine Ehe, die aufgrund der bevorstehenden Geburt der Tochter Alice geschlossen und nach einem knappen Jahr bereits wieder geschieden wird. Als Künstler will Erich Brill frei von jeder Konvention und Bindung sein; trotzdem hält er den Kontakt zu seiner ehemaligen Frau und seiner Tochter aufrecht.

Auslandsaufenthalte prägen Marte Brills Leben in den 20er Jahren. Das Jahr 1925 verbringt sie zusammen mit ihrer Tochter in der Künstlerkolonie Positano im Süden Italiens; 1926 ist sie zum Beispiel etliche Monate in Paris. Zeitweise arbeitet sie beim Verlag J. Kauffmann oder im Hamburgischen Welt-Wirtschaftsarchiv, bleibt aber auch als freie Journalistin tätig. In Zeitungen wie dem *Hamburger Anzeiger*, dem *Hamburger Korrespondenten*, dem *Hamburger Freudenblatt*, der *Frankfurter Zeitung*, dem *Hamburger Echo*, der *Rigaschen Rundschau* und den *Blättern der städtischen Bühnen Frankfurt a. M.* sind Reiseeindrücke, allgemeine Lebensbetrachtungen und kurze Aufsätze etwa zu Stendhals Schwester, Kleists 150. Geburtstag am 18. Oktober 1927, seinem »Marionettentheater«, Gustav Adolfs Tochter oder Rilke veröffentlicht. Im Nachlaß finden sich noch weitere, anscheinend unveröffentlichte Texte, unter anderem auch Märchen. Zu diesem Zeitpunkt zeichnet sie ihre Aufsätze noch mit »Martha«, einer Schreibweise, aus der später in der Exilzeit »Marte« wird.

Ein Beispiel für Brills literarisches Talent ist der 1925 in der *Hamburger Anzeige* erschienene Text »Der Spezereiladen«, in dem die Ich-Erzählerin ein idyllisch-kleinbürgerliches Bild als Inhaberin des genannten Geschäfts entwirft. Dennoch schreibt sie an einer Stelle: »Ich gehöre nirgendwohin.« Das harmonische Bild gerät ins Wanken; innere Unruhe, Ratlosigkeit und Fernweh werden deutlich. Der kurze Text trägt zweifelsohne autobiographische Züge, und so überrascht es nicht, wenn Reiseskizzen unter Brills Veröffentlichungen vorherrschen. Im Jahre 1929 erscheint zum Beispiel »Eine Stunde über dem Boulevard«, in der sie den abendlichen Pariser Montmartre impressionistisch schildert, diese Beschreibung jedoch expressionistisch ausklingen läßt: »Gegen den Himmel von Paris schlagen, in dieser Sekunde, die Herzen von Millionen, schlägt in rasendem Trommelwirbel der Herzschlag der Zeit.«

Um etwa 1930 beginnt Brills Arbeit für den Hamburger Rundfunk und die *Monatsschrift der Hamburg-Südamerikanischen Dampfschiffahrts-Gesellschaft*. Die journalistische Arbeit für die Schiffslinie ist mit ausgedehnten Reisen verbunden, die zu weiteren Reiseskizzen führen. Ihr Reisebericht »Zwischen Bazaar und Wüste« entsteht zum Beispiel während einer Palästinafahrt. Dafür wird sie in Reiseguthaben bezahlt, mit denen sie weitere Fahrten finanziert, so auch die Reise mit ihrer Tochter im März 1933, als die Nationalsozialisten an die Macht kommen. Als Jüdin verliert Brill sofort ihre Arbeit beim Hamburger Rundfunk; Kollegen raten ihr, für einige Zeit Deutschland zu verlassen. In diesem Sinne ist die Reise nach Mallorca zunächst nicht als Auswanderung oder Exil gedacht, da die Mutter ohnehin ihr Hab und Gut in Deutschland zurückläßt.

Die letzten Wochen in Deutschland und die Zeit bis 1938 hält Brill »ziemlich getreu« im *Schmelztiegel* fest: »In diesem Roman oder dieser verschlüsselten Autobiographie nennt sie sich, wie schon öfter in autobiographischen Skizzen, ›Sylvia‹ und ich wurde ›Miriam‹ – «, erklärt ihre Tochter in den dem Nachlaß beigelegten Angaben. Sie sind die beiden Hauptprotagonistinnen des Romans; ihre enge Beziehung zueinander war im Leben der alleinstehenden Mutter von außerordentlicher Wichtigkeit. Die stark autobiographische Basis des Romans zeigt sich aber auch darin, daß Brill Eintragungen aus ihrem Tagebuch fast wörtlich in den Roman übernimmt. Ein weiterer Beleg in diesem Zusammenhang ist der Aufsatz mit dem Titel »Die Marannen der Insel Mallorca«, der in den auf Mallorca spielenden Szenen eine Rolle spielt und tatsächlich im Nachlaß Brills vorhanden ist.

Obwohl der Aufenthalt auf Mallorca nur sechs Monate dauert, hinterläßt er tiefe Spuren. Auf der Insel erreichen Mutter und Tochter schreckliche Nachrichten aus Deutschland, die den Auslandsaufenthalt zum Exil werden lassen; dort erfolgt auch die intensive Beschäftigung mit dem Schicksal der marannischen Juden. Indem Brill am Ende des »Insel«-Kapitels das Schicksal der Marannen mit dem ihrer autobiographischen Protagonistin verknüpft, schafft sie ein die Jahrhunderte übergreifendes literarisches Bild für das Leiden der Juden – ein Leiden damals in der Folge der Inquisition, das sich zum Zeitpunkt der Romanhandlung im nationalsozialistischen Deutschland zu wiederholen beginnt und auch Brill bedroht. Dabei nimmt sie die abermalige Verbrennung der Juden vorweg. Der Angst vor Verfolgung in Deutschland entronnen, wird Brill auf Mallorca durch das Schicksal der Marannen wieder von dieser Angst eingeholt. Die Idylle auf der »Insel des Friedens« zerfällt. Doch gibt es auch andere Gründe wie den Mangel an konkreten Arbeitsmöglichkeiten und die Notwendigkeit eines regelmäßigen Schulbesuchs für die

Tochter, die zum Aufbruch im August 1933 in Richtung Italien führen.

Die weiteren Stationen von Brills Exilleben entsprechen im großen und ganzen der Schilderung im Roman. Auf Rat ihres früheren Redaktionschefs bei der *Monatsschrift der Hamburg-Südamerikanischen Dampfschiffahrts-Gesellschaft* will sie ihr Glück in Brasilien versuchen. Dort sind die Bevölkerungsentwicklung und die rassische Zusammensetzung der Menschen nicht ohne den Aspekt der Emigration zu verstehen. Das Land und die indianische Urbevölkerung wurden zunächst im 16. Jahrhundert von den Portugiesen kolonisiert. Hinzu kamen dann Millionen von Afrikanern während der Sklavenzeit und seitdem abermals Millionen Italiener, Japaner und Deutsche. Als Brill in Brasilien eintrifft, hatte die deutschsprachige Emigration dorthin bereits eine relativ lange Vorgeschichte, die schon nach den Napoleonischen Kriegen um etwa 1815 eingesetzt hatte. Dabei hatten sich diese Emigranten vor allem in den südlichen Provinzen Rio Grande do Sul, Santa Catarina und Paraná angesiedelt sowie in den größeren Städten wie Porto Alegre, São Paulo und Rio de Janeiro. Obwohl die Anzahl der deutschsprachigen Emigranten in Brasilien keineswegs mit der in den USA zu vergleichen ist, wo die allgemeinen Einwanderungsbestimmungen und Lebensbedingungen günstiger waren, blieb sie konstant, lag am Anfang bei etwa 1000 pro Jahr, später im 19. Jahrhundert bei 2000. 1890 und 1891 erreichte sie einen gewissen Höhepunkt mit jeweils 5000 Einwanderern pro Jahr, weil mehr Arbeitskräfte im Zusammenhang mit der Abschaffung der Sklaverei im Jahre 1888 benötigt wurden. Das traf besonders auf São Paulo zu, wo das gemäßigtere Klima der Piratininga-Hochebene, die Fruchtbarkeit des Bodens und das sich ausdehnende Eisenbahnnetz nicht nur auf deutschsprachige Einwanderer eine besondere Anziehungskraft ausübten. Zu weiteren Einwanderungswellen kam es kurz vor dem Ersten Weltkrieg von 1908 bis 1913 (um 8000 Einwanderer im Jahre 1913) und schließlich zur Zeit von Brills Emigration, als Brasilien zwischen 1933 und 1945 etwa 25 500 deutschsprachige Emigranten aufnahm. Dabei ist die Autorin nicht die einzige schreibende und deutschsprachige Intellektuelle, die ins brasilianische Exil geht. Zu nennen wären Stefan Zweig in erster Linie wie auch die Schriftsteller Frank Arnau, José Antonio Benton, Paul Frischauer, Richard Katz, Victor Wittkowski, die Lyrikerin Paula Ludwig und die Journalisten Ernst Feder, Richard Lewinsohn und Karl Lustig-Prean.

In São Paulo wird Brill von einer einflußreichen jüdischen Familie engagiert, um den zahlreich eingetroffenen deutsch-jüdischen Emigranten zu helfen. Die eigentliche Tätigkeit ihrer Mutter beschreibt die Tochter folgendermaßen: »(Sie) hatte die schwierige Aufgabe, diesen Menschen, fast alle mittellos und der Landessprache nicht mächtig, eine Unterkunft und irgendwelche Arbeit zu vermitteln.« Dabei sucht die Autorin bereits ansässige und wohlhabende jüdische Emigranten auf und bittet um ihre Unterstützung. Es ist eine Arbeit, bei der Brill, die selbst noch eine Fremde im Land ist, keine Mühe scheut. Die Tochter kommt im August 1934 zusammen mit dem Vater nach, der, beeindruckt von der Schönheit Brasiliens, sechzehn Monate bleibt, um die Landschaft zu malen. Im Januar 1936 kehrt er nach Deutschland zurück, was ihm zum Verhängnis wird. Der Rassenschande angeklagt, verhaftet, verurteilt und erst im Dezember 1941 entlassen, dann aber nach Riga deportiert, wird er im März 1942 im Kaiserwald erschossen. »Meine Mutter hat die Tragik seines Schicksals nie verwinden können«, schreibt die Tochter, und in Brills Tagebuch lesen wir unter dem 29. Dezember 1946: »Erich, der Schöne, der Ästhet – der Künstler – asozial. Blind den Weg ins Dunkel – Schicksal – ich, sehend, konnte nicht helfen.« In Brasilien leben Brill und ihre Tochter anfangs in sehr bescheidenen Verhältnissen, zeitweise auch bei einer Emigrantenfamilie, bleiben aber in São Paulo, wo sie sich in dem Gemisch von Menschen verschiedener Rassen und Nationen wohlfühlen. Mit der Arbeit für jüdische Flüchtlinge, Sprachunterricht für Kinder und Erwachsene, Nachhilfestunden, als Sekretärin und gelegentlich auch als Journalistin sichert sie sich und ihrer Tochter ein finanzielles Überleben und erfüllt so die im Roman zum Ausdruck gebrachte »Sehnsucht nach einem einfachen starken Leben«. Sie pflegt auch Bekanntschaft mit jungen brasilianischen Bühnenschriftstellern und übersetzt zum Beispiel Gianfrancesco Guarnieris Theaterstück *Eles não usam Blacktie* (1958) ins Deutsche (*Sie tragen keinen Smokingschlips*). Unter diesem Titel erscheint das Werk 1962 beim Henselverlag im Berlin der damaligen DDR und wird im Mecklenburgischen Staatstheater zu Schwerin aufgeführt. Augusto Boals Tragikomödie *Revoluçao na America Latina* (1960) (*Revolution in Südamerika*), die 1966 vom Theaterverlag Kurt Desch in München veröffentlicht wird, übersetzt sie ebenfalls ins Deutsche. Im Nachlaß befindet sich noch das Manuskript der Übersetzung von Guarnieris *Gimba, Presidente dos valentes* (1959) (*Der Präsident, der Draufgänger*). Insgesamt sind es Theaterstücke, mit deren linksgerichteter Tendenz sich Brill identifiziert. Darüber hinaus sind Notizen zum Leben des portugiesischen Komödiantendichters António José da Silva (1705–1739) zu finden, »o Judeu« oder »der Jude« genannt, der als Nachkomme der Marannen und als Opfer der

Inquisition Brills besonderes Interesse findet. In diesem Zusammenhang erstellt sie eine unveröffentlichte Übersetzung seines einzigen Prosawerks O Diabinho da Mão Furada (auf portugiesisch erst 1911 erschienen): *Der Teufel mit der durchlöcherten Hand.*

Nach dem Krieg studiert die Tochter Alice ein Jahr in den USA an der University of New Mexico und an der New Yorker Art Students League. Später etabliert sie sich als freie Fotografin und Malerin in São Paulo. Die zutiefst humanistische Einstellung der Mutter führt dazu, daß sie die Tochter ohne konfessionelle Bindung erzieht, weil für sie alle Religionen zu Gott führen. So gestattete »sie mir auch später – in Brasilien – nicht die Mitgliedschaft in der deutsch-jüdischen Gemeinde«, schreibt die Tochter, aus Angst vor der »Isolierung einzelner Gruppen«. Alice Brill heiratet den polnischen Flüchtling Juljan Czapski, und die vier Enkelkinder, die Alice zur Welt bringt, machen der Großmutter noch viel Freude. Marte Brill unternimmt 1962 eine Reise zu Verwandten in die USA und im Laufe der Jahre mehrmals nach Deutschland. Inzwischen war sie brasilianische Staatsbürgerin geworden. Sie stirbt am 27. Oktober 1969 und wird auf dem jüdischen Friedhof von São Paulo begraben.

Dem Tagebuch Brills ist zu entnehmen, daß sie den *Schmelztiegel* am 22. Juni 1941 abgeschlossen hatte. In einer einfühlsamen, rhythmisch schönen und einfachen, aber nicht vereinfachenden Sprache bietet sie uns eine Vielzahl vignetteartiger Schilderungen, die das Geschehen voranbringen und die sich zu einem schillernden Bild des deutsch-jüdischen Exildaseins in Brasilien zusammensetzen. Aus dem Briefwechsel mit der American Guild for German Cultural Freedom, einer Hilfsorganisation für Schriftsteller in den USA, geht hervor, daß Brill im April 1938 die genauen Bedingungen und die nötigen Formulare für das literarische Preisausschreiben dieser Organisation anfordert. An dem Preisauschreiben, das eventuell zur Publikation des Romans geführt hätte, nimmt sie dann aber nicht teil, da sie mit dem Manuskript nicht rechtzeitig fertig wird. Jedoch ist im Brill-Nachlaß die Abschrift eines Briefes von Thomas Mann vom 8. Juli 1941 zu finden, dem sie das Manuskript geschickt hatte und der ihre »Zähigkeit und künstlerische Geduld« ehrt, ihr »Begabung« zuspricht und »viel Rührendes und Erregendes von der Tragödie dieser Zeit« im Manuskript findet. Er empfiehlt ihr, dem Knopf-Verlag in New York City die englische Übersetzung des Romans zu schicken, die Ruth Mary Moore, die Leiterin der São Paulo Graded School, unter dem Titel »The Crucible« besorgt hatte. Anscheinend stößt aber das Manuskript bei Knopf auf wenig Interesse. Laut Angaben der Tochter ist etwa zur selben Zeit eine Veröffentlichung in portugiesischer Übersetzung in der Editora Brasiliense vorgesehen, die aber der profaschistischen Politik der damaligen brasilianischen Regierung unter dem Präsidenten Getúlio Vargas zum Opfer fällt.

Mit dem Namen dieses Diktators, der die Geschicke Brasiliens von 1930 bis 1945 und dann noch einmal von 1950 bis 1954 in den Händen hielt, fällt ein Stichwort, das auf scheinbare Widersprüche im *Schmelztiegel* hinweist. In seinen Memoiren *Gelebt Geliebt Gehaßt* (1972) wirft Frank Arnau, ein Mitexilant Brills in Brasilien, einen sehr kritischen Blick auf den Diktator: »Am 3. November 1930 übernahm unter der Führung von Dr. Getúlio Vargas eine ›Junta‹ die ausführende Gewalt. Der Parlamentarismus wurde zerschlagen. Die Diktatur ernannte Unterdiktatoren in Gestalt von allmächtigen Staats-, Distrikts- und Munizipal-Gouverneuren, die sämtlich innerhalb ihrer Machtbereiche im wesentlichen unkontrolliert regierten und für ihr Finanzgebaren lediglich theoretisch eine Rechenschaft schuldeten. (...) Ein Aufstandsversuch im Rio Grande do Sul war der willkommene Anlaß für Vargas, am 10. November 1937 das System der herrschenden Gesetze durch ›Gesetzesdekrete‹ abzulösen. Damit vereinte der Diktator die gesetzgebende und die ausführende Gewalt in seiner eigenen Person. Da die Unabsetzbarkeit der Richter aufgehoben und die Ernennung aller Staatsbeamten und verantwortlichen obersten Gemeindebeamten ein Vorrecht des Diktators geworden war, besaß er bald die absolute Macht. Da die Presse durch die Allmacht der das Papier zuteilenden Staatsgewalt beherrscht wurde, gab es keine Kritik. Zeitungen, Bücher, das Theater, das Kabarett und besonders der Rundfunk wurden zu ausschließlichen Propagandamitteln eines Vargas-Kultes, der den Diktator als gotthafte Inkarnation allen geheimen Sehnens der brasilianischen Nation hinstellte.« Aus Nützlichkeitserwägungen liebäugelte Vargas sogar mit Hitler und Mussolini, bis die USA Brasilien 1942 durch wirtschaftlichen Druck zwangen, auf der Seite der Entente Italien und Deutschland den Krieg zu erklären.

So sehr die Vargas-Jahre diktatorisch geprägt waren und die Rechtsverstöße weder gerechtfertigt noch bagatellisiert werden dürfen, handelt es sich jedoch nicht um eine brutale Diktatur im eigentlichen Sinne. Fortschritte gab es in der Entwicklung der Kranken-, Invaliden- und Altersversicherungen, im Wohnungsbau und auf dem Gebiet der Seuchenbekämpfung. Vargas betrieb auch eine Wirtschaftspolitik, die die Landwirtschaft förderte und zum Aufbau einer eigenen Grundstoffindustrie beitrug. Das befreite Brasilien zum Teil wenigstens von seiner wirtschaftlichen Abhängigkeit von der Kaffeebohne und führte zum Wachstum der Mittelklasse. Wenn auch propagandistisch kräftig unterstützt, wurde Vargas nicht ganz ohne Grund für viele zum »Vater der Armen«. Dennoch ergibt sich die Frage, wie Brill in ein Land mit einer profaschistischen Regierung emigrieren konnte, die im *Schmelztigel* nur indirekt erwähnt wird. Die Frage stellt sich um so dringlicher, wenn man bedenkt, daß die Schattenseiten des Vargas-Regimes auch eine widerspruchsvolle Einwanderungspolitik einschlossen, die – so Hans-Albert Walter in seiner mehrbändigen Studie *Deutsche Exilliteratur 1933–1950* (1984) – als »Zickzack-Kurs« beschrieben werden kann und nicht frei von antisemitischen Tendenzen war. Im Mai 1934 wurde ein Gesetz verabschiedet, das denjenigen die Einwanderung gestattete, die sich als Landarbeiter, vertraglich Angestellte, Techniker oder mit genügendem Kapital ausweisen konnten. Ende 1938 trat darüber hinaus ein Quotensystem in Kraft, das die Einwanderung noch weiter einschränkte und nun auch Juden eindeutig benachteiligte, da sie sich kaum unter den Landarbeitern und Bauern befanden, die von der neuen Regelung bevorzugt wurden. War das noch eine indirekte Diskriminierung, so trat sie in der zweiten Hälfte des Jahres 1940 offen zutage, als neue Maßnahmen die Vorlage eines Taufscheins verlangten. Durch ihre Arbeit für die deutsch-jüdischen Flüchtlinge wußte Brill von den diskriminierenden Einwanderungsbestimmungen, und sie spiegeln sich zum Teil im Roman wider. Ließ aber Brill vielleicht den Roman 1938 ausklingen, um sich nicht mit der verschärften Vargas-Diktatur ab Ende 1937 und den antisemitischen Einwanderungsbestimmungen auseinandersetzen zu müssen?

Andererseits war es jedoch auch so, daß vorübergehende Erlasse, manchmal ganz einfach behördliche Nachsicht, verbunden mit brasilianischer Gutmütigkeit oder notfalls auch Bestechungsgeld, die Strenge mancher Einwanderungsbestimmungen linderten und halfen, abgelaufene Touristen- oder Durchreisevisen zu übersehen oder sie in begehrte Dauervisen umzuwandeln. Abgesehen davon gab es keine offizielle Verfolgung der Juden in Brasilien. Das mag letzten Endes erklären, warum Brill in ihrem Roman die Rassenharmonie im damaligen brasilianischen Alltag herausstellen konnte. In diesem Sinne stand sie nicht allein, denn auch Stefan Zweig betonte die Abwesenheit rassischer Vorurteile und die Durchmischung der Rassen in Brasilien in seiner eigenen Liebeserklärung an dieses Land, die 1945 unter dem Titel *Brasilien. Ein Land der Zukunft* erschien: »Nach europäischer Einstellung wäre zu erwarten, daß jede dieser Gruppen sich feindlich gegen die andere stellte, die früher Gekommenen gegen die später Gekommenen, Weiße gegen Schwarze, Amerikaner gegen Europäer, Braune gegen Gelbe, daß Mehrheiten und Minderheiten in ständigem Kampf um ihre Rechte und Vorrechte einander befeindeten. Zum größten Erstaunen wird man nun gewahr, daß alle diese schon durch die Farbe sichtbar voneinander abgezeichneten Rassen in vollster Eintracht miteinander leben und trotz ihrer individuellen Herkunft einzig in der Ambition wetteifern, die einstigen Sonderheiten abzutun, um möglichst vollkommen Brasilianer, eine neue und einheitliche Nation zu werden. Brasilien hat – und die Bedeutung dieses großartigen Experiments scheint mir vorbildlich – das Rassenproblem, das unsere europäische Welt verstört, auf die einfachste Weise ad absurdum geführt: indem es seine angebliche Gültigkeit einfach ignorierte.« Zur Zeit von Zweigs und Brills brasilianischem Exil setzte sich die Bevölkerung folgendermaßen zusammen: 60% Weiße, 8% schwarze Afrikaner,

2% Indianer, 20% weiß-schwarze Mulatten und 10% weiß-indianische Mestizen. Zu Gertúlio Vargas äußerte sich Zweig lediglich dahingehend, daß es »nie (...) die äußeren Staatsformen (sind), die den Geist und die Haltung eines Volkes bestimmen, sondern immer nur der eingeborene Charakter der Nation, der im letzten Sinne sein Bild der Geschichte aufprägt«.

Das Herunterspielen der problematischen Vargas-Politik läßt sich vor folgendem Hintergrund erklären: Wegen ihres Judentums zum Exil gezwungen, kommen Brill, Zweig und auch anderen jüdischen Mitemigranten das Zusammenleben und die Durchmischung der Rassen in Brasilien im Gegensatz zum alltäglichen Antisemitismus im deutschsprachigen und geschichtlich gesehen überhaupt im europäischen Raum als beispielhaft und als zukunftsträchtige Hoffnung vor. Für Zweig reicht die Hoffnung aber letzten Endes nicht. Zu tief ist der Abgrund, den der Antisemitismus in Europa in seiner Seele aufgerissen hatte, zu tief die Verzweiflung am Untergang der europäischen Kultur, in der er aufgewachsen war. Mit seinen sechzig Jahren fühlt er sich zu einem Neuanfang zu alt. Zusammen mit seiner zweiten Frau Lotte begeht er am 23. Februar 1942 in Petrópolis Selbstmord. Marte Brill ist zutiefst schockiert, doch überwiegt bei ihr ein Zweck- und Lebensoptimismus, der sich sowohl im Tagebuch als auch im Roman niederschlägt: »Das Leben geht weiter« taucht motivartig in beiden auf.

Der Roman *Schmelztiegel* nimmt einen einzigartigen Platz in der deutschsprachigen Emigrantenliteratur ein, in der Brasilien im Mittelpunkt steht. Stefan Zweigs bereits zitiertes *Brasilien* (1941), Frank Arnaus *Der verchromte Urwald* (1956) oder Richard Katz' *Begegnungen in Rio* (1945) und *Mein Insel-*

buch (1950), um nur einige Beispiele zu nennen, sind eher dem Genre des Reiseberichts zuzuordnen. In einem fremden Land gesammelte Reiseeindrücke und Erlebnisse, die autobiographisch in anekdotenhafter und essayistischer Form festgehalten werden, stehen hier im Vordergrund. So autobiographisch auch Marte Brills *Schmelztiegel* angelegt sein mag, so unterscheidet sich ihr Text doch deutlich von den Reiseberichten, indem er vorrangig die Exilerfahrungen in Brasilien aufarbeitet und darüber hinaus den literarischen Anspruch eines eher traditionellen Romans erhebt. Er stellt einen bedeutungsvollen Lebensabschnitt in der inneren und äußeren Auseinandersetzung mit der Zeit aus einer allwissenden Erzählperspektive chronologisch dar und malt Begegnungen und Ereignisse episch aus. Wir erfahren von der langsamen Entwurzelung, dem sich daraus ergebenden Elend, aber auch von Hoffnungen: »Wo Verbannte wohnen, stirbt die Hoffnung nicht. Das Leben wäre anders nicht zu ertragen. Mit jedem Schlag des Schicksals erhebt die gemarterte Hoffnung nur kühner ihr Haupt. Das ist Gesetz ... in dieser Hoffnung ruht schon der Keim aller künftigen Wandlung beschlossen.«

Reinhard Andress
Saint Louis University,
St. Louis, Missouri USA

Das Originalmanuskript des Romans
befindet sich im Besitz Der Deutschen Bibliothek,
Deutsches Exilarchiv 1933–1945, Frankfurt am Main.
Lizenzausgabe für die Edition Büchergilde,
Frankfurt am Main,
mit freundlicher Genehmigung
der Büchergilde Gutenberg,
Frankfurt am Main, Wien und Zürich
Alle Rechte vorbehalten
Copyright © 2002 by Büchergilde Gutenberg,
Frankfurt am Main, Wien und Zürich
Lektorat: Petra Wägenbaur, Tübingen
Typographie und Herstellung:
Thomas Pradel, Frankfurt am Main
Umschlaggestaltung und Vignetten:
Annette Neuray, Köln
Satz: Dörlemann Satz, Lemförde
Druck und Bindung: Clausen & Bosse, Leck
Printed in Germany 2003
ISBN 3-936428-05-0